L'analyse tonale pour linguistes de terrain

Rédactrice en chef
Susan McQuay (*Editor-in-chief*)

Équipe de rédaction
Eugene Burnham, Rédacteur en chef adjoint (*Managing editor*)
Ian Stoodley, Réviseur (*Copy editor*)

Équipe de production
Priscilla Higby, Directrice de la production (*Production director*)
Judy Benjamin, Compositrice (*Compositor*)
Barbara Alber, Artiste graphiste (*Graphic artist*) et
Dessinatrice de couverture (*Cover design*)

Image de couverture
Image de couverture: https://pixabay.com/en/paper-colorful-color-loose-green-571938/, disponible sous licence CC0 Creative Commons: https://creativecommons.org/licenses/by-sa/3.0/legalcode.

Dans ce livre, Keith Snider, l'un des plus éminents spécialistes mondiaux du ton, propose une introduction extrêmement utile, claire et complète destinée aux étudiants, aux universitaires et aux linguistes de terrain qui souhaitent savoir comment le ton est exploité dans les langues d'Afrique et ailleurs. Se concentrant d'abord sur les questions méthodologiques liées à l'interprétation des oppositions de hauteur musicale, l'auteur nous guide ensuite soigneusement à travers les questions d'analyse phonologique et orthographique, s'appuyant sur ses propres recherches approfondies sur le chumburung (une langue kwa du Ghana) et sur d'autres langues. Ceci est un livre que tous ceux qui s'aventurent dans le monde de la tonologie devraient avoir sur leurs étagères ainsi qu'à leurs côtés sur le terrain.

Larry M. Hyman
Professeur émérite distingué du Graduate School, et directeur du Fonds France-Berkeley, University of California at Berkeley

Toute personne entreprenant des travaux de terrain sur une langue qu'elle soupçonne d'être tonale devrait avoir ce livre à portée de main. Snider guide le lecteur pas à pas à travers les questions essentielles, les procédures à adopter pour la collecte et l'analyse des données, et même la manière de représenter ses résultats dans une orthographe pratique. Cet ouvrage sera également très utile pour les linguistes travaillant déjà sur l'analyse des langues à tons, car il devrait les sensibiliser aux pièges potentiels de l'interprétation des données tonales recueillies par d'autres chercheurs qui n'auront pas tous été aussi prudents que Snider dans leur méthode.

Moira Yip
Professeur émérite de linguistique, University College, Londres
Auteur du livre intitulé "Tone" (Cambridge University Press)

Les linguistes en formation trouvent souvent que le ton est un sujet effrayant. En lisant des études sur le ton dans certaines langues, ils peuvent avoir l'impression d'être confrontés à une créature difficilement discernable dont les tentacules incontrôlables s'immiscent dans chaque partie de la phonologie et de la morphosyntaxe. Ce livre, écrit avec l'expérience directe de l'auteur dans la description minutieuse d'une langue à tons, offrira aux étudiants une introduction appropriée à une méthode explicite permettant d'observer et d'analyser le ton, à la fois par l'écoute et par l'analyse acoustique.

Carlos Gussenhoven
Carlos Gussenhoven
Professeur émérite de phonologie générale et expérimentale, Radboud University Nijmegen
Auteur du livre intitulé "The Phonology of Tone and Intonation" (Cambridge University Press)

Le livre de Keith Snider aborde un problème majeur dans la formation du linguiste de terrain, à savoir que le ton est considéré comme très mystérieux. Prenant le point de vue de l'étudiant qui ne connaît rien au ton, l'auteur démystifie le problème en expliquant les étapes de l'étude du ton, de la discrimination auditive à l'analyse phonologique systématique. Les étudiants apprendront les principaux facteurs pertinents pour le ton, tels que la façon dont la structure segmentale, la prosodie, la morphologie et la grammaire peuvent l'affecter. Le chapitre sur le chumburung est particulièrement utile, car il donne un modèle cohérent et complet pour effectuer et documenter l'analyse d'un système tonal.

David Odden
Professeur émérite de linguistique, The Ohio State University
Auteur du livre intitulé "Introducing Phonology" (Cambridge University Press)

Keith Snider est une autorité largement reconnue en matière de langues à tons. Ce livre résume ses décennies d'expérience dans l'analyse des systèmes tonals dans le monde entier. Une contribution particulière de ce manuel est de combiner de nombreuses suggestions et directives pratiques pour démêler les schèmes tonals avec une compréhension profonde des mécanismes linguistiques qui les sous-tendent. Un autre point fort de son approche est qu'il applique ces connaissances à la question épineuse de la représentation orthographique du ton. Le résultat est une synthèse de trois aspects du traitement des langues à tons qui sera extrêmement utile aux universitaires, aux linguistes de terrain et aux locuteurs natifs, à savoir la méthode de collecte et d'analyse des données tonales, les théories phonétique et phonologique qui les sous-tendent, et l'élaboration de l'orthographe.

Steve Parker
Professeur associé, Dallas International University

Les méthodes soigneusement décrites par Snider fournissent au linguiste de terrain une procédure puissante de découverte. Etudiants et linguistes chevronnés trouveront des réponses à leurs questions et des conseils d'experts pour obtenir, organiser, contrôler et analyser les données dans les langues à tons. L'expertise de Snider et ses années d'expérience sur le terrain et en salle de classe ont produit un ouvrage à la fois rigoureux dans sa méthode et accessible à tous.

Michael Ahland
Professeur associé de linguistique, California State University, Long Beach

Ce volume offre une introduction claire et détaillée au passionnant « jeu de détective » (Section 2.2) qu'est l'analyse phonologique des systèmes tonals africains. Il propose également un voyage à travers l'immense diversité des systèmes tonals du monde.

Alexis Michaud
Directeur du laboratoire LACITO-CNRS, Villejuif, France

Il y a quelques années, j'ai participé à un atelier sur le ton à Addis-Abeba, au cours duquel Keith Snider a présenté les principes de ce livre. Au cours de ces six semaines, j'ai développé une si bonne connaissance des caractéristiques tonales de la langue majang, en partant de zéro, que je me suis senti assez confiant pour entreprendre une description complète de cette langue. Il est rapidement apparu qu'il aurait été impossible de pénétrer le système des relations grammaticales de cette langue sans cette solide base tonale. Je recommande donc à quiconque envisag de décrire une langue que l'on soupçonne d'être tonale de commencer sa recherche en suivant cette méthode.

Andreas Joswig
Conseiller senior en linguistique, SIL Global

Il n'est pas exagéré de dire que l'enseignement dispensé par Keith Snider pendant de nombreuses années, et qui est maintenant résumé dans le contenu de ce livre, a transformé ma carrière professionnelle. Il a inspiré mon engagement dans la description du ton et dans l'élaboration des orthographes pour des langues nigéro-congolaises. Alors que certains sont intimidés par l'analyse des phénomènes tonals, les trouvant trop compliqués et réservés aux experts, la méthode présentée dans ce livre m'a permis non seulement de réussir et d'avoir confiance en moi-même, mais aussi de prendre du plaisir dans ce processus. Ce livre résume les trois décennies de la vaste expérience de Snider. Il est abordable, complet et solidement fondé sur la théorie et les données. Pour tous ceux qui sont déjà engagés ou qui envisagent d'être engagés dans l'analyse du ton, et même pour ceux qui ont tendance à en fuir, ce livre vaut bien l'investissement.

Bruce Wiebe
Chargé de recherche, Canada Institute of Linguistics; conseiller en formation, SIL Mexique

Pendant des décennies, les tonologues des Amériques, d'Afrique et d'Asie ont eu des points de vue méthodologiques et théoriques divergents sur le ton au point où le linguiste débutant qui aborde l'analyse du ton a souvent du mal à savoir par où commencer. Snider a l'expérience de l'analyse des systèmes tonals dans le monde entier, et la méthode proposée dans ce livre est globalement applicable, guidant le chercheur de manière claire et logique à travers la procédure de découverte. L'un des points forts de l'ouvrage est la manière dont Snider intègre des aspects importants de diverses approches phonologiques, notamment la théorie autosegmentale, soutenant que le « phonème du ton » est le schème tonal d'une racine ou d'un mot entier, plutôt que la hauteur musicale individuelle sur un segment. Cette perspective est essentielle pour le chercheur débutant, car de nombreux systèmes de transcription ne permettent pas de visualiser facilement les schèmes tonals sur plusieurs segments. Ces idées, ainsi que d'autres inspirées des théories de la phonologie lexicale et de l'optimalité, s'avéreront très utiles dans l'élaboration des matériaux pédagogiques pour les néo-lecteurs et scripteurs des langues à tons non encore écrites.

Hugh Paterson III
Chercheur indépendant

Ce livre est tout ce que j'attends d'un manuel. Il est complet mais concis, clair mais pas simpliste, et ancré dans des données linguistiques réelles. Snider fournit une méthode solide, sûre de produire des données et des analyses tonales de qualité. En tant que linguiste de terrain, je considère ce livre comme absolument essentiel.

Joshua Smolders
Linguiste-traducteur, SIL Global et SIL Ethiopie

J'espère travailler sur les langues asiatiques à l'avenir, mais rien ne m'intimidait plus que le ton, jusqu'à ce que je lise ce livre. Détaillé mais accessible, ce livre explique la théorie du ton et propose un guide pas à pas pour l'analyse du ton dans n'importe quelle langue. L'approche de Snider en matière de ton est plus logique que tout ce que j'ai pu lire. Je m'assurerai d'avoir ce livre à mes côtés lorsque je me rendrai sur le terrain.

Lauren Schultz
Étudiante diplômée en linguistique, Trinity Western Université au Canada

Il existe une grande confusion autour des langues à tons, et même les linguistes expérimentés peuvent être découragés face au défi d'une analyse. Dans ce livre, Keith Snider dissipe une grande partie de cette confusion et présente une procédure simple pour l'analyse d'un système tonal. Sans être lié à une théorie linguistique particulière, ce livre est un guide pratique pour tout linguiste souhaitant analyser le système tonal d'une langue.

David Barnes
Linguiste-traducteur, SIL Mainland South-East Asia Group

L'analyse tonale pour linguistes de terrain

Keith L. Snider

Version française
Document traduit en français par David Roberts et Philip Davison

SIL Global
Dallas, Texas

© 2025 par SIL Global
ISBN : 978-1-55671-508-2 (pbk)
ISBN : 978-1-55671-509-9 (ePub)

Publié à l'origine sous le titre *Tone Analysis for Field Linguists* © SIL International, 2018.

Tous droits réservés.

Aucune partie de cette publication ne peut être reproduite, enregistrée dans un système de recherche ou transmise sous quelque forme ou sous quelques moyens—électroniques, mécaniques, photocopies, enregistrements ou quelconques autres choses—sans l'autorisation expresse de SIL Global. Cependant, de courts passages généralement compris comme étant dans les limites d'un usage raisonnable peuvent être cités sans autorisation.

Des données et des documents rassemblés par des chercheurs dans une époque avant que la documentation d'autorisation soit standardisée peuvent être incluses dans cette publication. SIL fait de consciencieux efforts pour identifier et reconnaitre les sources et pour obtenir les autorisations appropriées partout où c'est possible, en agissant en bonne foi et sur la base de la meilleure information disponible au moment de la publication.

Les instructeurs peuvent accéder aux exercices en ligne qui les accompagnent en français. Inscrivez-vous ici :
https://www.sil.org/resources/publications/toneanalysis_teachermaterials

Des exemplaires de cette publication et d'autres publications de SIL Global peuvent être obtenus auprès de distributeurs tels qu'Amazon, Barnes & Noble, d'autres distributeurs mondiaux et, pour certains volumes, sur le site, publications.sil.org :

SIL Global Publishing Services
7500 W Camp Wisdom Road
Dallas, TX 75236-5629 USA
publications@sil.org

Avant-propos

Dans cette avant-propos, je souhaite partager mon enthousiasme pour ce nouveau livre de Keith Snider, qui constitue un cours complet sur le ton. Même s'il est conçu comme une introduction pour débutants, je suis ravi de constater qu'il sert aussi très bien mon propre niveau en passant en revue les progrès réalisés dans l'analyse et la typologie du ton couvrant les principales zones linguistiques du monde, notamment l'Afrique, l'Asie, les Amériques et même un cas de Papouasie-Nouvelle-Guinée. Bien que ce livre s'adresse à juste titre aux linguistes de terrain, il s'avérera tout aussi utile pour tout « tonologue en fauteuil » qui souhaite déchiffrer une langue à tons ou simplement se faire une idée de la diversité des systèmes tonals dans le monde et des multiples et complexes subtilités qui accompagnent l'analyse tonale.

Le chapitre 1 présente une vue d'ensemble des phénomènes que l'on trouve dans les différents types de langues à tons, ainsi qu'une comparaison des différents systèmes de transcription du ton. Le chapitre 2 fait découvrir les procédures d'analyse phonologique du ton, de la mise en place de combinaisons d'élicitation à la réalisation d'une analyse, avec de nombreux arrêts en cours de route sur des points qui révèlent la complexité des interactions tonales, à savoir l'influence des mots et des sons adjacents, l'interaction entre le ton et l'accent tonique ainsi que les différents types de phonation, puis les effets de conditionnement des catégories grammaticales et de la syntaxe, entre autres.

Le chapitre 3 présente les fondements de la production des hauteurs musicales et de la mesure acoustique. Le chapitre 4 offre un traitement approfondi des facteurs de l'élaboration d'une orthographe pour les langues non encore écrites, y compris un aperçu historique, avec une attention particulière sur la façon de déterminer le rendement fonctionnel du ton, ainsi qu'une section recommandant une approche du ton dans le matériel d'enseignement.

Les chapitres 5 et 6 présentent des études de cas mettant en pratique le contenu des chapitres précédents pour l'analyse phonologique et la graphie tonale du chumburung, une langue kwa du Ghana. Le livre s'accompagne d'un ensemble de treize exercices (en français) disponibles en ligne sur le système tonal des noms en chumburung, y compris des bases de données et des fichiers sonores. Le chumburung figure en bonne place parmi les langues sur lesquelles Keith Snider a travaillé au cours des trois décennies qu'il a consacrées à la théorie et à la description du ton dans diverses langues. Le présent ouvrage bénéficie également de ses publications existantes et de son travail de conseiller sur l'élaboration d'orthographes pratiques pour des langues moins connues, ainsi que de sa carrière d'éducateur, toujours axée sur l'étude du ton. Certaines des idées contenues dans ces pages ont été présentées par Snider dans une communication intitulée "From the first elicitation to the latest software" lorsqu'il était conférencier, invité à un atelier sur l'analyse des langues à tons tenu à l'Université de Californie à Berkeley du 18 à 20 février 2011.

Il est tentant de comparer le présent ouvrage à la monographie de Kenneth Pike (1948) intitulée "Tone Languages" qui a fait longue date. Les deux ouvrages sont organisés comme des manuels de base, mais ils incluent des données provenant d'un grand nombre de langues du monde entier afin d'illustrer le comportement du ton et de présenter les approches optimales pour rendre compte de ce comportement. Les deux ouvrages guident l'étudiant pas à pas à travers les procédures d'analyse. En effet, comme le note Snider (p. 13), son utilisation du terme anglais "frame" (fr. « combinaison ») pour désigner la phrase contextuelle porteuse d'un ton provient de Pike (1948). Et le système dit « de Pike » [citations de l'auteur] fait partie de ceux présentés pour la transcription des données tonales dans le présent ouvrage. Les deux ouvrages se terminent également par des chapitres appliquant le contenu du livre à l'analyse de langues spécifiques. Dans le cas de Pike, il s'agit du mixtèque et du mazatèque, des langues otomangues du Mexique, tandis que le présent ouvrage utilise le chumburung.

Plus que les similitudes entre ces deux ouvrages, publiés à environ sept décennies d'intervalle, ce sont les dissemblances qui nous importent. Bien sûr, nous en savons aujourd'hui beaucoup plus et disposons de meilleurs cadres pour décrire ce que nous savons, et ce, en partie, grâce au travail pionnier de Pike et aux efforts continus de Keith Snider, ainsi que de plusieurs générations de chercheurs entre-temps. Le présent ouvrage bénéficie également de la connaissance intime qu'a Snider des problèmes pratiques de l'orthographe, un domaine dans lequel nous apprenons grâce à ce livre que des réponses, même si elles ne sont pas plus faciles à trouver qu'en phonologie, sont quand même disponibles. L'accès en ligne aux données, tant les fichiers sonores que les données transcrites, dont sont tirés les exercices de ce livre est bien sûr un atout incomparable.

L'étude du ton a connu un essor considérable et durable en 1948 avec la publication de "Tone languages" de Kenneth Pike, l'un des ouvrages clés qui a attiré de nombreux nouveaux experts dans ce domaine et nous a donné confiance dans le fait que les mystères entourant le ton étaient plus accessibles qu'il n'y paraissait au départ. L'ouvrage de Pike a servi de référence pendant de nombreuses décennies et, dans une certaine mesure, l'est encore. Mais grâce aux nombreuses avancées qui sont bien reflétées dans ce nouveau volume, nous disposons enfin d'un "new kid on the block", à savoir une introduction pour toute personne intéressée par l'analyse du ton et d'un examen sérieux et complet des principes fondamentaux du ton pour les tonologues plus expérimentés.

Will Leben
le 27 avril 2017

Préface

L'inspiration pour écrire ce livre m'est venue lorsque, après la publication de mon ouvrage intitulé "The geometry and features of tone" (Snider 1999) qui est orienté vers la théorie des traits phonologiques du ton, j'ai été consterné de découvrir que certains étudiants qui avaient bien réussi les évaluations après mon cours sur le ton, échouaient lorsqu'il s'agissait de l'analyser sur le terrain. Cela m'a incité à repenser le cours, ce qui m'a conduit à mettre davantage l'accent sur les questions pratiques. En effet, quel était l'intérêt de former des étudiants capables de rendre compte de toutes les sortes d'alternances tonales imaginables en classe, mais qui n'étaient même pas capables d'établir des oppositions tonales appropriées sur le terrain ? De plus, je me suis rendu compte que mes étudiants n'étaient pas les seuls. À en juger par les descriptions de langues à tons qui apparaissent dans la littérature, il semblerait que de nombreux linguistes éprouvent des difficultés lorsqu'il s'agit d'effectuer un travail élémentaire de terrain sur le ton.

Comme pour tout problème linguistique, la première étape est de consulter la littérature. Or, même s'il existe de nombreux ouvrages de haute qualité décrivant le comportement du ton (par exemple, Fromkin 1978, Yip 2002 et Gussenhoven 2004, pour n'en citer que trois que j'ai personnellement trouvés très utiles), à l'exception de Pike (1948), les rayons sont plutôt vides lorsqu'il s'agit d'ouvrages qui enseignent réellement comment analyser le ton. Le présent ouvrage est donc une tentative de combler cette lacune.

Comme tout le monde, je suis le produit de mon éducation, et dans ce cas, mon parcours universitaire en linguistique m'a bien formé dans la théorie de la phonologie autosegmentale. Ceci, ajouté aux nombreuses années que j'ai personnellement consacrées à l'analyse du ton sur des données de première main, ainsi qu'aux nombreuses occasions d'aider les autres en ma capacité de conseiller, a considérablement façonné mon approche sur l'analyse du ton. J'ai donc commencé à me demander en quoi ma méthode différait de celle des autres. La réponse est double. D'une part, il s'agit d'une plus grande importance accordée à la découverte des schèmes tonals contrastifs des morphèmes, par opposition aux tons individuels contrastifs sur les unités porteuses de ton. D'autre part, j'insiste davantage sur la nécessité de maintenir constants tous les facteurs qui peuvent potentiellement affecter le ton, afin que les énoncés comparés soient vraiment comparables. Bien sûr, l'idée qu'il faut contrôler les environnements phonologiques n'est pas nouvelle en soi puisqu'elle est régulièrement appliquée dans d'autres domaines de la phonologie. Mais en pratique, de nombreux linguistes échouent dans l'analyse du ton parce qu'ils ne reconnaissent pas un besoin similaire de contrôler les facteurs grammaticaux pertinents comme les catégories de mots et les constructions grammaticales.

Peu de choses me font plus plaisir que de voir ceux à qui j'ai enseigné analyser le ton correctement. En écrivant cet ouvrage sur l'analyse du ton, j'espère sincèrement que l'approche présentée, qui s'est avérée utile à de nombreuses personnes dans le passé, le sera encore plus à l'avenir.

Remerciements

Les données chumburung qui apparaissent tout au long de ce livre ont été recueillies périodiquement de 1982 à 2016 dans le village chumburung d'Ekumdipe au nord-Ghana. J'ai vécu à Ekumdipe avec mon épouse et ma petite famille de 1982 à 1987, et j'y suis retourné plusieurs fois au cours des années suivantes, la plus récente étant pour une période de quatre semaines en octobre 2016. De nombreux locuteurs du chumburung ont contribué à ma connaissance de leur langue, et je suis très reconnaissant à la communauté chumburung pour son esprit d'accueil et son aide précieuse. Deux bons amis se distinguent pour m'avoir aidé de manière significative depuis que j'ai commencé à étudier le chumburung, à savoir Isaac Demuyakor et son cousin Evans Demuyakor. Ces deux hommes sont des locuteurs natifs du chumburung qui ont vécu toute leur vie dans le village d'Ekumdipe. Isaac a fourni tous les enregistrements pour les données des exercices en ligne, ainsi que pour une grande partie des données des chapitres 5 et 6, et Evans m'a toujours aidé de toutes les manières possibles. Je tiens à remercier Isaac et Evans, pour leur fidèle contribution à mes recherches pendant de nombreuses années, et pour leur patience à mon égard. Je suis également redevable à Esther Demuyakor, l'épouse d'Evans, pour son aide pratique et son amitié lorsque nous vivions dans le village, ainsi que pour sa gentille et généreuse hospitalité lors de mes séjours au cours des années suivantes.

De nombreuses autres personnes ont également contribué de manière significative à ce livre, et je ferai de mon mieux pour en citer autant que possible. J'ai divisé cette aide en catégories et classé les noms de famille par ordre alphabétique dans chaque catégorie. Je présente mes excuses à tous ceux que j'ai pu oublier involontairement.

Je suis reconnaissant envers Larry Hayashi pour la patience dont il a fait preuve à mon égard côté informatique et pour l'assistance technique qu'il m'a apportée à divers moments de la rédaction de ce livre. En particulier, je lui suis reconnaissant pour son croquis des plis vocaux (figure 1, chapitre 3). Bruce Wiebe a très généreusement accepté de participer à la correction des épreuves de la version anglaise. La qualité de la traduction française dépend en partie de son aide méticuleuse sur le texte source. De bonnes discussions avec de nombreuses personnes ont aidé à façonner ce livre. Parmi ceux qui ont contribué de cette manière, je cite Steve Anderson, Rod Casali, Larry Hyman, Connie Kutsch Lojenga et Jim Roberts. De nombreuses personnes m'ont fourni des commentaires écrits de nature éditoriale sur un ou plusieurs chapitres, il s'agit notamment de Alison Nicole, Hannah Olney, Rebecca Ouwehand, Hugh Paterson III, Ed Quigley et Francine van Woudenberg. J'ai également reçu des commentaires écrits, essentiellement de nature substantielle, sur un ou plusieurs chapitres de la part de Joan Baart, Mario Chávez-Peón, Bruce Connell, Cathy Davison, Mark Donahue, Robert Hedinger, Steve Marlett, David Roberts et David Weber.

Deux personnes, Phil Davison et Roselle Dobbs, méritent de très grands éloges. Tous deux ont rédigé des commentaires détaillés, tant sur le fond que sur la forme, sur de multiples versions de presque tous les chapitres. Je leur suis très reconnaissant pour leur aide et leur patience, car je suis sûr que tous deux pensaient que ce livre aurait été publié bien avant qu'il ne le soit réellement. Merci, Phil et Roselle, pour votre dévouement. Et puis, que serait ce livre sans l'apport des relectrices de la maison d'édition à savoir Inga McKendry et Mary Pearce ? Je les remercie toutes les deux pour leurs commentaires utiles et leur patience à mon égard. Je suis également reconnaissant envers mes nombreux étudiants du cours sur le ton et aux participants des ateliers sur le ton, trop nombreux pour être mentionnés individuellement, d'avoir attiré mon attention sur des coquilles, des erreurs de contenu, des incohérences et des endroits où il fallait insister davantage ou être plus clair.

Je souhaite remercier Will Leben d'avoir aimablement accepté d'écrire la préface de ce livre. Dans celle-ci, Will a comparé et contrasté mon travail avec celui de Pike (1948), notant que mon travail exploite de nombreuses avancées dans la connaissance du ton qui ont évolué depuis la publication de cet ouvrage il y a sept décennies. Ce qu'il a omis de mentionner, c'est sa propre contribution à ces avancées. Si j'ai invité Will à écrire cet avant-propos, c'est parce que ses travaux fondamentaux sur la phonologie suprasegmentale (Leben 1971, 1973) ont grandement influencé le présent ouvrage. J'ai pris conscience des recherches de Will en 1983 lorsque j'ai lu son analyse du système tonal du mendé (Leben 1978). En décrivant comment cinq mélodies sous-jacentes pouvaient expliquer les faits de distribution des schèmes tonals de surface des noms monomorphiques, quel que soit le nombre de syllabes impliquées, Will m'a convaincu, ainsi que d'innombrables autres chercheurs, que la mélodie, ou le schème tonal comme je l'appelle, fonctionne comme une unité phonologique. L'approche de l'analyse du ton que j'ai trouvée la plus utile sur le terrain, et que j'expose dans le présent ouvrage, repose solidement sur la notion que l'établissement d'une opposition entre les schèmes tonals des morphèmes est plus rentable que le simple établissement d'une opposition entre les tons individuels sur des unités porteuses de ton. Je tiens donc à remercier Will pour cette perception et aussi pour ses commentaires constructifs.

Enfin, je suis reconnaissant envers mon épouse, Ruth, pour sa patience et ses encouragements pendant la rédaction de ce livre et à Dieu pour m'avoir donné la force et la capacité de mener ce projet à terme.

Comme il est évident, j'ai reçu beaucoup d'aide dans la rédaction de ce livre, et je suis très reconnaissant envers tous ceux qui ont contribué d'une manière ou d'une autre à son succès. J'adresse à tous mes sincères remerciements. Il y a sans aucun doute des manques, et j'en assume l'entière responsabilité.

Remerciements pour l'édition française

Peu après la publication de ce livre en anglais, des demandes pour une version française ont été formulées. J'ai donc été très heureux que mes collègues David Roberts et Phil Davison se soient proposés pour entreprendre la traduction de cet ouvrage en français. Ayant participé à des ateliers que j'avais encadrés au Burkina Faso, au Cameroun, en Éthiopie et au Togo, ils ont acquis une excellente maîtrise de ma méthode d'analyse du ton. De plus, du fait de leurs années d'expérience en Afrique francophone, David et Phil partageaient avec moi un profond désir d'y faire connaître ce travail. Je tiens également à remercier, par ordre alphabétique, plusieurs locuteurs natifs du français qui ont eu l'amabilité de relire la traduction et de proposer des corrections en vue de son amélioration. Il s'agit de Marie-Noëlle Adoumbou, Jonathan Ducasse, Jacques Nicole, Hughes Pellerin, Gérard Philippson, Annie Rialland, et Katherine Sourty. Je suis également redevable à Alexis Michaud d'avoir relu et corrigé les épreuves finales du livre ainsi que celles des exercices en ligne du chumburung qui l'accompagnent. Merci à tous, en particulier à David et Phil, pour le dévouement, la patience et la persévérance dont vous avez fait preuve pour mener à bien ce projet.

Abréviations

ADJ	adjectif	M	ton moyen
ATR	racine de langue avancée	Mon	ton montant
B	ton bas	N	consonne nasale
C	Consonne	n.	Nom
C1, C2, C3 …	marqueur de classe nominale 1, 2, 3 …	NEG	Négatif
		PL	Pluriel
Des	ton descendant	PP	pronom possessif
F_0	fréquence fondamentale	RG	relateur génitival
H	ton haut	RS	radical simple
HOL	hypothèse d'orthographe lexicale	RC	radical composé
		RX	radical complexe
EXH	Exhortatif	S	consonne sonante
Hz	Hertz	SG	Singulier
IPF	Imperfectif	UPT	unité porteuse de ton
ITR	Itératif	V	Voyelle
LOC	Locatif	v.	Verbe

1
Introduction

Souvent considérée comme « exotique », la tonologie est l'un des sujets en linguistique les plus fascinants que l'on puisse étudier. Des différences de hauteur musicale[1] qui pourraient sembler sans importance pour les locuteurs de langues sans tons marquent souvent des différences de sens importantes dans les langues à tons, et des oppositions comme celles dans l'exemple (1) ne semblent jamais perdre de leur fascination.

(1) Quatre tons en mandarin [cmn][2] (McCawley, 1978 : 120)

mā	'mère'
má	'chanvre'
mǎ	'cheval'
mà	'gronder'

Même les linguistes peuvent se retrouver perplexes face aux différentes alternances tonales que subissent certains morphèmes dans des environnements différents. Par exemple, comment pouvons-nous expliquer les différents placements des tons hauts dans l'exemple (2) ?

(2) Alternances tonales en taita de Mbololo [dav] (Odden, 2006 : 41)

mbanga	'grotte'	mbangá mbaha	'grande grotte'
nganda	'mur'	nganda mbáha	'grand mur'

Puisque le deuxième terme de ces deux phrases *mbangá mbaha* et *nganda mbáha* est le même (c.-à-d. *mbaha* 'grand'), le fait que les tons hauts apparaissent à des endroits différents dans les deux phrases indique que *mbanga* 'grotte' et *nganda* 'mur' ont forcément des tons sous-jacents différents. Pourtant, les deux se prononcent isolément de manière identique. Des énigmes apparemment insolubles comme celles-ci intriguent les linguistes expérimentés, mais effraient aussi parfois les linguistes novices. C'est regrettable, car une fois comprise la

---

[1] Note des traducteurs : Dans le reste du livre, le terme-clé anglais "pitch" sera d'habitude traduit « hauteur », mais aussi « ton de surface » ou « niveau tonal » selon le contexte.

[2] À la première mention de chaque nom de langue, le code ISO 639-3 de la langue est indiqué entre crochets (par exemple, mandarin [cmn], anglais [eng]).

véritable nature du ton, les principes généraux qui régissent son analyse s'avèrent être les mêmes que ceux pour l'analyse segmentale. Ce livre vise donc à aider les linguistes débutants à franchir cette mystérieuse rupture entre l'analyse des segments et celle du ton.

Bien que des recherches sérieuses sur la façon d'analyser les langues à tons soient en cours[3], il n'en reste pas moins que le ton est encore souvent mal étudié et que l'on ignore souvent la représentation du ton dans les publications orientées vers d'autres aspects de la linguistique. Les raisons de cette situation sont, sans aucun doute, nombreuses et complexes, mais il est possible d'en identifier une comme étant le principal coupable : historiquement, du moins, ceux qui ont mené les recherches linguistiques les plus sérieuses n'étaient pas locuteurs d'une langue à tons. Alors que ces locuteurs sont à l'aise pour transcrire et analyser des oppositions impliquant des consonnes et des voyelles (éléments communs à toutes les langues), beaucoup sont nettement plus mal à l'aise pour transcrire et analyser des oppositions similaires exprimées par le ton, élément inconnu dans leur propre langue.

1.1 Qu'est-ce qu'une langue à tons ?

Le ton n'étant pas présent dans toutes les langues, il est important de comprendre sa nature et de savoir en quoi les langues à tons diffèrent de leurs homologues sans tons, d'autant plus que toutes les langues utilisent la hauteur de la voix d'une manière ou d'une autre pour signaler des oppositions. Dans cet ouvrage, le terme « hauteur » est utilisé pour désigner le ton phonétique, c'est-à-dire le ton tel qu'il est perçu auditivement, tandis que le terme « ton » désigne le ton phonologique, c'est-à-dire le ton tel qu'il est réalisé par opposition aux autres tons (voir section 1.2). On décrit souvent la hauteur de manière acoustique, en termes de fréquence fondamentale (en abrégé F_0), qui correspond physiquement à la vitesse à laquelle les plis vocaux[4] vibrent à un moment donné. Tant que la précision des détails phonétiques n'est pas importante, la hauteur est souvent représentée graphiquement à l'aide de la notation en traits. Dans cette notation, les hauteurs ponctuelles sont représentées par des traits horizontaux (par exemple, BH [_ ¯]), et les hauteurs modulées par des traits obliques : de haut en bas pour celles qui descendent (par exemple, [\]), ou de bas en haut pour celles qui montent (par exemple, [/]).

L'exemple (3) démontre la façon dont les oppositions de hauteur font des différences de sens en français [fra], une langue à intonation sans tons.

(3) Courbes d'intonation opposées en français[5]

Déclaratif	Interrogatif
$\begin{bmatrix} & ^- & & \\ & & ^- & \backslash \end{bmatrix}$	$\begin{bmatrix} & & & ^- \\ & ^- & ^- & \end{bmatrix}$
'Jules est grand.'	'Jules est grand ?'
$\begin{bmatrix} ^- & & & \\ & ^- & ^- & \backslash \end{bmatrix}$	$\begin{bmatrix} & & ^- & \\ ^- & ^- & ^- & \end{bmatrix}$
'Rose a vu un âne.'	'Rose a vu un âne ?'

---

[3] Parmi les exemples de recherches récentes sur l'analyse des langues à tons, citons les ateliers sur les tons de Berkeley en février 2011 et de l'Université nationale australienne en décembre 2011, ensemble avec le recueil d'articles édités (Bird & Hyman, 2014) qui a été inspiré par ces ateliers. Hyman (2014) et Snider (2014a) ont tous deux été présentés pour la première fois à l'atelier de Berkeley.

[4] Note des traducteurs : Le terme « plis vocaux » (anglais : "vocal folds") est le nom anatomique officiel du terme populaire « cordes vocales » (anglais : "vocal cords") (Giovanni & Mattei 2021).

[5] Note des traducteurs : Nous sommes redevables à Katherine Sourty d'avoir fourni des enregistrements de ces phrases.

1.1 Qu'est-ce qu'une langue à tons ?

$$\begin{bmatrix} ^{- -} / ^{- -----} \backslash \end{bmatrix} \quad \begin{bmatrix} ^{-} \\ _{--------} \end{bmatrix}$$

'Gabriel a acheté un cheval.'   'Gabriel a acheté un cheval ?'

Les phrases dans l'exemple (3) présentent deux courbes d'intonation qui s'opposent couramment en français. Remarquons que, pour chaque courbe, lorsqu'on substitue des différents noms et verbes, le schème d'intonation lui-même ne change pas, même si le nombre de syllabes dans les constituants concernés change. Cela est dû au fait que la courbe d'intonation n'est pas identifiée à un morphème ou à un mot particulier, mais plutôt à la construction dans son ensemble.

Quelle est donc la différence entre les langues « à intonation » comme le français, l'italien [ita] et le hongrois [hun] et les langues « à ton » comme le mandarin, le zoulou [zul] et l'akan [aka] ? La différence réside dans l'étendue des domaines des courbes mélodiques dans chaque cas, ainsi que dans les différentes fonctions de ces éléments. Pour les langues à intonation, le domaine de la courbe mélodique est un constituant plus grand qu'un seul morphème ou qu'un seul mot, et sa fonction est de communiquer un « sens discursif », de marquer des frontières et d'indiquer l'attitude du locuteur (Gussenhoven 2004 : 24). En revanche, pour les langues à tons, le domaine du schème tonal est le morphème (Ladd 2008)[6], et sa fonction est de contribuer à la communication du sens lexical. À cet égard, Hyman et Leben (2020 : 46), s'appuyant sur la définition de Welmers (1959 : 2), fournissent cette définition très utile d'une langue à tons :

> Pour être reconnu comme une « langue à tons », le strict minimum est que la hauteur joue un rôle dans la représentation (par opposition) d'au moins certains morphèmes.[7]

Ainsi, quel que soit le rendement fonctionnel du ton dans une langue (c.-à-d. la mesure dans laquelle les différences de sens lexical et/ou grammatical sont signalées uniquement par des différences de ton), toutes les langues à tons distinguent, à un certain degré, au moins certains morphèmes par des oppositions de hauteur. Comme le suggère le titre de cet ouvrage, notre objectif est de fournir une méthode pour effectuer une analyse du ton, et non une analyse de l'intonation[8].

Nous allons maintenant examiner quelques exemples de deux langues à tons, le kenyang [ken], une langue bantoïde parlée dans le sud-ouest du Cameroun avec un système de ton complet, et le somali [som], une langue couchitique parlée en Somalie avec un système de ton réduit.

Comme les termes dans l'exemple (4) le démontrent, une langue à tons comme le kenyang utilise la hauteur d'une manière très différente que celle d'une langue à intonation comme le français.

---

[6] La situation est rendue plus complexe par le fait que probablement toutes les langues à tons se servent également de l'intonation. Ladd (2008) identifie trois façons dont les langues à tons mettent en valeur les caractéristiques de l'intonation, à savoir l'expansion de la gamme de hauteurs pour exprimer les émotions, la modification de certains tons pour distinguer les déclarations des questions, et la modification de la forme générale des contours pour distinguer les déclarations des questions ou pour faire une distinction entre les actions terminées et les actions incomplètes.

[7] Anglais : "The bare minimum to be considered a 'tone language' is that pitch enters as a (contrastive) exponent of at least some morphemes."

[8] Pour les études portant sur le domaine de l'intonation, le lecteur intéressé est prié de consulter Cruttenden (1997), Gussenhoven (2004), Ladd (2008), Xu et Xu (2005) et Liu et Xu (2007).

(4) Oppositions minimales de ton en kenyang (notes de terrain personnelles)

[/ \ ]
ba-te 'vous vous êtes tenus debout'
2PL-se.tenir.debout

[/ ¯]
ba-te 'vous avez percé'
2PL-percer

[¯ \ ]
ba-te 'ils se sont tenus debout'
3PL-se.tenir.debout

[¯ ¯]
ba-te 'ils ont percé'
3PL-percer

Dans ces exemples, il s'agit de quatre termes avec des segments identiques (c.à.d., *ba-te*). Chaque terme, cependant, est composé de deux morphèmes, le premier étant le marqueur de personne/sujet et le second la racine verbale[9]. Dans le cas du marqueur de personne/sujet, deux morphèmes se distinguent uniquement par des oppositions de hauteur : bas-haut sur le marqueur de la deuxième personne du pluriel et haut sur celui de la troisième personne du pluriel. Dans le cas des racines verbales, deux morphèmes qui se distinguent, également, uniquement par des oppositions de hauteur : une courbe descendant de haut en bas sur la racine signifiant « se tenir debout » et une hauteur de niveau élevé sur la racine signifiant « percer ».

Comme nous venons de le constater, l'opposition des schèmes tonals dans les langues à tons se manifeste au niveau du morphème. Cela ne signifie pas, cependant, que chaque morphème est obligatoirement doté d'un ton par le lexique. Comme le démontrent les exemples (5) et (6), il existe une triple opposition entre ton haut, ton bas et absence de ton parmi les racines verbales du kenyang. (Ces exemples seront examinés en détail plus loin.) Dans l'exemple (5), lorsque les trois racines verbales sont précédées par l'affixe itératif portant un ton bas /-màj-/, les éléments dépourvus de ton sont en accord avec les racines à ton bas. Cependant, dans l'exemple (6), lorsque ces mêmes racines sont précédées par l'affixe exhortatif portant un ton haut /-ń-/, elles sont alors identiques aux racines à ton haut, démontrant ainsi qu'elles ne sont ni basses ni hautes au niveau sous-jacent.

(5) Verbes itératifs en kenyang

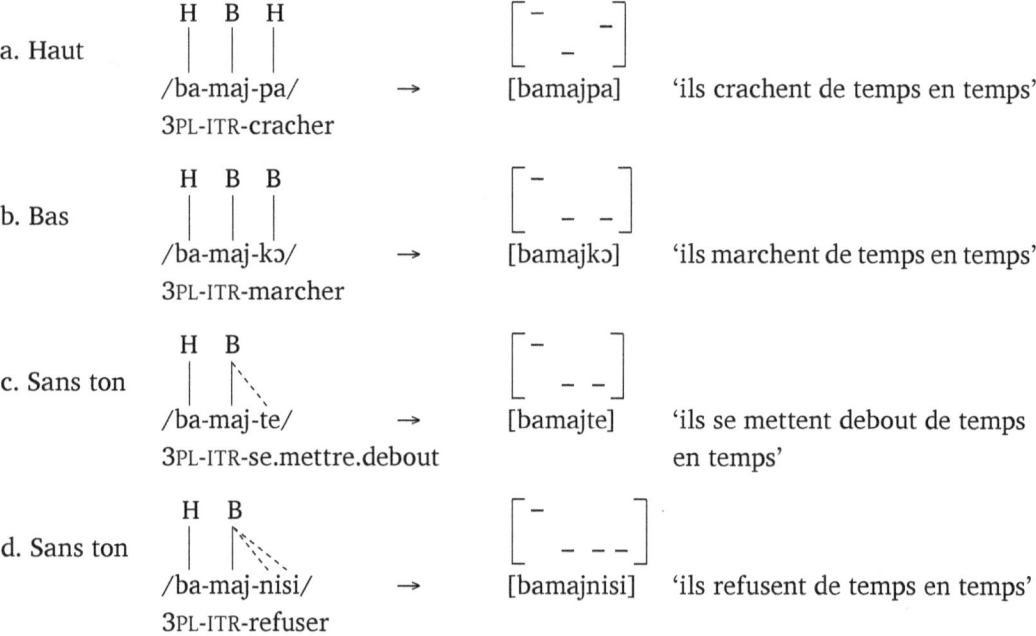

---

[9] Note des traducteurs : Le terme-clé anglais "root" est traduit « racine » partout dans le livre.

1.1 Qu'est-ce qu'une langue à tons ?

Dans l'exemple (5a), lorsque l'affixe itératif à ton bas précède une racine à ton haut, comme dans le terme *bámàjpá*, le deuxième ton haut est rabaissé par rapport au premier. (Il s'agit de l'effet du downstep, un phénomène de rabaissement du registre par lequel un ton haut et tous les tons qui le suivent sont rabaissés après un ton bas. Il n'est pas pertinent ici et nous y reviendrons en détail plus tard). Dans l'exemple (5b), lorsque l'affixe à ton bas précède une racine verbale à ton bas (*bámàjkɔ̀*), les deux sont, sans surprise, prononcés avec ton bas. Enfin, lorsque l'affixe à ton bas précède les racines verbales dépourvues de ton dans les exemples (5c) et (5d), l'affixe et les racines ici aussi se prononcent avec ton bas. En tenant compte de ces seules données, aucune raison ne permet de supposer que les racines dépourvues de ton sont en opposition avec leurs homologues à ton bas. Cependant comme mentionné ci dessus, la situation change lorsque les verbes sont précédés d'un ton haut.

(6) Verbes exhortatifs en kenyang

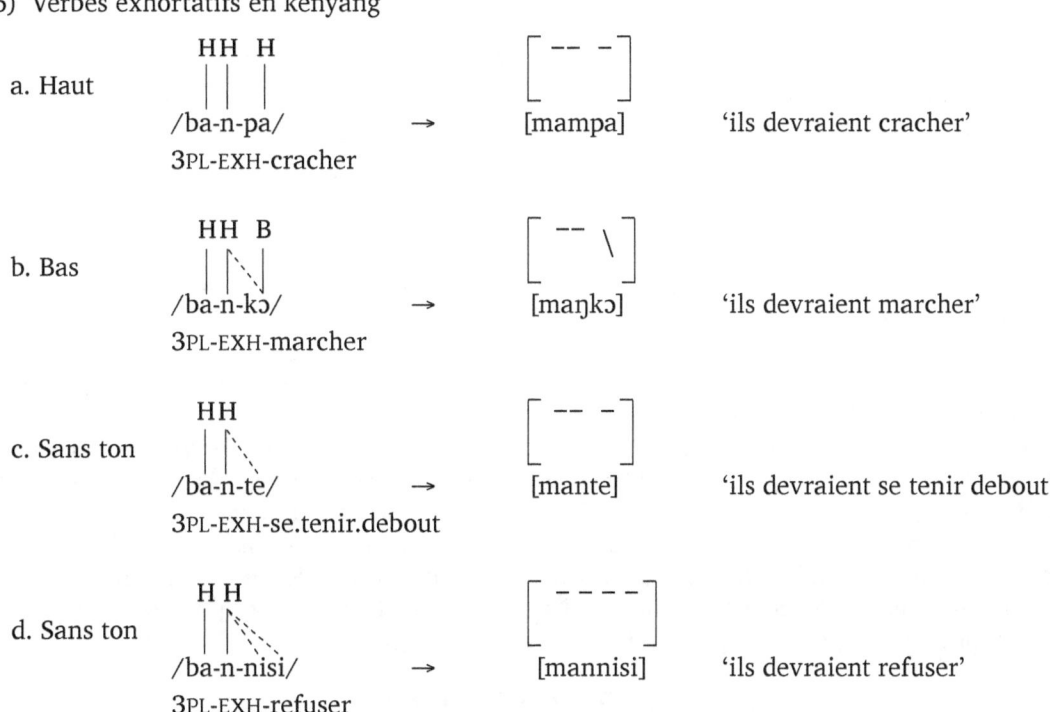

Comme on peut l'observer dans l'exemple (6a), lorsque l'affixe exhortatif à ton haut /-ń-/ précède une racine à ton haut, comme dans le terme *mámpá*, les deux se réalisent, sans surprise, avec des tons hauts. En outre, on peut voir que la consonne b du préfixe sujet /bá-/ s'assimile à la qualité nasale de l'affixe exhortatif et que l'affixe lui-même s'assimile au lieu d'articulation de la consonne suivante. Cependant, ce qui est plus pertinent pour notre sujet actuel, c'est que dans l'exemple (6b), la racine /kɔ̀/ qui porte un ton bas sous-jacent subit une propagation de ton haut à partir de l'affixe à ton haut précédent, et cela se traduit par une courbe descendante sur *kɔ*, comme dans *báŋ̂kɔ̂*. C'est dans ce cas qu'apparaît la différence entre les racines à ton bas et celles dépourvues de ton. Si l'on compare le comportement de la racine à ton bas dans l'exemple (6b) avec celui des racines dépourvues de ton dans les exemples suivants, on constate que ces dernières s'assimilent complètement au ton haut de l'affixe précédent, contrairement à la racine à ton bas qui, bien qu'elle subisse une propagation du ton haut, conserve néanmoins son ton bas sous-jacent dans la courbe descendante.

Pour résumer cette discussion sur les morphèmes dépourvus de ton, l'exemple (5) démontre que les racines verbales dépourvues de ton diffèrent de celles à ton haut, alors que l'exemple

(6) démontre qu'elles se distinguent également de celles à ton bas. Le fait que ces racines sont toujours réalisées avec des tons bas après des tons bas et avec des tons hauts après des tons hauts n'indique pas qu'elles ont des tons propres à elles, mais plutôt qu'elles sont effectivement dépourvues de ton.

Dans certaines langues, l'utilisation du ton pour signaler les différences entre morphèmes est plus limitée. Hyman (1981) et de Saeed (1993, 1999) décrivent le système tonal somali comme indiquant principalement des informations grammaticales comme le nombre et le genre. L'exemple (7) illustre ceci.

(7) Ton grammatical en somali

Masculin		Féminin	
ínan	'garçon'	inán	'fille'
náʕas	'homme stupide'	naʕás	'femme stupide'
góray	'autruche mâle'	goráy	'autruche femelle'
darmáan	'poulin'	darmaán	'pouline'
ʕeesáan	'jeune bouc'	ʕeesaán	'jeune chèvre'
daméer	'âne'	dameér	'ânesse'

Dans ces exemples, le placement du ton haut, indiqué par un accent aigu, est contrastif et apparaît sur l'avant-dernière voyelle des noms masculins et sur la dernière voyelle de leurs homologues féminins. Dans tous les mots, toutes les voyelles qui précèdent le ton haut sont prononcées avec une hauteur moyenne, tandis que celles qui suivent le ton haut sont prononcées bas. Ces hauteurs secondaires sont donc totalement prévisibles, et ne servent qu'à aider les locuteurs natifs à identifier plus facilement le segment qui porte le ton haut d'opposition.

Enfin, quelques langues ont des systèmes mixtes où le ton et l'accent entrent tous les deux en jeu. Dans ce cas, les syllabes accentuées contribuent à la réalisation de surface des schèmes tonals sous-jacents[10]. Par exemple, Baart (2014) propose que l'accent joue un rôle crucial dans la réalisation du ton dans la plupart, sinon la totalité, des langues à tons du nord du Pakistan. Ailleurs dans le monde, Michael (2011a) décrit l'iquito [iqu], une langue zaparoane parlée dans le nord du Pérou, comme ayant un tel système mixte (voir la description de cette langue au chapitre 2).

1.2 Opposition tonale

L'analyse du ton consiste à découvrir les oppositions. Pour qu'une langue soit considérée comme tonale, il faut qu'il y ait des morphèmes dont les courbes mélodiques s'opposent les uns aux autres dans un ou plusieurs environnements comparables. Le piège, bien sûr, réside dans ce que l'on entend par « comparable ». À ce stade, une analogie peut s'avérer utile.

Imaginons deux pots de peinture dont les étiquettes sont vierges. Le peintre pense que la peinture est de la même couleur dans les deux pots, mais n'en est pas sûr. Afin de s'en assurer, il fait deux essais – un par pot – pour comparer les couleurs. Après avoir peint le premier essai, le peintre a une distraction et ne peut continuer avec le second que plusieurs heures plus tard. Immédiatement après avoir terminé le deuxième essai, il compare sa couleur avec celle du premier et découvre qu'elle est nettement plus foncée. Peut-il en conclure que les deux pots contiennent la peinture de couleurs différentes ?

Quiconque a fait de la peinture sait que la comparaison est mauvaise car les deux essais n'ont pas bénéficié du même temps de séchage. En séchant, la couleur a tendance à changer

---

[10] Des études antérieures en anglais ont qualifié ces langues de "pitch-accent languages", par exemple, McCawley (1978) et Van der Hulst et Smith (1988).

1.2 Opposition tonale

légèrement, ce qui rend caduque toute comparaison effectuée avec de la peinture fraîchement appliquée. Ainsi, pour tester correctement si deux couleurs de peinture sont identiques, il convient de s'assurer qu'elles ont séché pendant la même durée. Bien entendu, le temps de séchage n'est pas le seul facteur qui joue sur la couleur de la peinture. Parmi les autres facteurs, citons les types de peinture comparés (par exemple, peinture mate, satinée, ou brillante), le type et le matériau des surfaces à peindre (par exemple, rugueuse ou lisse) et la couleur de la lumière sous laquelle on observe chaque essai. Ce n'est qu'après avoir contrôlé tous les facteurs qui peuvent influer sur l'apparence des couleurs de la peinture que l'on peut dire avec certitude si deux échantillons ont été peints avec la même couleur ou non.

En appliquant cette analogie à l'analyse du ton, afin de déterminer si deux morphèmes ont les mêmes schèmes tonals sous-jacents, il faut que les morphèmes comparés soient les mêmes dans tous les aspects qui peuvent déterminer comment le ton est réalisé dans cette langue.

L'exemple (8) démontre des oppositions de surface en chumburung [ncu], une langue kwa parlée au Ghana[11].

(8) Oppositions de surface en chumburung

$$\begin{bmatrix} - \end{bmatrix}$$ $$\begin{bmatrix} \grave{} \end{bmatrix}$$
    lɔ   'plaie, blessure'   wʊ 'mâche !'

Bien qu'il y ait une opposition de surface nette entre les hauteurs dans l'exemple (8), d'un point de vue translinguistique, de telles oppositions ne représentent pas forcément des oppositions sous-jacentes entre les deux racines en question. En effet, le terme 'plaie' est un nom et le terme 'mâche !' est un verbe. Au premier abord, on pourrait douter de l'importance de cela pour établir une opposition tonale. En réalité, cependant, lorsqu'ils sont prononcés seuls, quels que soient leurs tons sous-jacents, les noms chumburung de profil syllabique CV ne sont jamais prononcés autrement que haut, et les verbes du même profil ne sont jamais prononcés autrement que bas-descendant. (Le terme « profil syllabique[12] » fait référence au nombre et aux types de syllabes, par exemple, CV, CVC, CVN, CVCV, qui composent une racine, un radical[13] ou un mot. Nous y reviendrons plus en détail au chapitre 2.) Comme dans beaucoup de langues, la courbe bas-descendante est la réalisation normale d'un ton bas en fin de phrase. Dans cet exemple particulier, les racines ont toutes les deux un ton /H/ sous-jacent[14]. Ainsi, toute comparaison entre les noms et les verbes en chumburung, lorsqu'ils sont prononcés seuls, est rendue non pertinente en raison des différents facteurs qui influencent leurs réalisations de surface. Il est donc clair que l'un des facteurs à considérer pour déterminer si deux environnements sont comparables en termes de hauteur est la catégorie grammaticale des morphèmes comparés.

Examinons maintenant l'exemple (9) du nawuri [naw], une autre langue kwa parlée au Ghana.

---

[11] Les données chumburung qui figurent dans ce livre ont été recueillies entre 1982 et 2016 dans le village d'Ekumdipe, au Ghana. Toutes les données des chapitres 5 et 6 ont été fournies par Isaac Demuyakor, un ami et locuteur natif adulte du chumburung qui a passé toute sa vie au village. Malheureusement, certaines des données restantes ont été transcrites il y a de nombreuses années, et parfois à partir de sources non notées à l'époque, car je vivais au village et j'ai souvent noté les choses plus tard. Afin d'assurer la validité de toutes les données chumburung dans ce livre, j'ai eu l'occasion de les vérifier avec Isaac en octobre 2016.

[12] Anglais : "syllable profile". L'auteur remercie Steve Marlett d'avoir proposé ce terme.

[13] Note des traducteurs : Le terme-clé anglais "stem" est traduit « radical » partout dans le livre.

[14] Ces données chumburung seront traitées plus en profondeur au chapitre 2.

(9) Oppositions de surface en nawuri (notes de terrain personnelles)

$$\begin{bmatrix} - & - \end{bmatrix} \qquad \begin{bmatrix} - & \backslash \end{bmatrix}$$

ɔ-ka   'femme"   ɔ-d͡ʒaŋ   'cuisse"
cl-femme   cl-cuisse

Une analyse approfondie montrera que les schèmes tonals sous-jacents de ces deux noms sont les mêmes (à savoir un préfixe à ton /H/ suivi d'un radical simple à ton /B/). Cependant, il existe une opposition de surface entre les hauteurs de ces termes. Ceci est dû au fait que les radicaux ont des profils syllabiques différents, à savoir CV et CVC.

Cette différence est importante car les tons s'associent aux mores (Hyman 1992), les unités minimales de poids phonologique, et le noyau et le coda d'une syllabe constituent tous les deux des mores. Par exemple, alors que les radicaux à structure CV ont une seule more, les radicaux à structure CVV et CVC en ont chacun deux. Dans le cas des termes dans l'exemple (9), le ton haut du préfixe se propage à droite sur la première unité porteuse de ton (ci-après UPT) du radical. Étant donné que le radical du terme ɔ́-d͡ʒâŋ comporte deux UPT (noyau et coda), les tons du radical sont réalisés phonétiquement comme une courbe descendant de haut en bas. Le cas du terme ɔ́-ká est différent, puisque son radical à structure CV est composé d'une seule UPT, ne permettant que la réalisation phonétique haute. Bien qu'une fois de plus la différence entre les structures CV et CVC puisse sembler a priori sans importance, d'un point de vue translinguistique, la présence ou l'absence d'une coda syllabique joue souvent un rôle important dans la réalisation phonétique d'un ton final d'une séquence sous-jacente.

C'est également le cas en ce qui concerne la nature de la coda. Regardons l'exemple (10).

(10) Plus d'oppositions de surface en chumburung

$$\begin{bmatrix} \backslash \end{bmatrix} \qquad \begin{bmatrix} - \end{bmatrix}$$

buŋ 'rivière'   baʔ   'pousse (n.)'

Lorsque la coda d'une syllabe est sonante, le deuxième ton d'une séquence a beaucoup plus de chance d'être réalisé phonétiquement que si la coda est non sonante. Malgré l'opposition évidente en surface dans cet exemple, il n'y a pas d'opposition sous-jacente entre les deux schèmes tonals : il s'agit de /HB/ dans les deux cas.

Jusqu'à présent, nous avons vu qu'il faut tenir compte de la catégorie grammaticale et du profil syllabique lors de l'établissement des oppositions tonales. Les facteurs supplémentaires à prendre en considération et la méthode à suivre pour établir les oppositions sont examinés en détail au chapitre 2. Dans l'état actuel de l'étude, le point essentiel est que, pour une langue donnée, les facteurs qui peuvent agir sur le ton doivent être les mêmes pour toutes les oppositions de hauteur qui sont comparées. En conséquence, il n'est pas nécessaire de découvrir des « paires minimales » afin d'établir une opposition de hauteur[15]. Les paires minimales de ton sont des paires de mots qui se trouvent dans des environnements identiques (généralement l'isolement) et qui sont phonétiquement identiques, sauf pour leurs schèmes tonals de surface (par exemple, la paire minimale iquito má'ʃiku 'radeau' et ma'ʃíku 'espèce d'oiseau' discutée au chapitre 2). Aussi satisfaisantes que soient les paires minimales, il suffit, pour établir une opposition, que les morphèmes comparés soient les mêmes dans tous les aspects qui peuvent influencer le ton.

---

[15] Voir également Snider (2014a) pour une discussion approfondie sur le ton et les paires minimales.

1.2 Opposition tonale

Nous examinons maintenant quelques exemples d'opposition afin de démontrer comment l'opposition peut se manifester de différentes façons. Dans l'exemple (11), tous les facteurs qui peuvent jouer sur le ton en chumburung sont les mêmes pour les deux termes.

(11) Courbes descendantes opposées isolément en chumburung

$$\begin{bmatrix} \backslash \end{bmatrix} \quad \begin{bmatrix} \backslash \end{bmatrix}$$
leŋ 'racine' lɔŋ 'maison'

Les courbes mélodiques ici s'opposent clairement lorsque ces mots sont prononcés isolément. Puisque les facteurs qui peuvent influencer le ton sont les mêmes dans les deux cas, la différence ne peut être due qu'à des schèmes tonals sous-jacents différents. Comme nous le verrons au chapitre 5, le schème tonal sous-jacent de 'racine' est /HB/, et celui de 'maison' est /B/.

Il en va de même pour les formes njyem [njy] dans l'exemple (12). Le njyem est une langue bantoue A, parlée dans l'est du Cameroun et au Congo (données du Cameroun, avec l'aimable autorisation de Keith Beavon, communication personnelle).

(12) Opposition dans les noms monomorphémiques en njyem

$$\begin{bmatrix} \backslash \end{bmatrix} \quad \begin{bmatrix} - \end{bmatrix} \quad \begin{bmatrix} \backslash \end{bmatrix} \quad \begin{bmatrix} - \end{bmatrix}$$
ba 'bout d'écorce' gʊ 'fou (n.)' d͡zo 'sommeil' lɪ 'arbre'

Il s'agit de noms morphologiquement simples de la classe 7 (voir section 2.1.6 pour une discussion sur les classes nominales et verbales), qui est dépourvue de préfixe de classe : tous ont le profil syllabique CV, et tous sont prononcés de manière isolée. De plus, le ton en njyem n'est pas influencé par les différents types de consonnes et de voyelles. Les environnements sont donc identiques en tous les cas, et nous pouvons conclure que les différences de surface observables sont dues à des oppositions sous-jacentes.

Les tons qui ont une opposition sous-jacente, cependant, ne s'opposent pas nécessairement dans tous les environnements. Comme pour les segments, les oppositions de ton peuvent être neutralisées dans certains environnements. Comparons ces deux énoncés chumburung dans lesquels les schèmes tonals pour 'maison' et 'racine', qui s'opposent l'un à l'autre dans l'exemple (11), sont neutralisés lorsqu'ils suivent le terme 'tisserand' comme dans l'exemple (13).

(13) Neutralisation en chumburung

a. $\begin{bmatrix} - - \backslash \end{bmatrix}$ $\begin{bmatrix} \backslash \end{bmatrix}$
ɔlʊpʊ lɔŋ 'maison du tisserand' lɔŋ 'maison'
tisserand maison

b. $\begin{bmatrix} - - \backslash \end{bmatrix}$ $\begin{bmatrix} \backslash \end{bmatrix}$
ɔlʊpʊ leŋ 'racine du tisserand' leŋ 'racine'
tisserand racine

Dans l'exemple (13a), le ton haut final de 'tisserand' se propage sur la syllabe suivante lɔŋ 'maison', de ton bas sous-jacent, avec pour résultat que les syntagmes 'maison du tisserand' et 'racine du tisserand' ont le même schème tonal de surface. Autrement dit, la différence tonale sous-jacente entre 'maison' et 'racine' est neutralisée par le conditionnement phonologique.

Il existe cependant des éléments autres que les environnements phonologiques qui peuvent neutraliser les oppositions de tons sous-jacents. Comme nous l'avons observé ci-dessus, certains environnements grammaticaux peuvent également avoir des effets neutralisants. Dans l'exemple (14), les courbes mélodiques de surface en chumburung pour 'aller' et 'venir' s'opposent clairement lorsqu'ils suivent le préfixe de sujet imperfectif de la première personne du singulier.

(14) Opposition établie suivant le préfixe imperfectif du sujet à la première personne du singulier en chumburung

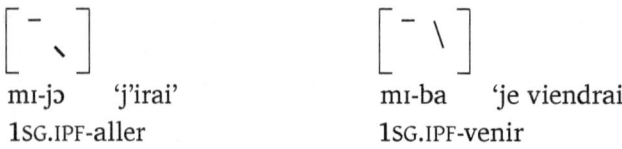

    mɪ-jɔ   'j'irai'   mɪ-ba   'je viendrai'
    1SG.IPF-aller   1SG.IPF-venir

Pourtant, comme observé dans l'exemple (15), ces oppositions sont neutralisées à l'impératif.

(15) Opposition neutralisée à l'impératif en chumburung

    jɔ   'va !'   ba   'viens !'

En chumburung, la forme par défaut des verbes prononcés isolément est celle du mode impératif, et elle impose un ton bas sur la première UPT du verbe. Cela explique pourquoi, dans la discussion qui suit l'exemple (8), les verbes à profil syllabique CV sont toujours prononcés bas-descendant isolément, et cela clarifie également pourquoi les oppositions de surface entre les racines de différentes catégories de mots (par exemple, les verbes et les noms) ne représentent pas nécessairement des oppositions phonologiques sous-jacentes.

La plupart des oppositions tonales se manifestent dans au moins un environnement sur les morphèmes qui les accueillent eux-mêmes (par exemple, tous ceux qui se trouvent immédiatement ci-dessus). Ce n'est pas toujours le cas, cependant, et parfois l'opposition est déplacée sur des morphèmes adjacents. Comparons les termes dans l'exemple (16), qui sont les mêmes dans tous les aspects qui peuvent influencer le ton en chumburung.

(16) Absence d'opposition de surface en isolement en chumburung

    kɪdaka? 'boîte'   kɪsarɪ? 'bras'

Quel que soit l'environnement dans lequel ces termes sont prononcés, ils ont toujours des courbes mélodiques de surface identiques. L'exemple (17) montre ces termes dans un deuxième environnement.

(17) Absence d'opposition de surface dans un second environnement en chumburung

    ɔlʊpʊ kɪdaka? 'boîte du tisserand'   ɔlʊpʊ kɪsarɪ? 'bras du tisserand'
    tisserand boîte   tisserand bras

Bien que les courbes mélodiques de surface des termes *kìdáká?* et *kìsárí?* soient différentes dans ce deuxième environnement par rapport au premier, elles restent néanmoins identiques. A ce stade de l'observation, nous pouvons dire que les schèmes tonals sous-jacents de ces deux termes sont identiques, leurs schèmes tonals de surface étant toujours identiques. Dans l'exemple (18), cependant, les termes *kìdáká?* et *kìsárí?* ont des effets différents sur les tons qui les suivent, même s'ils apparaissent à nouveau dans des environnements identiques et ont toujours des schèmes tonals identiques[16].

(18) Opposition confirmée par l'effet sur les tons suivants en chumburung

$$\begin{bmatrix} - - - - - - \end{bmatrix}$$

kɩdakaa ma nu fʊrɪ-?   'une boîte n'entendra pas une antilope.'[17]
boîte NEG entendre antilope-NEG

$$\begin{bmatrix} - - - - - \end{bmatrix}$$

kɩsarɪɪ ma nu fʊrɪ-?   'un bras n'entendra pas une antilope.'
bras NEG entendre antilope-NEG

Puisque le syntagme verbal 'n'entendra pas une antilope' est le même au niveau sous-jacent dans les deux cas, la différence à la surface entre ces deux énoncés doit être due aux différences de schème tonal sous-jacent des premiers mots. Ici, le terme *kìsárí?* se termine par un ton bas « flottant » qui rabaisse les tons H sous-jacents qui le suivent, ce qui n'est pas le cas avec le terme *kìdáká?*. Nous reviendrons sur les concepts de tons flottants et de downstep ci-dessous. Même si ces deux noms se ressemblent en surface dans ces phrases, ils ont des schèmes tonals sous-jacents différents, et cette différence se manifeste sur un ton haut suivant.

En somme, si les schèmes tonals de surface de deux morphèmes diffèrent l'un de l'autre, ne serait-ce que dans un seul environnement comparable, c'est que leurs tons sous-jacents sont différents. De même, si deux morphèmes ont des effets tonals différents sur les éléments adjacents, toutes choses égales par ailleurs, c'est que leurs tons sous-jacents doivent être différents, même si leurs courbes mélodiques de surface sont les mêmes. Les oppositions tonales entre morphèmes peuvent être neutralisées dans certains environnements. Cela peut se produire dans des environnements phonologiques ou grammaticaux, ou partout, les différences ne se réalisant que sur des éléments adjacents. Pour qu'une langue soit qualifiée de tonale, elle doit avoir des morphèmes dont les hauteurs s'opposent (ou déplacent l'opposition sur des éléments adjacents) dans au moins un environnement comparable.

1.3 Niveaux tonals en opposition

À ce stade de la discussion, nous avons parlé en termes généraux de la façon d'établir l'opposition entre les schèmes tonals, mais nous n'avons pas encore abordé l'opposition entre les différentes hauteurs. Celles-ci peuvent se manifester soit par des tons ponctuels phonétiques (par exemple, haut vs bas), soit par des tons modulés phonétiques (par exemple, haut-descendant vs bas-descendant). Les oppositions, dans les deux cas, s'établissent de la même manière, mais le processus est légèrement plus facile pour les tons ponctuels. La discussion suivante ne concerne donc que ceux-ci.

---

[16] Lorsqu'ils sont prononcés en fin de phrase, comme dans les exemples (16) et (17), 'boîte' et 'bras' se terminent par d'occlusive glottale. Cependant, dans les énoncés de l'exemple (18), ces occlusives à vocation lexicale ne sont pas réalisées phonétiquement, et la voyelle finale de chaque mot est longue en position médiane de phrase. En plus de cette position, les occlusives glottales lexicales se produisent également à la fin de toutes les phrases négatives en chumburung.

[17] Voir la discussion de la section 1.5.1 concernant les données linguistiques élicitées et naturelles.

Si une langue est tonale, il doit y avoir au moins deux hauteurs en opposition, dont l'une sera plus élevée que l'autre. Pour des raisons de facilité, nous appellerons la hauteur la plus élevée « ton haut (H) » et la plus basse « ton bas (B) ». S'il existe une hauteur dont la fréquence se situe entre celles du ton haut et du ton bas et qui s'oppose à elles sur le plan phonologique, nous l'appellerons « ton moyen (M) ». Suivant les principes présentés ci-dessus pour établir une opposition sous-jacente, pour que deux hauteurs différentes s'opposent phonologiquement, il faut que cette opposition apparaisse dans des environnements comparables. Dans l'exemple (19), tiré du kako [kkj], une langue bantoue parlée au Cameroun (notes de terrain personnelles), les deux hauteurs de 'fourmi', bien que différentes, ne démontrent pas d'opposition sous-jacente parce qu'elles ne s'opposent pas dans les mêmes environnements (c.-à-d. que le haut est sur la première syllabe et le bas sur la deuxième).

(19) Opposition phonologique de hauteur non établie en kako

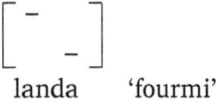

Si l'on s'en tient à ce mot, il peut s'agir d'une langue sans tons dans laquelle toutes les syllabes d'un énoncé sont prononcées avec un ton haut de surface, sauf la dernière, toujours prononcée avec un ton bas de surface. Il se peut également que les deux syllabes soient à ton bas au niveau sous-jacent, et qu'il y ait un processus de dissimilation par lequel un ton bas sous-jacent est phonétiquement réalisé comme haut avant un bas suivant. Dans ces deux cas de figure, il n'est pas opportun de parler d'une opposition sous-jacente, car la différence entre haut et bas serait toujours prévisible, c'est-à-dire qu'elle serait induite par l'environnement. Afin de prouver que le ton bas s'oppose au ton haut en kako, il nous faut des données comme dans l'exemple (20) dans lesquelles les hauts et les bas de surface se réalisent dans des environnements comparables (c'est-à-dire ceux qui sont les mêmes pour toutes les manières qui sont susceptibles d'influencer le ton, en s'assurant que les mots ne se trouvent pas dans des propositions ayant une force illocutoire différente, comme des déclarations ou des questions).

(20) Opposition phonologique de hauteur établie en kako

Dans cet exemple, la deuxième syllabe du terme *kòmbɔ̀* 'forêt' démontre qu'un ton bas peut apparaître après un autre ton bas en kako. De la même manière, la deuxième syllabe du terme *kòndɔ́* 'peau' démontre qu'un ton haut est possible après un ton bas. Dans ce cas, nous ne pouvons pas attribuer le niveau bas de la deuxième syllabe de *kòmbɔ̀* ou le niveau haut de la deuxième syllabe de *kòndɔ́* à autre chose qu'une différence de ton sous-jacent, car il n'a jamais été démontré dans aucune langue que la seule autre différence significative, le lieu d'articulation coronal vs labial des consonnes médianes, ait une influence sur le ton. Ainsi, tout ce qui peut influencer la façon dont les tons se réalisent dans ces deux termes est le même. Par conséquent, nous sommes fondé à affirmé que cette langue possède (au moins) deux tons qui s'opposent, haut (H) et bas (B).

Voyons maintenant ce qu'il faudrait pour établir trois niveaux d'opposition dans une langue donnée. Examinons l'exemple (21) en chumburung

(21) Niveau phonétique moyen (non contrastif) en chumburung

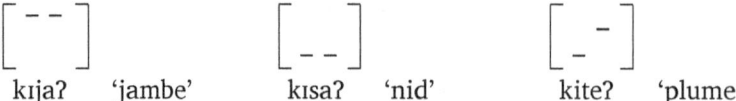

1.3 Niveaux tonals en opposition

Il est donc évident qu'il existe au moins trois niveaux phonétiques en chumburung : haut, moyen et bas. Bien que la composition tonale de chaque terme soit distincte (c.-à-d. qu'il y a trois schèmes tonals qui s'opposent), les preuves d'opposition entre les trois niveaux manquent. L'opposition est clairement démontrée entre bas et haut dans des termes comme kɪsaʔ [_ _] et kɪjaʔ [¯ ¯] car les environnements tonals sont comparables. L'opposition est également établie entre bas et moyen dans des termes comme kɪsaʔ [_ _] et kiteʔ [_ ⁻] parce que, là encore, les environnements tonals sont comparables (c.-à-d. que le niveau bas de la deuxième syllabe de 'nid' s'oppose au niveau moyen de la deuxième syllabe de 'plume'). Cependant, l'opposition n'est pas démontrée entre les niveaux haut et moyen par les deuxièmes syllabes de kɪjaʔ [¯ ¯] et de kiteʔ [_ ⁻] car les premières syllabes de chaque terme portant des hauteurs différentes rendent les deux environnements non comparables. Pour que l'on puisse conclure à l'existence de trois niveaux qui s'opposent en chumburung, des exemples dans lesquels le niveau bas est non seulement suivi d'un niveau bas (par exemple, kɪsaʔ [_ _]) et d'un niveau moyen (par exemple, kiteʔ [_ ⁻]), mais aussi d'un niveau haut seraient nécessaires. Or, de tels mots n'existent pas en chumburung. Dans le cas de kiteʔ [_ ⁻], le niveau moyen de surface est en effet un ton haut sous-jacent qui est rabaissé au niveau moyen après un ton bas[18], ce qui explique pourquoi la séquence d'un ton bas suivi d'un ton haut n'existe pas dans la langue.

Plus révélateur encore est l'exemple (22) qui démontre une distinction de hauteur à quatre niveaux en bench [bcq], une langue afro-asiatique parlée dans le sud-ouest de l'Ethiopie.

(22) Quatre niveaux d'opposition phonétique en bench (notes de terrain personnelles)

a. [_   ⁻]
   gor sam   'chou du singe'
   singe chou

b. [⁻   ⁻]
   dor sam   'chou du mouton'
   mouton chou

c. [⁻   ⁻]
   ger sam   'chou de la hyène'
   hyène chou

d. [⁻   ⁻]
   kir sam   'chou de l'oiseau de proie (esp.)'
   oiseau.de.proie.(esp.) chou

Ici il y a une quadruple opposition de hauteur précédant le terme 'chou' : bas ('singe'), moyen ('mouton'), haut ('hyène'), et supra-haut ('oiseau de proie'). De plus, tous les facteurs susceptibles d'influencer le ton dans cette langue sont les mêmes pour ces quatre termes, à savoir : ils appartiennent à la même catégorie de mots (noms), le profil syllabique est le même (CVS, où la lettre « S » est mise pour représenter une coda sonante), et ils se trouvent dans la même combinaison[19] ('le chou de X'). Nous concluons donc que les oppositions de surface sont dues à des différences sous-jacentes de ton et non à un quelconque facteur externe pouvant influencer le ton.

---

[18] Il s'agit de l'effet du downstep, un terme technique déjà mentionné à la page 5. Nous y reviendrons plus en détail dans section 5.2.3.

[19] Anglais "frame". Ce terme remonte au moins à Pike (1948).

1.4 Schèmes tonals

Lorsque le sujet du ton est abordé, souvent l'une des premières choses demandée est le nombre de tons dans une langue. Pour beaucoup, cela équivaut au nombre d'oppositions (qu'il s'agisse de tons ponctuels ou de tons modulés) trouvées sur les syllabes individuelles. Aussi intéressant que cela puisse être, il est plus important, à des fins analytiques, de connaître le nombre et la nature des schèmes tonals sur les morphèmes, puisque, comme Hyman et Leben le notent dans leur définition d'une langue à tons (voir section 1.1), les courbes mélodiques des langues à tons sont toujours lexicales. Ainsi, tout au long de cet ouvrage, nous donnons à ces schèmes en opposition le terme « schèmes tonals », indépendamment du fait que les morphèmes portant les oppositions consistent en des mots entiers, des syllabes simples, ou même s'ils n'ont pas de contenu segmental (c.-à-d. s'ils consistent uniquement en des tons flottants)[20].

Pour de nombreuses langues à tons, les schèmes tonals consistent en des chaînes linéaires d'un à trois tons qui s'associent aux UPT d'une manière particulière et souvent spécifique à la langue. Le mendé [men], une langue mandingue parlée en Sierra Leone, en est une bonne illustration, avec son inventaire de cinq schèmes tonals : /H, B, HB, BH, BHB/ (voir ci-dessous). Lorsqu'un morphème est relié à plus d'un ton (par exemple, le schème tonal /BH/ du terme *fande* [_ ¯] 'coton'), ces tons présentent souvent une certaine cohésion. En d'autres termes, ils restent ensemble et leurs traits d'association s'adaptent simplement au nombre d'UPT (dans ce cas, les syllabes) dont ils disposent.

Les phénomènes suivants s'expliquent mieux si l'on analyse le ton du point de vue de schèmes tonals. D'abord, les schèmes sous-jacents sont unifiés bien qu'ils soient réalisés différemment avec différents profils syllabiques. Ensuite, les schèmes tonals restent stables indépendamment des changements de segments. Finalement, les locuteurs natifs ne reconnaissent pas les tons individuels au sein d'un schème tonal. Nous abordons chacun de ces points successivement.

1.4.1 Schèmes sous-jacents avec différents profils syllabiques

Considérons les données mendé dans l'exemple (23), adaptées de Leben (1978 : 186).

(23) Cinq schèmes tonals sur les noms monomorphématiques en mendé

Tons	CV		CVCV		CVCVCV	
/H/	[¯] kɔ	'guerre'	[¯ ¯] pɛlɛ	'maison'	[¯ ¯ ¯] hawama	'taille'
/B/	[_] k͡pa	'dette'	[_ _] bɛlɛ	'pantalon'	[_ _ _] k͡pakali	'chaise trépied'
/Des/	[\] m͡bu	'hibou'	[¯ _] ŋ͡gila	'chien'	[¯ _ _] felama	'jonction'
/Mon/	[/] m͡ba	'riz'	[_ ¯] fande	'coton'	[_ ¯ ¯] n͡davula	'fronde'
/Mon-Des/	[/\] m͡ba	'compagnon'	[_ \] nyaha	'femme'	[_ ¯ _] nikili	'arachide'

---

[20] La notion selon laquelle le ton est mieux analysé du point de vue du « schème tonal », ou de la mélodie entière, trouve ses racines dans les travaux fondateurs de Leben (1971, 1973, 1978), et est appuyée plus récemment dans Odden et Bickmore (2014) ainsi que dans d'autres articles de ce même ouvrage.

1.4 Schèmes tonals

Dans la première colonne de données, cinq courbes mélodiques de surface sont associées à des morphèmes de structure CV. Une analyse phonémique classique de ces données donnerait cinq tons, ou tonèmes[21], associés chacun à une syllabe donnée : H (haut), B (bas), Des (descendant), Mon (montant), et Mon-Des (montant-descendant). En regardant la deuxième colonne, l'analyse classique de *pélé* 'maison' donnerait le ton /H/ suivi d'un second, soit /HH/). De même, *nyàhâ* 'femme' serait analysé comme /BDes/, un ton bas suivi d'un ton descendant. Compte tenu de cette conception du ton selon laquelle il est spécifié indépendamment pour chaque syllabe, 25 oppositions devraient être potentiellement trouvées sur des formes bisyllabiques (5 x 5), et 125 sur des formes trisyllabiques (5 x 5 x 5). Cependant, la langue n'exploite pas toutes ces possibilités. En fait, pour tout profil syllabique donné dans le tableau (CV, CVCV ou CVCVCV), seules cinq oppositions[22] sont trouvées, les cinq tons étant répartis d'une manière semble-t-il déroutante.

D'autre part, du point de vue des schèmes tonals associés aux morphèmes, le mendé peut être analysé comme ayant un système à deux tons avec cinq schèmes tonals en opposition : /H/, /B/, /HB/, /BH/, et /BHB/. Ces cinq schèmes tonals, à leur tour, s'associent aux UPT d'une manière compréhensible, comme le démontre l'exemple (24)[23].

(24) Cinq schèmes tonals sur des noms simples en mendé

Tons	CV	CVCV	CVCVCV
/H/	kɔ 'guerre'	pɛlɛ 'maison'	hawama 'taille'
/B/	kpa 'dette'	bɛlɛ 'pantalon'	kpakali 'chaise trépied'
/HB/	mbu 'hibou'	ngila 'chien'	felama 'jonction'

---

[21] Le terme « tonème » fait référence à l'entité tonale analogue au « phonème » segmental.

[22] Alors que ces cinq schèmes représentent la majorité des mots en mendé, Leben traite également de plusieurs autres qui sont également attestés : H'H (l'apostrophe chez Leben indique le downstep), H'HB, HBH, HBHB, HHB, et BBH. Il suppose (1978 : 188) que « la prépondérance des exemples conformes aux schèmes illustrés [...] résulte du fait historique que le mendé dérive d'un protosystème dans lequel les principes [...] se sont maintenus de manière absolue. » [Anglais : "the preponderance of examples that conform to the patterns illustrated … is a result of the historical fact that Mende derives from a protosystem in which the principles … were maintained absolutely."] En tenant compte de cette perspective historique, Leben (communication personnelle) suggère que de nombreuses exceptions au modèle général auraient pu se former historiquement en combinant deux formes conformes en une forme non conforme.

[23] Les représentations ici montrent comment les schèmes tonals sous-jacents, représentés entre des barres obliques phonémiques, sont associés dans les formes de surface. On pensait à l'origine que la manière précise dont les schèmes tonals s'associent aux UPT était la même pour toutes les langues (par exemple, Goldsmith 1976 ; Leben 1973, 1978), mais la diversité linguistique découverte plus récemment suggère que l'association tonale est plutôt spécifique à la langue et doit être déterminée dans chaque cas.

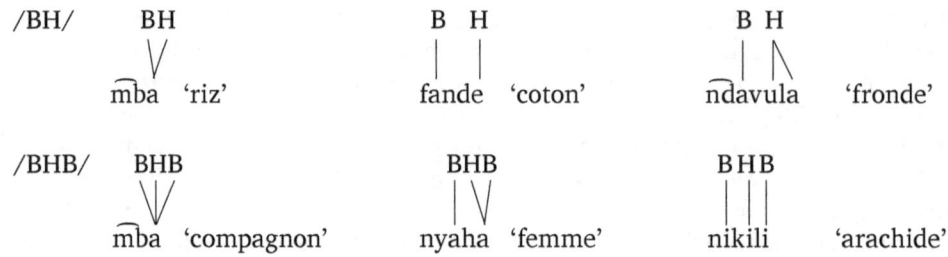

Dans l'exemple (24), lorsque le schème comporte deux tons discrets (/BH/ ou /HB/) et que ceux-ci s'associent à deux UPT ou plus, il n'y a pas de tons modulés. Ceux-ci n'apparaissent en mendé que lorsque les UPT sont moins nombreuses que les tons discrets dans le schème tonal. Concernant les schèmes /HB/ et /BH/, ils sont illustrés par m͡bû 'hibou' et m͡bǎ 'riz', qui ont chacun deux tons discrets qui s'associent à une seule UPT. Sur le plan phonétique, il en résulte, respectivement, des réalisations avec une courbe haut-descendante et une courbe bas-montante. Pour ce qui est du schème à trois tons (/BHB/), des courbes sont trouvées sur tous les mots, à l'exception de nìkílì 'arachide', où suffisamment d'UPT sont disponibles pour que chaque ton soit lié à sa propre UPT. Cependant, lorsqu'il n'existe que deux UPT, comme dans nyàhâ 'femme', la langue permet aux deux tons à droite de cohabiter l'UPT la plus à droite, ce qui se traduit phonétiquement par une courbe haut-descendante sur la syllabe finale. Enfin, lorsqu'il n'existe qu'une seule UPT pour les trois tons, comme dans m͡bǎ 'compagnon', c'est uniquement dans ce cas que la langue permet à trois tons de s'associer à une seule UPT, avec pour conséquence une courbe montant-descendante autorisée seulement sur les racines à syllabe unique. A cet égard, le mendé est plutôt rare : la plupart des langues ont des contraintes contre l'association de tons multiples à des UPT uniques et ne la permettent que dans certaines circonstances.

Les arguments en faveur des schèmes tonals basés sur la distribution des tons sur différents profils syllabiques sont plus forts dans certaines langues que dans d'autres. En mendé, par exemple, les arguments sont solides car la langue permet d'associer jusqu'à trois tons à des UPT uniques, et elle permet également des racines à trois syllabes. Cette rare combinaison de facteurs fait du mendé une langue idéale pour plaider en faveur des schèmes tonals. Cependant, la plupart des langues ne permettent pas trois tons sur une seule UPT, et de nombreuses langues n'ont pas de radicaux simples à trois syllabes[24], ce qui signifie que la plupart des langues à tons ne démontrent pas autant de preuves de la cohésion des schèmes tonals comme c'est le cas en mendé. Cela ne signifie pas, cependant, que de telles langues ne bénéficieraient pas d'une analyse basée sur les schèmes tonals. En effet, même en l'absence de racines trisyllabiques en mendé, nous préférerions toujours l'analyse présentée ici puisqu'il faudrait encore expliquer pourquoi seulement 20% des 25 (5 x 5) possibilités prédites se présentent sur des radicaux bisyllabiques.

Le njyem se distingue nettement du mendé par ses racines maximalement bisyllabiques et aussi parce qu'il ne permet pas plus de deux tons sur des UPT uniques. A cet égard, il est plus classique que le mendé. Les données dans les exemples (25–28) sont de Keith Beavon (communication personnelle).

---

[24] Souvent, les racines supposées comme trisyllabiques (ou plus) se révèlent, après examen, être morphologiquement complexes. La source de cette complexité peut être très obscure et est souvent cachée dans l'histoire de la langue. Lorsque c'est le cas, la complexité est souvent mieux déterminée sur des bases phonologiques (par exemple, certains processus phonologiques s'appliquent ou ne s'appliquent pas à certaines frontières morphologiques) ou sur des bases statistiques (par exemple, une relative rareté de certains profils syllabiques par rapport à d'autres plus robustes, suggère que les profils plus rares sont le résultat d'une complexité morphologique). Pour une discussion plus approfondie de l'utilisation de bases statistiques pour déterminer la complexité morphologique, voir la section 2.1.2.

1.4 Schèmes tonals

(25) Schèmes tonals en opposition sur les noms de la classe 7 en njyem

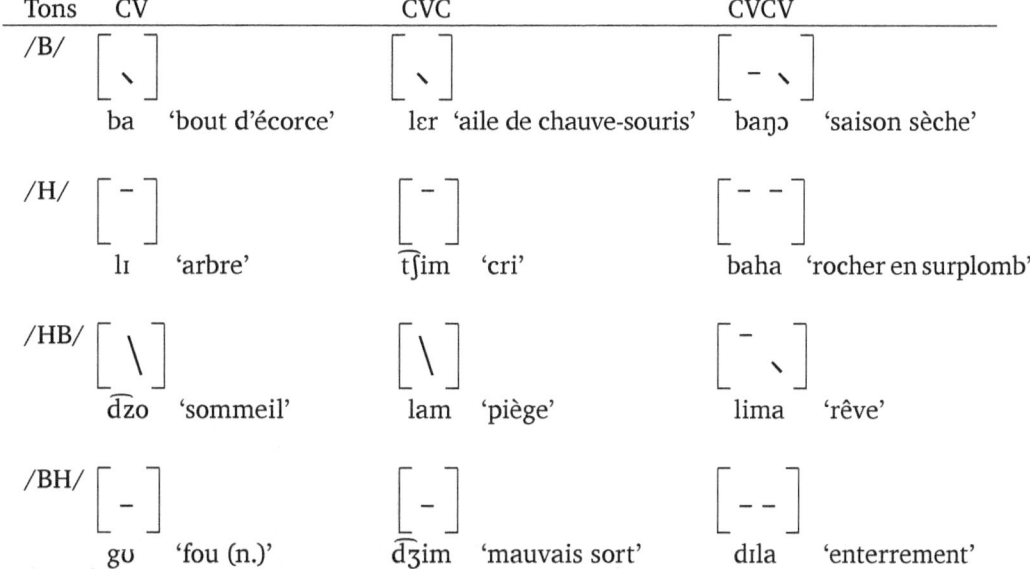

Ici nous pouvons constater que même en l'absence de racines trisyllabiques, certains faits sont plus faciles à expliquer du point de vue des schèmes tonals reliés aux morphèmes que des tons individuels associés aux UPT. Par exemple, alors qu'on constate des courbes haut-descendantes sur les mots à structure CV et CVC, elles sont entièrement absentes sur les mots à structure CVCV. Cette absence s'explique facilement, bien sûr, si l'on reconnaît que les formes bisyllabiques ont suffisamment de syllabes disponibles pour porter chaque ton individuel (H ou B). Les formes monosyllabiques, en revanche, n'ont pas assez de syllabes pour porter chaque ton du schème tonal /HB/. Dans ce cas, le problème est résolu en attribuant les deux tons à la même syllabe, ce qui résulte en une courbe haut-descendante.

Telles qu'elles sont présentées, les formes /B/, /H/ et /HB/ sont assez transparentes. Le schème restant, /BH/, l'est moins, en particulier parce qu'il n'est pas évident pour un ton haut dans les formes d'isolement, même dans les termes à structure CVCV. Ceci est dû, cependant, à un processus de propagation des tons bas vers la droite au sein des mots et de dissociation des tons hauts, comme dans l'exemple (26).

(26) Propagation du ton bas en njyem

/B H/
 \╪
/dɪla/   →   [− −]
enterrement   [dɪla]   'enterrement'

Lorsque des racines de schème tonal /BH/ apparaissent en fin de phrase, le ton H final n'est pas associé à l'UPT finale, mais devient flottant (c.-à-d. qu'il n'est pas réalisé phonétiquement). Les tons flottants peuvent être comparés à la lettre s muette dans l'article défini 'les' du français qui se prononce lorsqu'elle est suivie d'un nom commençant par une voyelle (par exemple, 'les oiseaux'). En ce qui concerne le /BH/ du njyem, le ton haut est présent lorsqu'il est suivi du démonstratif *jà*: 'le/la __ (en question)', qui, par coïncidence, est de schème sous-jacent /BH/, comme le démontre l'exemple (27).

(27) Schème tonal /BH/ suivi du démonstratif *jà* en njyem

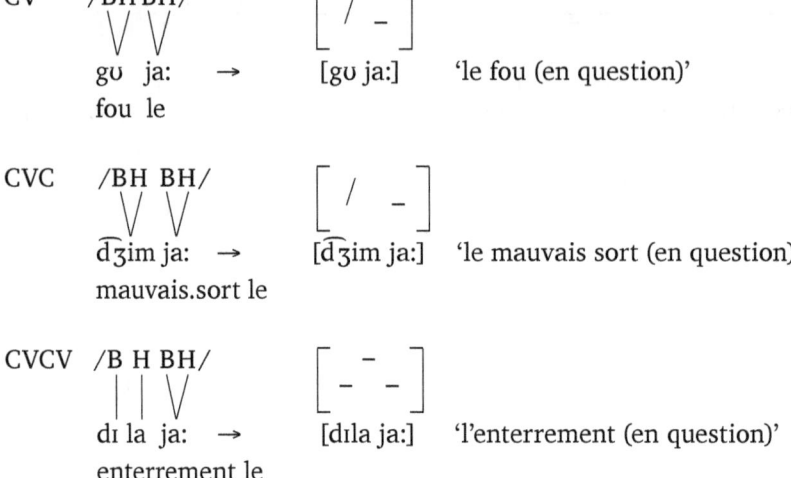

Dans l'exemple (27), le ton haut du schème /BH/ sous-jacent est obligé de s'associer à l'UPT finale du terme lorsque ce dernier est suivi par le ton bas du démonstratif *jà:*. Ce comportement s'oppose à ce qui se passe lorsqu'il s'agit d'un ton /B/ sous-jacent dans la même combinaison, comme dans l'exemple (28).

(28) Ton /B/ suivi du démonstratif *jà:* en njyem

```
CV      /B  BH/           [ -  - ]
         |   \/
         ba  jà:    →     [ba jà:]     'le bout d'écorce (en question)'
         bout.d'écorce le

CVC     /B  BH/           [ -  - ]
         |   \/
         lɛr jà:    →     [lɛr jà:]    'l'aile de chauve-souris (en question)'
         aile.de.chauve.souris la

CVCV    /B  BH/           [ -  -  - ]
         /\  \/
         baŋɔ jà:   →     [baŋɔ jà:]   'la saison sèche (en question)'
         saison.sèche la
```

Dans ce cas, chaque UPT de la phrase est réalisée au même niveau bas. Ces données soutiennent la proposition faite ci-dessus que le schème sous-jacent des noms dans l'exemple (27) est /BH/.

Nous terminons cette discussion sur le njyem en précisant que des seize combinaisons de tons qui sont potentiellement possibles sur les racines à structure CVCV (4 x 4), seules quatre sont en fait trouvées ([- ˇ], [¯ ¯], [¯ ˇ], et [- -]), et ces quatre schèmes tonals correspondent facilement aux quatre trouvés sur les racines à structure CV et CVC. Sans une approche de l'analyse du ton basée sur les morphèmes et les schèmes tonals, des faits distributifs comme ceux-ci sont difficiles à expliquer. Les phénomènes distributionnels, cependant, ne sont qu'une preuve de l'existence de schèmes tonals. Examinons maintenant d'autres preuves.

1.4.2 Stabilité des schèmes tonals

Le fait que les schèmes tonals des morphèmes individuels tendent à rester stables malgré les changements segmentaux est un autre appui fort pour soutenir l'idée que les tons individuels appartiennent à des schèmes plus grands et indépendants. Malgré l'ajout ou la perte d'UPT segmentales, les schèmes tonals restent généralement intacts et se réassocient simplement à différentes UPT le cas échéant.

Yip (2002 : 67) décrit une langue secrète basée sur le thaï [tha] dans laquelle les rimes de la première et de la deuxième syllabes des mots classiques sont permutées. Nous reprenons ses données dans l'exemple (29).

(29) Stabilité du ton dans une langue secrète thaïlandaise

Thaï standard			Thaï secret	
association tonale	forme phonétique		association tonale	forme phonétique
HB BH | | | | kluay hɔɔm	[\ /] [kluay hɔɔm]	>	HB BH | | | | klɔɔm huay	[\ /] [klɔɔm huay] 'banane'
HB M | | /\ tenram	[\ −] [tenram]	>	HB M | | /\ tamren	[\ −] [tamren] 'danse'

Dans ces exemples, le schème tonal standard pour le terme *klúày hɔ̌ɔ́m* 'banane' est [HB BH]. Malgré la permutation des rimes lors de la création de la version secrète, le schème tonal reste inchangé (à savoir *klɔ̌ɔ́m hùáy*). La même situation se présente dans le cas des termes *téǹrām* (thaï standard) et *támrēn* (thaï secret) 'danse'.

Il en va souvent de même dans la création de contours. Chen (2000 : 38) en donne un exemple du cantonais [yue] reproduit dans l'exemple (30).

(30) Stabilité du ton en cantonais

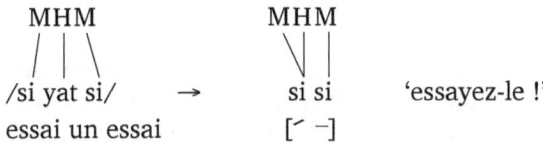

Ici, malgré la suppression du terme *yát*, son ton haut sous-jacent reste et se réassocie à la syllabe précédente, où il se joint au ton moyen sous-jacent du terme *sī* pour créer un contour montant moyen-haut.

Le phénomène des tons flottants fournit un troisième exemple de stabilité des schèmes tonals. Les tons flottants résultent souvent de la perte de l'UPT segmentale d'un ton. Cela peut être dû à la propagation et à la dissociation des tons, ou à la perte synchronique ou diachronique d'une UPT segmentale. L'exemple (31) du nawuri (notes de terrain personnelles), démontre un ton bas flottant qui résulte de la propagation d'un ton haut précédent et de la dissociation conséquente du ton bas d'origine.

(31) Stabilité du ton en nawuri

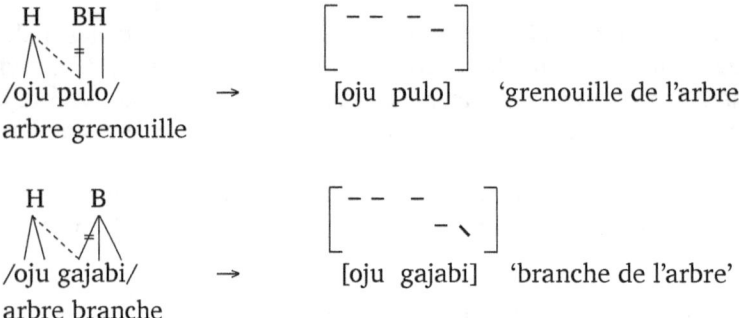

Dans le premier exemple, le ton haut sous-jacent de la racine *jú* se propage vers la droite et dissocie le ton bas sous-jacent qui le suit. Ce dernier n'est pas supprimé, pour autant, mais reste flottant, comme en témoigne son effet de rabaissement sur le ton haut suivant. Le deuxième exemple, *ójú gájàbì*, renforce cette affirmation : en se propageant vers la droite, à travers la frontière du mot, le ton haut supprime le ton bas de la première UPT du terme *gàjàbì*. Il est important de noter que dans chaque exemple, le schème tonal sous-jacent de la phrase elle-même reste inchangé ; ce sont les associations avec les UPT qui changent.

Dans chacun des exemples des trois langues ci-dessus, les relations d'association entre les tons et les UPT changent, mais les tons sous-jacents eux-mêmes ainsi que leur ordre linéaire sous-jacent restent intacts car il existe une cohésion entre les tons sur un palier indépendant. Il est intéressant de noter que c'est précisément la nature cohésive et mélodique du ton qui, historiquement, a donné naissance à la notion selon laquelle les tons fonctionnent en grande partie indépendamment des segments, et c'est cette notion, à son tour, qui a donné lieu au développement de la théorie de la phonologie autosegmentale. Comme l'indique le terme « autosegmental » (AUTOnome vis-à-vis des SEGMENTS), cette théorie suppose une certaine indépendance du ton par rapport aux segments. Or, si la plupart des analystes du ton font bon usage de la théorie autosegmentale, beaucoup d'entre eux ne sont pas conscients de l'intérêt d'une analyse du point de vue des morphèmes. En conséquence, de nombreuses analyses se basent sur les oppositions des tons discrets sur les UPT plutôt que sur celles des schèmes tonals sur les morphèmes.

1.4.3 Perception des locuteurs natifs

Lorsque les locuteurs natifs d'une langue à tons entendent un long mot ou une courte phrase, ils n'ont généralement aucun problème à dissocier la hauteur mélodique des segments, et ils peuvent généralement fredonner ou siffler la mélodie de l'énoncé avec peu ou pas de réflexion. En revanche, il leur est beaucoup plus difficile d'identifier la hauteur d'une syllabe spécifique dans un tel énoncé. Même après avoir pris conscience des différentes hauteurs dans la langue, les locuteurs sont généralement incapables de discerner quelle hauteur est associée à quelle syllabe ou UPT. Si on leur demande d'essayer, ils ont tendance à compter ou à tapoter chaque syllabe tout en sifflant ou en fredonnant pour arriver à la bonne. En revanche, si l'on demande aux mêmes locuteurs natifs d'identifier une consonne particulière dans la syllabe choisie, ils n'hésitent normalement pas ou peu à le faire. D'où vient cette différence ? Pourquoi est-il plus difficile pour les locuteurs d'identifier des tons individuels que des consonnes ou des voyelles individuelles ? La raison est que c'est le schème tonal du morphème qui est pertinent pour le locuteur natif, et non les tons discrets individuels sur les syllabes.

Dans les cas où les locuteurs natifs de certaines langues semblent clairement identifier les schèmes tonals avec les syllabes – comme c'est le cas, par exemple, en zapotèque de Quiaviní, une langue otomangue orientale du Mexique (Chávez-Peón 2010) – en réalité, c'est plutôt avec les morphèmes qu'ils font l'identification parce que ces derniers eux-mêmes sont principalement monosyllabiques dans ces langues.

Nous avons passé en revue quatre considérations, à savoir :
- la manière dont les tons se répartissent sur les morphèmes ;
- la stabilité des tons malgré l'ajout ou la perte de segments ;
- le maintien de l'ordre linéaire des tons malgré des changements segmentaux importants ;
- le fait que les locuteurs natifs peuvent plus facilement repérer les schèmes tonals que les tons individuels dans les énoncés.

Tous ces éléments plaident fortement en faveur des schèmes tonals contrastifs sur les morphèmes et non des tons individuels contrastifs sur les UPT.

Les tons des langues à tons se présentent sous des formes différentes. Dans de nombreuses langues à tons, à l'instar du mendé, il existe des schèmes tonals du type décrit ci-dessus, c'est-à-dire des chaînes linéaires de tons cohérents. Dans d'autres langues, les schèmes tonals peuvent consister en diverses combinaisons de hauteurs simples et/ou de contours de diverses sortes dont les points de départ et/ou d'arrivée ne sont pas nécessairement associés à des tons ponctuels. Par exemple, Michaud (2004), Brunelle (2009) et Brunelle *et* al. (2010) affirment qu'en vietnamien du nord [vie], il existe un ton de surface relativement élevé et cinq contours qui ne correspondent pas aux niveaux classiques tels que bas, moyen et haut. Pour encore d'autres langues, les schèmes tonals peuvent consister en un seul ton (haut ou bas) qui s'oppose à son absence dans diverses combinaisons sur différentes UPT. Un exemple en est le haya [hay], une langue bantoue parlée en Tanzanie (Hyman et Byarushengo 1984). Peu importe que les tons d'une langue soient similaires à ceux du mendé, du vietnamien ou du haya, on obtiendra probablement une compréhension plus perspicace en se concentrant sur les schèmes tonals contrastifs des morphèmes, plutôt que sur les tons ponctuels associés aux UPT.

L'objectif principal de l'analyse du ton dans n'importe quelle langue est donc de découvrir l'inventaire des schèmes tonals sous-jacents possibles pour chaque catégorie de morphèmes (par exemple, racines verbales, racines nominales, marqueurs de sujet ...) ainsi que les différents schèmes tonals de surface avec lesquels ils se réalisent dans différents environnements. Un objectif secondaire est d'expliquer les différentes réalisations de surface de ces schèmes sous-jacents.

Rappelons que pour toute catégorie donnée de morphèmes, il est peu probable que l'ensemble complet des schèmes tonals contrastifs se révèle dans un seul environnement. Pour toute catégorie donnée de morphèmes, il est donc nécessaire de rassembler des informations provenant d'un éventail aussi large que possible d'environnements morphosyntaxiques avant de pouvoir établir l'ensemble définitif des schèmes tonals sous-jacents.

Dans cette optique, la question souvent posée par le non-initié à propos du nombre de tons dans une langue (c.-à-d. les différentes hauteurs associées à une seule UPT) est quelque peu banale. D'autres questions sont plus importantes, à savoir combien de schèmes tonals sous-jacents accompagnent les morphèmes, et comment ceux-ci se réalisent phonétiquement sur les différents profils syllabiques de la langue.

1.5 Collecte des données

En vue des objectifs susmentionnés, c'est-à-dire la description et l'explication, quels types de données faut-il recueillir ? Une liste de mots constitue un très bon point de départ. La longueur de cette liste dépend, bien entendu, du nombre de schèmes tonals sous-jacents dans la langue et du nombre de facteurs à contrôler dans l'analyse. Par exemple, si tous les morphèmes d'une langue donnée sont constitués de l'un ou l'autre de deux schèmes tonals sous-jacents, cela se révélera avec moins de mots que si l'inventaire des schèmes tonals est plus grand (par exemple, cinq, comme en mendé). De même, si tous les profils syllabiques de la langue sont identiques (par exemple, CV) et si la morphologie des mots est relativement simple (par exemple, dépourvu d'affixes), le corpus nécessaire peut également être relativement restreint. Comme la complexité exacte d'un système tonal donné n'est pas nécessairement connue à l'avance, il est conseillé de commencer par une liste d'au moins 1 000 mots. Cela devrait faire apparaître tous les schèmes tonals de la langue. Plus tard, il faudra obtenir les différents morphèmes découverts dans des environnements différents (par exemple, les noms au singulier et au pluriel, dans les positions de sujet et d'objet, etc., et les verbes dans différents combinaisons aspecto-temporelles, personnes, formes nominalisées, etc.).

1.5.1 Données linguistiques élicitées ou « naturelles »

Certains s'opposent à l'utilisation de données élicitées pour l'analyse phonologique pour des raisons idéologiques, préférant analyser uniquement les données auditives enregistrées à partir de la communication naturelle. Comme nous l'avons déjà souligné, pour une bonne analyse phonologique, il est nécessaire d'examiner un morphème donné dans le plus grand nombre possible d'environnements phonologiques et grammaticaux. Si l'analyse se limite à celle d'énoncés « naturels », les paradigmes construits risquent de présenter de graves lacunes, car il existe un risque que le linguiste n'entende jamais certaines données critiques. Les locuteurs natifs prononcent tout le temps des mots et des phrases isolées dans des situations naturelles, et le fait de demander à un locuteur de répéter quelque chose ne détruit pas nécessairement le caractère naturel de la prononciation. De même, si l'analyse se limite uniquement aux données élicitées, le risque est de passer à côté de certains mots et constructions de la langue que l'on ne penserait pas à éliciter. Les deux méthodes de collecte de données sont donc nécessaires.

Afin d'obtenir un son dans tous les environnements phonologiques possibles, il peut parfois être nécessaire d'associer des termes qui n'apparaissent normalement pas ensemble dans un environnement naturel (par exemple, 'champignon de la cabane'). La question se pose donc : est-il acceptable de faire une analyse phonologique à partir des données sémantiquement peu probables ? La réponse est affirmative, à condition que la construction soit à la fois structurellement bien formée et productive ; c'est-à-dire que les locuteurs natifs utilisent régulièrement cette construction pour créer des formes originales.

La construction génitivale[25] en chumburung nous fournit un exemple du premier critère, c'est-à-dire que la construction doit être structurellement bien formée. Dans cette langue, la possession est normalement indiquée simplement en juxtaposant deux noms : le possesseur en position n.1, et le possédé en position n.2. Par exemple, pour dire « la boîte d'Afiya », on dit « Afiya boîte ». Dans les relations de parenté, cependant, la possession s'indique différemment. Pour dire « le petit-fils d'Afiya », on ne dit pas « Afiya petit-fils » comme on pourrait s'y attendre, mais plutôt « Afiya, son petit-fils ». D'autres langues, comme l'abun [kgr] (Berry et Berry 1999), un isolat linguistique parlé dans le nord-ouest de la Papouasie-Nouvelle-Guinée[26], font des distinctions similaires en ce qui concerne la possession de parties du corps aliénables ou inaliénables. Il n'est pas acceptable de demander à un locuteur d'une telle langue de prononcer ces deux constructions de la même manière. Ainsi, alors qu'il serait erroné de demander des données chumburung dans lesquelles l'énoncé « le petit-fils d'Afiya » se compose de deux noms juxtaposés, il ne le serait pas pour des phrases comme « la boîte d'Afiya » et « la boîte de la pierre ». Il est possible que des expressions telles que « la boîte de la pierre » ne soient jamais entendues dans des situations naturelles, mais une telle association peut être imaginée et exprimée. En effet, les contes populaires de nombreuses communautés linguistiques regorgent d'exemples d'animaux et même d'objets inanimés comme les pierres qui prennent des qualités humaines. Si des énoncés comme « la boîte de la pierre » sont syntaxiquement bien formés, les locuteurs natifs peuvent les prononcer tout aussi facilement et naturellement que les locuteurs natifs du français peuvent prononcer leurs équivalents dans leur langue.

---

[25] La version anglaise alterne entre les termes "possessive construction" et "associative construction" selon l'ordre des constituants. La version française les traduit invariablement comme « construction génitivale ».

[26] Bien que Berry et Berry (1999) aient classé l'abun comme étant une langue de papouasie occidentale, il est maintenant considéré comme un isolat linguistique (https://www.ethnologue.com/language/kgr).

1.5 Collecte des données

Un bon exemple du deuxième critère (à savoir que la construction doit être productive) se trouve dans les formes composées en français. Bien qu'un mot composé comme *abat-jour* soit grammatical et évoque le même sens dans l'esprit de tous les locuteurs natifs (c.-à-d., un couvercle de protection pour une ampoule), la composition n'est pas totalement productive en français. Par exemple, on ne peut pas par la suite créer de nouvelles formes comme **abat-nuit* qui auront la même signification pour tous les locuteurs natifs du français. Par opposition, la construction génitivale en français et dans beaucoup d'autres langues est productive. Une construction possesseur-possédée à partir de presque n'importe quel nom peut être créée. Bien que des formes telles que « la hache du léopard » et « la barbe de la pierre » puissent être sémantiquement excentriques, les locuteurs natifs sont généralement d'accord sur leur signification (c.-à-d. que le premier nom possède le deuxième, ou que le premier nom est régulièrement associé au deuxième, etc.). Certaines constructions qui pourraient être créées seront probablement trop bizarres d'un point de vue sémantique, en particulier lorsqu'on travaille avec un informateur pour la première fois, mais avec de la patience et des explications concernant le résultat souhaité, ce type de problèmes peut être surmonté. Ainsi, tant que les données élicitées appartiennent à des constructions qui sont à la fois structurellement bien formées et productives, elles peuvent être extrêmement utiles dans l'analyse phonologique.

1.5.2 Transcription des schèmes tonals de surface

Il existe un certain nombre de conventions différentes pour la transcription des schèmes tonals de surface. Il s'agit notamment :
   a) du système « Chao », basé sur les travaux de Chao (1930) et principalement utilisé en Asie ;
   b) du système « Pike », décrit dans Pike (1948 : 96) et principalement utilisé dans les travaux mésoaméricains précoces, bien qu'il semble être tombé en désuétude plus récemment ;
   c) du système à signes diacritiques, principalement utilisé en Afrique ;
   d) du système de notation en traits, souvent utilisé en Afrique et largement employé dans ce volume.

Chacun de ces systèmes sera décrit à tour de rôle.
Le tableau (32) présente le système Chao, suivi de sa mise en application dans l'exemple (33).

(32) Système Chao (Association phonétique internationale 2005)

˥	supra-haut	˧˥	montant
˦	haut	˥˧	descendant
˧	moyen	˦˥	haut-montant
˨	bas	˩˨	bas-montant
˩	infra-bas	˧˥˧	montant-descendant

(33) Exemple du système Chao[27]

   ba˥ba˥˧ (supra-haut, descendant)

Une version du système Chao utilisant des chiffres, préférée par certains, apparaît dans le tableau (34) suivi de sa mise en application dans l'exemple (35).

---

[27] Dans les exemples (33), (35) et (36), les segments *baba* n'ont pas de signification et sont seulement utilisés comme syllabes factices pour démontrer les différents systèmes de notation des tons.

(34) Système Chao en chiffres

55	supra-haut	15	montant
44	haut	51	descendant
33	moyen	45	haut-montant
22	bas	23	bas-montant
11	infra-bas	353	montant-descendant

(35) Exemple du système Chao en chiffres

    ba^{55}ba^{51} supra-haut suivi de descendant

Le système Pike ressemble au système Chao en chiffres, mais les valeurs sont inversées, c'est-à-dire le niveau le plus élevé est représenté par le chiffre 1 et le niveau le plus bas par le chiffre correspondant au nombre de niveaux tonals dans la langue. Les tons ponctuels sont généralement indiqués par un seul chiffre et les tons modulés par deux chiffres séparés par un trait d'union, comme dans l'exemple (36).

(36) Exemple du système Pike

    ba^{1}ba$^{1-5}$ haut suivi de descendant

Le système à signes diacritiques, dans le tableau (37), consiste en plusieurs accents placés au-dessus des voyelles et des consonnes porteuses de ton.

(37) Système à signes diacritiques (Association phonétique internationale 2005)

ǽ	supra-haut	ě	montant
é	haut	ê	descendant
ē	moyen	e᷄	haut-montant
è	bas	e᷅	bas-montant
ȅ	infra-bas	e᷈	montant-descendant
↓é	haut rabaissé	↑é	haut rehaussé

Enfin, le lecteur est maintenant familier avec la notation en traits utilisé de manière extensive dans le présent ouvrage. Ce système utilise des traits à différentes hauteurs pour représenter des hauteurs correspondantes, comme dans l'exemple (38) du bimoba [bim], une langue gur parlée au Ghana (notes de terrain personnelles).

(38) Exemple de notation en traits du bimoba

$$\begin{bmatrix} \text{- -} & \quad\text{- - -} \\ & \text{-} \end{bmatrix}$$

    g͡batuk gori g͡batuk   'le galago[28] regarde le galago'
    galago regarde galago

En plus des niveaux ponctuels, la plupart des langues à tons, sinon toutes, présentent également des tons modulés. La notation en traits représente un contour descendant par un trait qui descend de gauche à droite [\]. De même, un contour montant est représenté par un trait qui monte de gauche à droite [/]. Dans l'exemple (39a), la première syllabe porte un contour montant, et dans l'exemple (39b), deux types de contours descendants sont observés. Dans le premier cas, c'est un contour bas-descendant, tandis que le deuxième est haut-descendant. Dans les deux cas, grâce à la nature visuelle du système, la relation avec le niveau qui précède est constatée.

---

[28] Petit primate nocturne originaire d'Afrique sub-saharienne.

(39) a. Représentation d'un contour montant en bimoba

$$\left[\begin{array}{cccc} \diagup & - & - & - \end{array} \right]$$

took gori g͡batuk   'le collègue regarde le galago'
collègue regarde galago

b. Représentation des contours descendants en chumburung

$$\left[\begin{array}{cc} - & \diagdown \end{array} \right] \qquad \left[\begin{array}{cc} - & \diagdown \end{array} \right]$$

mɪ jɔ   'j'irai'   mɪ ba   'je viendrai'
1SG.IPF aller   1SG.IPF venir

Si chaque système de notation présente certains avantages, tous ne sont pas applicables à toutes les langues dans toutes les situations. Nous examinerons d'abord le système à signes diacritiques présenté dans l'exemple (37), qui a été approuvé par l'Association phonétique internationale (API) en 2005. Deux problèmes sont inhérents à la notation par signes diacritiques. Le premier, comme nous l'avons vu au début de ce chapitre, est que le ton est relatif. Cela signifie qu'avant de pouvoir transcrire définitivement une hauteur donnée, il faut déterminer par le biais de l'analyse son statut par rapport aux autres hauteurs de l'énoncé. Ceci, bien sûr, est très différent du cas des segments, puisqu'une transcription précise d'un segment ne dépend pas de sa relation avec les autres segments de l'énoncé.

Le deuxième problème, qui est lié au premier, est le principe de l'API selon lequel tous les sons inclus dans l'Alphabet phonétique international doivent être contrastifs dans au moins une langue. L'API a tout à fait raison de ne pas reconnaître plus de cinq niveaux tonals contrastifs dans une langue donnée. Cependant, on peut, en principe, générer un nombre infini de niveaux tonals dans de nombreuses langues en raison des phénomènes de downstep et de upstep et les changements de registre qu'ils entraînent, bien qu'en pratique on ne trouve normalement pas plus de huit ou neuf niveaux tonals. La manière correcte (selon l'API) de représenter les tons qui ont subi un downstep ou un upstep est d'insérer les flèches directionnelles en exposant qui sont incluses avec les autres signes diacritiques. Le problème est que sans analyse préalable du système tonal, il est souvent impossible de savoir si un niveau tonal particulier représente une opposition phonologique ou résulte d'un phénomène de changement de registre. En effet, les niveaux tonals qui s'opposent phonologiquement et ceux qui résultent des processus phonologiques sont souvent identiques, comme le montre le scénario ci-dessous.

Le terme chumburung kɔtɔ 'crabe' (voir section 2.1.2) se prononce avec deux tons ponctuels, le deuxième étant à un niveau plus bas que le premier. Comment alors le transcrire ? Si nous utilisons le système à signes diacritiques de l'API, l'énoncé tel qu'il est entendu pourrait, en principe, se transcrire de l'une des manières suivantes (40) :

(40) Différentes représentations possibles de kɔtɔ 'crabe' en chumburung.
  1) ton haut suivi d'un ton moyen (kɔ́tɔ̄)
  2) ton haut suivi d'un ton haut rabaissé (kɔ́ˈtɔ́)
  3) ton haut suivi d'un ton bas (kɔ́tɔ̀)
  4) ton moyen suivi d'un ton bas (kɔ̄tɔ̀)
  5) ton bas suivi d'un ton bas rabaissé (kɔ̀ˈtɔ̀)

À ce stade, si nous souhaitons utiliser les signes diacritiques de l'API, nous nous trouvons dans une situation sans issue : nous ne pouvons pas transcrire correctement les données du chumburung sans d'abord analyser le système tonal, mais nous ne pouvons pas non plus analyser le système tonal sans d'abord transcrire correctement les données. Il est évident que ce n'est pas le meilleur système à utiliser au début d'une analyse tonale, malgré l'approbation de l'API. En revanche, après avoir analysé les données, il est possible de transcrire avec précision toute donnée phonétique de n'importe quelle langue à tons, y compris kɔtɔ, qui est correctement transcrit kɔ́ꜛtɔ́. Le but de cette discussion n'est pas de critiquer le système de l'API, mais plutôt de montrer que chaque système de transcription a ses points forts et ses points faibles. Afin de transcrire la hauteur d'une manière qui soit la plus utile possible au début de l'analyse, il faut reconnaître que sa transcription est fondamentalement différente de la transcription des segments, car elle est relative. Par conséquent, il est nécessaire de faire abstraction de la notion selon laquelle chaque symbole utilisé dans la transcription de la hauteur doit présenter une opposition dans au moins une langue.

Lorsqu'on commence l'analyse d'un système tonal, il est plus utile d'utiliser une notation qui permet de préciser ce que l'on sait, sans être obligé de décider de ce que l'on ne sait pas ou ne peut pas savoir. Dans le cas de kɔ́ꜛtɔ́, l'exemple (40) ci-dessus, tout ce que l'on sait vraiment au départ est qu'il y a deux niveaux ponctuels et que le deuxième est plus bas que le premier. Il existe trois systèmes d'usage courant qui permettent d'indiquer la hauteur relative de cette manière : le système Chao, présenté ci-dessus et également agréé par l'API, le système Pike et le système de notation en traits.

Le système Chao permet de représenter jusqu'à cinq niveaux différents. Ce système est donc bien adapté à la transcription de données des langues asiatiques et autres qui ne présentent pas de phénomènes cumulatifs de changement de registre comme le downstep et le upstep. Par ailleurs, il ne dispose pas de suffisamment de niveaux pour les langues présentant de tels phénomènes de registre. Le système Pike, non agréé par l'API, ne limite pas le nombre de niveaux employés et, à cet égard, il n'est pas différent de la notation en traits.

Le présent travail fait un usage généreux de la notation en traits. Elle présente d'une part l'avantage de ne pas être limitée par le nombre de niveaux pouvant être représentés, et d'autre part d'être visuellement iconique, tout en étant capable de représenter la hauteur dans toutes les langues. Cela dit, un inconvénient majeur est qu'il est difficile de représenter correctement les transcriptions individuelles en moins de deux lignes de texte, comme on le voit dans les exemples ci-dessus. Une solution partielle consiste à placer l'information sur la hauteur en ligne, comme ceci : kɔtɔ [⁻ ⁻] ; mais ce n'est pas toujours idéal. Au début de l'analyse d'un système tonal il est recommandé d'utiliser principalement la notation en traits. Ensuite, dans des travaux scientifiques, il est préférable de l'utiliser uniquement lorsqu'on veut démontrer les hauteurs relatives. Le reste du temps, les signes diacritiques sont mieux adaptées, et sont également applicables à la plupart des langues (une fois les données analysées).

1.5.3 Transcription précise des tons de surface

Transcrire la hauteur est une chose, mais la transcrire avec précision en est une autre. Pour pouvoir le faire, il faut être capable de l'entendre, c'est-à-dire de l'extraire mentalement du reste du signal acoustique. Cette tâche est certes difficile pour les linguistes débutants et cette difficulté a donné lieu à un certain nombre d'erreurs courantes. Par exemple, certains étudiants disent qu'ils « n'ont pas d'oreille », ce qui les rend incapables de transcrire le ton avec précision. Bien que ces étudiants puissent avoir des difficultés avec la musique, il n'est pas vrai qu'ils n'entendent pas suffisamment bien les différences de ton pour les transcrire avec précision. À moins qu'ils ne soient physiquement malentendants, la plupart des gens sont tout à fait capables de reconnaître les nuances sémantiques subtiles de leur propre langue, communiquées par les courbes d'intonation. Ils sont normalement aussi tout à fait capables de produire ces mêmes différences subtiles en parlant. Ce qu'ils n'ont pas forcément, en revanche, c'est la capacité à séparer les différences de hauteur des autres éléments du signal acoustique. C'est un problème auquel tout le monde est confronté à un degré ou à un autre, et la majorité des gens peut le surmonter avec de l'entraînement.

Une autre erreur courante, du moins parmi ceux qui travaillent sur le développement des langues, est de croire que les locuteurs natifs des langues à tons, ont une capacité inhérente à transcrire la hauteur avec précision et que l'on peut donc compter sur eux pour fournir des transcriptions exactes. Alors que les locuteurs natifs de langues à tons peuvent généralement siffler ou fredonner avec précision les schèmes tonals, ce que j'ai vu à cet égard suggère clairement qu'ils ne sont pas meilleurs pour transcrire la hauteur (même dans leur propre langue maternelle) que les locuteurs de langues à intonation comme le français. Une formation est nécessaire pour tout le monde.

Une dernière erreur courante est de croire qu'en cas de difficultés à transcrire la hauteur avec précision, ces difficultés peuvent être surmontées en utilisant un logiciel acoustique tel que *Praat* ou *Speech Analyzer*. S'il est vrai qu'un débutant qui est incapable de déterminer si la hauteur monte ou descend peut probablement obtenir la bonne réponse avec l'aide d'un tel logiciel, en général, ceux qui tentent de l'utiliser parce qu'ils ne sont pas sûrs d'entendre la hauteur correctement ne le trouveront pas particulièrement utile. En effet, les traces des hauteurs révèlent généralement un grand nombre d'informations dont on n'a normalement pas conscience et qui ne sont pas pertinentes pour un analyste débutant. Un tel débutant ne possède généralement pas les compétences et l'expérience nécessaires pour savoir quelles informations sont susceptibles d'être pertinentes et lesquelles il faut exclure. L'expérience démontre que, si quelqu'un est trop inexpérimenté pour entendre les hauteurs et les transcrire avec précision, cette personne est probablement aussi trop inexpérimentée pour interpréter correctement les résultats d'un logiciel acoustique. Ainsi, il faut apprendre la transcription précise de la hauteur à l'oreille avant d'utiliser un logiciel acoustique.

Pour tout niveau tonal donné, il existe une gamme de hauteurs phonétiques que les locuteurs natifs considèrent comme identiques. Donc transcrire de la même manière toutes les hauteurs que les locuteurs natifs considèrent comme identiques, et différemment celles que ces locuteurs considèrent comme différentes est souhaitable. Pour y parvenir, Hyman (2014) encourage le chercheur à regrouper des termes qui semblent avoir le même schème tonal, puis à demander à l'informateur de les répéter les uns après les autres. Tout ce que l'informateur prononce différemment devra généralement être transcrit différemment, et ces différences seront plus faciles à discerner lorsqu'il prononce les termes en les opposant les uns aux autres.

Il n'est donc pas utile de transcrire comme différents des énoncés qu'un locuteur natif juge identiques (cela constituerait une sur-transcription). Et bien sûr, à l'autre extrême, il faut aussi éviter de transcrire comme identiques des énoncés qu'un locuteur natif juge différents (ce serait de la sous-transcription). En fin de compte, le fait que les locuteurs natifs considèrent deux hauteurs identiques ou différents dépend réellement de leur opposition phonologique dans les mêmes environnements (la méthode préconisée au chapitre 2 le révélera). Les débutants dans l'analyse du ton ne doivent donc pas éviter de s'attaquer à l'analyse par crainte de faire des erreurs de transcription. Tout le monde commet de telles erreurs, et tôt ou tard, elles seront mises en évidence.

Une chose qui peut poser problème aux locuteurs natifs des langues non tonales est le fait que la hauteur est généralement l'une des caractéristiques acoustiques de l'accent tonique dans leurs langues, et qu'ils sont donc susceptibles d'associer un ton haut aux syllabes accentuées. L'expérience démontre que, dans une langue donnée, plus les syllabes accentuées sont fortes par rapport à celles qui ne le sont pas, plus il est difficile de distinguer le ton haut de l'accent tonique. Ce problème peut être surmonté dans une large mesure, en travaillant sur des exercices de transcription avec un mélange de différents tons associés à des syllabes accentuées et inaccentuées. Par exemple, les exercices qui distinguent des énoncés comme *báˈbá* de *báˈbà* peuvent être très utiles.

Pour faciliter la transcription des tons de surface, il est courant de demander à un informateur de siffler ou de fredonner les tons de l'énoncé en question. L'avantage évident est que cela permet de dissocier les tons des segments et des autres éléments du signal acoustique (par exemple, les syllabes accentuées signalées par l'intensité), ce qui les rend plus facile à percevoir. Cela permet de révéler quelles différences phonétiques sont pertinentes pour les locuteurs natifs et lesquelles ne le sont pas. Par exemple, si les locuteurs natifs ne sifflent pas certains contours qui apparaissent dans les traces instrumentales, il est probable qu'ils n'en sont pas conscients et qu'ils ne sont donc pas pertinents pour l'analyste au début de son travail. En termes simples, ce que les locuteurs natifs sifflent ou fredonnent est normalement ce que le phonologue devrait transcrire. Comme beaucoup d'autres linguistes, je trouve également que le fait de siffler ou de fredonner les schèmes de hauteur permet de dissocier la hauteur de l'ensemble de l'énoncé.

Aussi utiles que puissent être les sifflements, ils peuvent donner lieu à des erreurs dans le cas de certains contours à descente rapide qui peuvent être entendus dans certains environnements. Certaines personnes ont du mal à siffler un ton élevé suivi d'un ton beaucoup plus bas, et il en résulte parfois une chute involontaire du ton transitoire entre les deux niveaux. Si cela pose un problème, il peut être plus pratique de faire fredonner ces énoncés. Un autre problème qui se pose parfois est qu'un informateur peut être incapable de siffler pour l'une ou l'autre des raisons suivantes. Dans certaines cultures, les femmes n'ont pas le droit de siffler, tandis que dans d'autres, il est interdit de siffler dans certains endroits (par exemple, près des lieux de culte), et dans d'autres encore, ce n'est pas tout simplement l'habitude et les gens ne savent donc pas comment l'effectuer suffisamment bien pour siffler avec précision. Là encore, le fredonnement est souvent une bonne solution.

Même lorsque l'on est capable de séparer la hauteur du reste du signal acoustique, il reste certains types d'énoncés qui sont parfois difficiles à transcrire correctement. Dans le cas des énoncés longs, par exemple, une application audio qui permet de sélectionner et d'écouter l'ensemble ou seulement une partie de l'énoncé, peut être utilisée. Il peut être très utile d'écouter seulement deux syllabes à la fois, afin d'entendre les éventuelles différences de hauteur entre elles. Après avoir écouté et comparé les deux premières syllabes, il est possible de faire de même avec la deuxième et la troisième, puis avec la troisième et la quatrième, et ainsi de suite. En se concentrant sur deux syllabes à la fois, il est plus facile d'entendre les hauteurs relatives, sans être distrait par le reste de l'énoncé. De plus, en faisant toujours chevaucher la première syllabe de chaque nouvelle paire avec la seconde de la précédente, il est possible de s'assurer que la hauteur de chaque syllabe est comparée à celle de la syllabe précédente.

En l'absence d'autres syllabes avec lesquelles comparer leur hauteur relative, les monosyllabes peuvent, eux aussi, occasionner des difficultés de transcription. Ainsi, lorsqu'on entend un monosyllabe (ou même deux ou plus) prononcé avec une hauteur constante, il est difficile de savoir à quel niveau le transcrire. Dans ce genre de situation, un linguiste expérimenté utilisera généralement une combinaison simple comme diagnostic. Par exemple, pour déterminer le ton d'un nom monosyllabe en chumburung, on peut demander au locuteur natif de le prononcer en combinaison avec un pronom possessif « son/sa X ». Il est déjà connu que le terme pour le pronom possessif de la troisième personne 'son/sa' est mì, toujours bas en position initiale de phrase. Si le terme qui suit est prononcé au même niveau, il s'ensuit que son ton de surface est bas, et s'il est prononcé plus haut, il s'ensuit qu'il est haut.

Tous ceux qui étudient les langues à tons doivent être capables d'entendre et de transcrire les tons de surface avec précision. C'est important et c'est possible.

En gardant à l'esprit la discussion précédente sur ce qu'est l'opposition, il devient clair que, pour analyser le ton de manière à révéler correctement les oppositions de niveaux et de schèmes tonals sous-jacents, il est très important de s'assurer que les morphèmes comparés sont vraiment comparables. Dans cette optique, le chapitre 2 propose une méthode permettant de s'assurer que les oppositions tonales observées se produisent dans des environnements grammaticaux et phonologiques réellement comparables.

Nous terminons le chapitre avec ce bref résumé : l'analyse linguistique comporte deux aspects – découvrir et rendre compte des structures linguistiques – et tous deux sont importants. Le premier aspect (la découverte et la documentation des structures et des phénomènes linguistiques) est, bien sûr, une condition préalable au second. En raison du manque d'espace, le présent travail se limite principalement à démontrer comment découvrir les oppositions tonales dans une langue, ainsi que les alternances phonologiques que les tons subissent dans différents environnements phonologiques et grammaticaux.

2

Méthode pour l'analyse phonologique du ton

A bien des égards, le contenu de ce chapitre constitue le cœur de ce livre. Si, en théorie, les principes fondamentaux de l'analyse du ton sont les mêmes que ceux de l'analyse segmentale, dans la pratique, ils peuvent sembler très différents. Une raison pour cela est, tout simplement, que la hauteur musicale est relative. Alors que les corrélats phonétiques d'un phonème segmental donné sont restreints à une gamme fixe de valeurs, les corrélats phonétiques d'un ton donné ne sont pas aussi restreints. Par exemple, lorsque l'on entend un son segmental qui est transcrit avec précision comme [b], la prochaine fois que l'on entendra ce même son, il devrait se transcrire de la même manière. Mais pour le cas de l'analyse du ton, il n'en va pas toujours de même. Une syllabe prononcée à 128 Hz peut se transcrire avec précision comme basse pour un mot, mais comme moyenne pour un autre mot. C'est à cet égard que l'analyse du ton est différente de l'analyse segmentale. Compte tenu de cette nature fluctuante du ton, il est important d'employer une méthode qui soit non seulement rigoureuse, mais qui tienne également compte de la nature relative de la hauteur musicale.

Pour commencer, voici un bref résumé du chapitre 1. L'objectif de l'analyse du ton est double. Dans un premier temps, il s'agit de découvrir les différents schèmes tonals sous-jacents (c.-à-d. la combinaison des tons) qui sont potentiellement possibles quel que soit le morphème. Dans un deuxième temps, il s'agit de découvrir et expliquer les différentes manières dont ces schèmes tonals s'associent aux UPT et sont réalisés phonétiquement dans les divers environnements dans lesquels ils se trouvent. La meilleure façon d'y parvenir est, tout d'abord, d'observer les oppositions dans la hauteur des différents morphèmes tels qu'ils sont réalisés dans des mots prononcés isolément ; et d'étudier ensuite les différences de hauteur qui apparaissent lorsque ces mêmes morphèmes sont prononcés dans des environnements différents. Afin de déterminer si les schèmes tonals sous-jacents de deux morphèmes sont identiques ou différents l'un de l'autre, il faut que les morphèmes soient d'abord comparables en ce qui concerne tous les facteurs qui peuvent influencer le ton, et ensuite comparés dans des environnements phonologiques identiques. En d'autres termes, il faut que tous les facteurs ayant le potentiel d'influencer la façon dont les tons se réalisent phonétiquement soient les mêmes pour les deux morphèmes (et pour les deux environnements) lorsqu'ils sont comparés. Par conséquent, si deux morphèmes sont vraiment comparables à ces égards, toute différence phonétique de hauteur qui apparaît lorsqu'on les compare sera due à des différences dans leurs schèmes tonals sous-jacents et non à des différences causées par leurs environnements respectifs.

Comparons les exemples (1) et (2) du chumburung, repris du chapitre 1, qui montrent deux schèmes tonals de surface qui se prononcent de la même manière isolément, mais qui sont en fait différents au niveau sous-jacent.

(1) Deux schèmes tonals en chumburung qui semblent identiques mais qui sont en réalité différents

$$\begin{bmatrix} {}^- {}^- {}^- \end{bmatrix}$$
kɪdakaʔ   'boîte'

$$\begin{bmatrix} {}^- {}^- {}^- \end{bmatrix}$$
kɪsarɪʔ   'bras'

(2) Opposition établie par l'effet sur les tons suivants en chumburung

$$\begin{bmatrix} {}^- {}^- {}^- \quad {}^- \quad {}^- {}^- {}^- \end{bmatrix}$$
kɪdakaa ma nu fʊrɪ-ʔ   'une boîte n'entendra pas une antilope'
boîte   NEG entendre antilope-NEG

$$\begin{bmatrix} {}^- {}^- {}^- \quad {}^- \quad {}^- {}^- {}^- \end{bmatrix}$$
kɪsarɪɪ ma nu fʊrɪ-ʔ   'un bras n'entendra pas une antilope'
bras   NEG entendre antilope-NEG

Comme décrit au chapitre 1, ce n'est que lorsque ces deux mots sont comparés dans tous les environnements pertinents que l'opposition sous-jacente se révèle. Comparons ensuite les exemples (3) et (4) toujours en chumburung, dans lesquels deux schèmes tonals de surface se prononcent de façon différente isolément mais sont en fait identique au niveau sous-jacent.

(3) Deux schèmes tonals en chumburung qui semblent différents, mais qui sont en réalité identiques

$$\begin{bmatrix} {}^- {}^- \searkern \end{bmatrix}$$
kɪ-dabɔŋ   'joue'
c3-joue

$$\begin{bmatrix} {}^- {}^- {}^- \end{bmatrix}$$
kɪ-sarɪʔ   'bras'
c3-bras

(4) Absence d'opposition dans des environnements identiques en chumburung

$$\begin{bmatrix} {}^- {}^- {}^- \quad {}^- {}^- {}^- {}^- \end{bmatrix}$$
kɪdabɔŋ ma nu fʊrɪ-ʔ   'une joue n'entendra pas une antilope'
joue   NEG entendre antilope-NEG

$$\begin{bmatrix} {}^- {}^- {}^- \quad {}^- {}^- {}^- {}^- \end{bmatrix}$$
kɪsarɪɪ ma nu fʊrɪ-ʔ   'un bras n'entendra pas une antilope"
bras   NEG entendre antilope-NEG

Les schèmes tonals de surface des termes *kìdábɔ̂ŋ* 'joue' et *kìsárɪ́ʔ* 'bras' ne se prononcent pas de la même façon isolément, donc le linguiste débutant serait excusable de conclure que leurs schèmes tonals sous-jacents sont différents. Mais une telle conclusion serait prématurée. Malgré le fait que les profils syllabiques des radicaux des deux mots semblent être les mêmes (à savoir CVCVC), il n'est pas vraiment possible de conclure à partir de leurs schèmes tonals en isolement que ce sont des schèmes tonals sous-jacents différents, car leurs profils syllabiques diffèrent au moins d'une manière importante qui peut influencer la façon dont les tons se réalisent phonétiquement, à savoir que les consonnes finales des deux profils sont sonantes et non sonantes respectivement. En fait, les deux mots ont des schèmes tonals sous-jacents identiques, un fait qui est confirmé par la comparaison des deux énoncés dans l'exemple (4) : les préfixes des deux mots sont à ton bas, et les schèmes tonals sous-jacents des deux radicaux sont /HB/.

Lors de l'analyse du ton, il est donc important que tous les facteurs qui peuvent influencer le ton phonologiquement soient les mêmes pour tous les mots comparés. Lorsque ces facteurs sont contrôlés (c.-à-d. maintenus identiques), toute différence de ton que la comparaison révèle sera due à des différences dans les schèmes tonals sous-jacents des morphèmes eux-mêmes et non à des différences produites par des facteurs non tonals. De même, tous les facteurs dont il est reconnu qu'ils n'influencent la hauteur que phonétiquement et non phonologiquement (par exemple, l'aperture vocalique) peuvent être mis de côté sans risque, sauf si une étude de phonétique acoustique est en cours.

2.1 Élaboration d'une base de données

Afin de retrouver rapidement des données comparables pour l'analyse du ton, il est utile de saisir les formes élicitées dans une base de données linguistique. Il faut que celle-ci comprenne tous les champs obligatoires répertoriés dans la liste récapitulative (5) ainsi que les champs facultatifs (selon la langue) répertoriés dans la liste récapitulative (6). On peut ensuite utiliser chaque champ pour filtrer les données qui ne sont pas comparables.

(5) Champs obligatoires dans toutes les langues pour le filtrage des données lors de l'analyse du ton :
   a) catégorie grammaticale (nom, verbe …) ;
   b) type de radical (simple, complexe, composé, emprunté, idéophonique) ;
   c) profil syllabique du radical (CV, CVC, CVN …) ;
   d) profils des schèmes tonals de surface des mots en isolement et dans différents environnements. Chaque nouvel environnement élicité nécessitera l'intégration d'un nouveau champ désigné dans la base de données ;
   e) schèmes tonals sous-jacents. Ce champ sera rempli au fur et à mesure que l'information se révèle au cours de l'analyse.

(6) Champs facultatifs selon la langue pour le filtrage des données lors de l'analyse du ton :
   a) classe nominale et/ou classe verbale (si la famille linguistique dont il est question est connue pour avoir un système de classes morphologiques) ;
   b) type(s) de consonne(s) (si la famille linguistique dont il est question est connue pour avoir des interactions entre les tons et les consonnes) ;
   c) types de phonation vocalique (si celles-ci sont connues pour interagir avec le ton dans la famille linguistique dont il est question) ;
   d) l'accent tonique syllabique au sein du mot (si l'interaction entre l'accent tonique et le ton est connue ou soupçonnée dans la famille linguistique dont il est question).

Nous aborderons chacun de ces éléments successivement, en commençant par les champs qui sont obligatoires pour l'analyse du ton dans toutes les langues.

2.1.1 Catégorie grammaticale des mots

Quel que soit l'objectif d'une analyse linguistique, il faut que la base de données soit capable de filtrer les mots en fonction de leur catégorie grammaticale (noms, verbes, adjectifs …). Dans l'analyse du ton ce tri est important pour deux raisons (7).

(7) Motifs du filtrage les données tonales en fonction de leur catégorie grammaticale
   a. Les mots qui appartiennent à différentes catégories grammaticales ont souvent des contraintes phonotactiques différentes lorsqu'ils se prononcent isolément.
   b. Les mots appartenant à des catégories grammaticales différentes ne se manifestent pas dans des environnements identiques.

Nous examinons chacun de ces points, en commençant par la façon dont les mots qui appartiennent à des catégories grammaticales différentes peuvent avoir des contraintes phonotactiques différentes qui compromettent l'intégrité des oppositions tonales de surface.

Considérons les paires suivantes soupçonnées d'être minimales en chumburung (exemple 8).

(8) Noms comparés aux verbes en chumburung

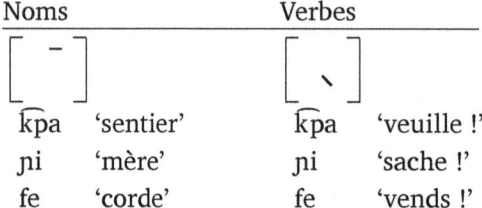

Noms		Verbes	
k͡pa	'sentier'	k͡pa	'veuille !'
ɲi	'mère'	ɲi	'sache !'
fe	'corde'	fe	'vends !'

À première vue, le ton de chaque nom (à savoir une hauteur élevée en isolement) semble s'opposer de façon minimale avec celui du verbe correspondant (à savoir une courbe basse-descendante en isolement). Et en effet, la dernière paire, *fe* [¯] 'corde' et *fe* [˷] 'vends !' s'oppose bel et bien, en dépit du fait que, peut-être contrairement aux attentes, le nom 'corde' porte un ton sous-jacent /B/ et le verbe 'vends' porte un ton sous-jacent /H/, comme on peut le voir dans l'exemple (9). Cependant, il n'existe aucune opposition tonale sous-jacente, ni entre les racines du nom k͡pa [¯] 'chemin' et du verbe k͡pa [˷] 'veuille !' ni entre les racines du nom ɲi [¯] 'mère' et du verbe ɲi [˷] 'sache'. Leurs points d'opposition résident plutôt dans leur appartenance à des catégories grammaticales différentes.

(9) Formes sous-jacentes réelles en chumburung

Schème tonal sous-jacent	Noms		Schème tonal sous-jacent	Verbes	
/H/	k͡pa	'sentier'	/H/	k͡pa	'veuille !'
/B/	ɲi	'mère'	/B/	ɲi	'sache !'
/B/	fe	'corde'	/H/	fe	'vends !'

Les noms chumburung ayant le profil syllabique CV se réalisent toujours avec une hauteur élevée lorsqu'ils se prononcent de manière isolée, indépendamment de leurs formes sous-jacentes. Ceci est dû à deux raisons possibles : ils ont un ton haut au niveau sous-jacent et/ou ils ont un préfixe de classe nominale qui consiste uniquement en un ton haut flottant qui s'associe au radical. De manière comparable, les verbes ayant le profil syllabique CV se réalisent toujours avec une hauteur basse-descendante en isolement, quels que soient leurs schèmes tonals sous-jacents, parce qu'ils sont au mode impératif. En chumburung, ce dernier consiste uniquement en un préfixe à ton bas flottant qui s'associe à la première syllabe du radical verbal. Étant donné que les schèmes tonals sous-jacents des noms monosyllabiques et des verbes monosyllabiques se neutralisent isolément, il est impossible de déterminer des oppositions tonales en comparant leurs formes de surface dans cet environnement. Le point essentiel est que, bien sûr, quelle que soit la langue analysée, les mots prononcés isolément ne sont jamais vraiment isolés. Les mots se prononcent toujours dans un certain environnement grammatical, et ces environnements diffèrent souvent d'une catégorie grammaticale à l'autre, même si aucun autre mot n'est présent. Dans le cas des verbes de structure CV en chumburung, leur environnement isolé est la construction impérative, un environnement qui n'est jamais comparable à celui des noms prononcés isolément.

Cela nous amène à la deuxième raison (connexe) pour laquelle il est important de ne pas mélanger les catégories grammaticales lors de l'établissement de l'opposition tonale : les environnements supplémentaires dont on a souvent besoin pour établir l'opposition tonale entre les mots sont eux aussi différents lorsque les mots appartiennent à des catégories différentes. Par exemple, les mots adjacents aux noms sont souvent différents de ceux adjacents aux verbes, et il est possible que des morphèmes à tons flottants dans l'un ou l'autre environnement compromettent la comparabilité des environnements phonologiques.

Les exemples suivants, toujours du chumburung, démontrent que c'est uniquement en comparant les noms avec les noms et les verbes avec les verbes que l'on peut tirer des conclusions significatives concernant les tons sous-jacents. Nous examinons d'abord dans l'exemple (10) les noms, reproduits des exemples (8) et (9).

(10) Opposition des noms en chumburung

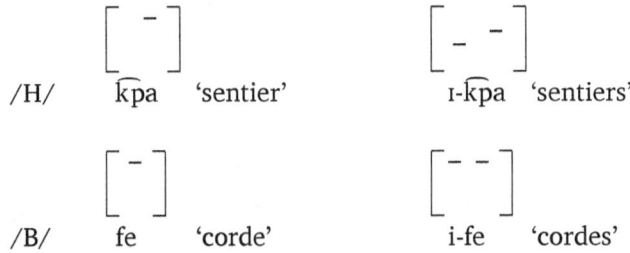

Bien que les tons de *k͡pá* et *fé* ne s'opposent pas isolément, ils le font lorsqu'ils sont au pluriel[1].

Ensuite, nous comparons deux verbes, toujours reproduits des exemples (8) et (9). Bien que les tons des verbes *k͡pà* 'veuille !' et *ɲì* 'sache !' ne s'opposent pas isolément (c.-à-d., dans leurs formes impératives), ils s'opposent bel et bien dans d'autres environnements, y compris lorsqu'ils sont nominalisés avec le préfixe *ki-/kɪ-*, comme dans l'exemple (11).

(11) Opposition des verbes en chumburung

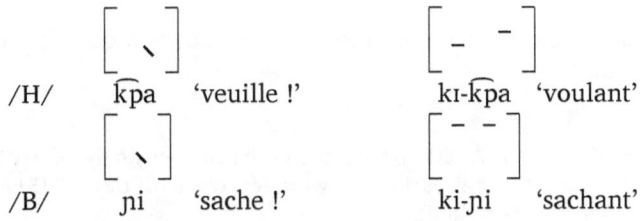

---

[1] Dans ces environnements, le ton du préfixe pluriel *i-/ɪ-* (allomorphes dont la réalisation dépend de la qualité ATR de la voyelle du radical) est réalisé avec un ton bas lorsque le ton sous-jacent du radical est haut, et avec un ton haut lorsque le ton sous-jacent du radical est bas. Dans le cas de *ɪ̀-k͡pá*, le ton bas de surface du préfixe rabaisse le ton haut du radical jusqu'à un ton moyen phonétique. Dans le cas de *í-fé*, le ton haut du préfixe se propage vers la droite sur le radical avec pour résultat que le schème tonal de surface du mot est phonétiquement haut-haut.

Puisque les verbes dans l'exemple (11) sont comparables dans tous les aspects qui peuvent influencer les tons en chumburung, il est nécessaire que l'opposition des hauteurs de surface des formes nominalisées tienne au fait que les verbes eux-mêmes ont des schèmes tonals sous-jacents différents.

À partir des exemples (10) et (11), il devient évident qu'il n'existe aucune raison de tirer des conclusions sur les schèmes tonals sous-jacents à partir des oppositions de surface entre les noms et les verbes de structure CV prononcés de manière isolée. En d'autres termes, la comparaison des schèmes tonals de surface des mots appartenant à des catégories grammaticales mixtes est à éviter car il n'est pas certain que les environnements phonologiques de ces mots soient identiques en raison de leurs environnements grammaticaux différents. Rappelons la discussion ci-dessus à propos des exemples de (1) à (4), à savoir que c'est uniquement lorsque les environnements phonologiques sont identiques que deux morphèmes sont vraiment comparables.

Pour ces raisons, lorsqu'on détermine l'opposition tonale, il faut éviter de comparer des mots appartenant à des catégories grammaticales différentes. L'utilisation d'une base de données permettant de filtrer les mots en fonction des catégories grammaticales facilite grandement la comparaison des formes qui sont réellement comparables.

2.1.2 Type de radical

Dans l'usage populaire, les termes « racine » et « radical » sont souvent confondus à tort. Comme il faut clairement comprendre et distinguer ces deux termes lors de l'analyse du ton dans de nombreuses langues, le lecteur est invité à se reporter aux définitions suivantes, tirées de Crystal (2008) :

> racine
> Une racine est la FORME DE BASE d'un MOT qui ne peut être analysée davantage sans la perte totale de son identité. En d'autres termes, c'est la partie du mot qui reste lorsque tous les AFFIXES sont enlevés...[2]

> radical
> Terme souvent utilisé en LINGUISTIQUE dans le cadre d'une classification des types d'ELEMENTS opérant dans la structure d'un MOT. Le radical peut être constitué d'une seule RACINE (c.-à-d. un radical simple, comme dans l'anglais "man"), ou de deux racines (p. ex., [sic], un radical composé, comme dans l'anglais "blackbird"), ou d'une racine plus un AFFIXE DERIVATIONNEL (c.-à-d. un radical complexe, comme dans l'anglais "manly, unmanly, manliness")[3]. Tous ont en commun la notion que c'est au radical que les affixes flexionnels sont attachés[4].

Pour les besoins de notre discussion, nous identifions cinq types de radicaux qu'il faut traiter séparément lors de l'analyse du ton :

---

[2] Anglais : "Root: A root is the BASE FORM of a WORD which cannot be further analyzed without total loss of identity. Putting this another way, it is that part of the word left when all the AFFIXES are removed ..." (Crystal 2008:419, majuscules dans l'original).

[3] Pour des exemples en français équivalents au mots anglais cités par Crystal on pourrait proposer « fleur ... chou-fleur ... fleurir, défleurir, fleurissement ».

[4] Anglais : "Stem: A term often used in LINGUISTICS as part of a classification of the kinds of ELEMENTS operating within the structure of a WORD. The stem may consist solely of a single ROOT MORPHEME (i.e. a 'simple' stem, as in *man*), or of two root morphemes (e.g. [sic] a 'compound' stem, as in *blackbird*), or of a root morpheme plus a DERIVATIONAL AFFIX (i.e. a 'complex' stem, as in *manly, unmanly, manliness*). All have in common the notion that it is to the stem that inflectional affixes are attached" (Crystal 2008:452, majuscules dans l'original).

2.1 Élaboration d'une base de données

a) les radicaux simples qui consistent en une seule racine ;
b) les radicaux complexes qui consistent en une racine plus un ou plusieurs affixes dérivationnels ;
c) les radicaux composés qui consistent en deux racines ou plus et qui sont généralement polysyllabiques ;
d) les emprunts ;
e) les radicaux idéophoniques[5], qui sont souvent très idiosyncratiques.

Aucun de ces types ne doit être exclu d'une analyse mais il convient de prendre soin de les séparer les uns des autres.

Nous n'allons pas discuter du traitement spécifique des emprunts et des idéophones, mais il suffit de dire qu'il ne faut pas les mélanger ni entre eux ni avec d'autres types de mots lors de l'analyse d'un système tonal. Le fait de leur attribuer des étiquettes particulières dans la base de données garantit que leurs caractéristiques uniques ne compromettent pas la comparabilité des schèmes tonals des autres mots. S'il est important, au début de l'analyse d'un système tonal, d'éviter le traitement des emprunts et des idéophones, il faut néanmoins les analyser ultérieurement, car cela permet souvent de découvrir des nouveautés. Cette analyse peut également mettre en lumière des problèmes qui n'ont pas encore été résolus. Le fait que les emprunts et les idéophones auront des étiquettes particulières dans la base de données permet donc non seulement de les écarter de l'analyse initiale, mais aussi de les retrouver plus facilement pour une analyse ultérieure.

Il est également important de ne pas mélanger les radicaux complexes et composés d'un côté avec les radicaux simples de l'autre, car chaque morphème apporte avec lui son propre schème tonal. Les radicaux complexes ne sont normalement pas trop difficiles à identifier car ils partagent une affixation dérivée avec d'autres radicaux (p. ex., le suffixe français *-able* dans les formes *accepte, acceptable* ; *charge, chargeable*)[6]. Les radicaux composés, en revanche, peuvent être plus difficiles à identifier et, comme le montrent les exemples suivants, le fait de ne pas les séparer des radicaux simples peut entraîner des conclusions erronées en ce qui concerne la nature de leurs tons. Les noms chumburung dans l'exemple (12) sont tous issus de la même classe nominale qui est dépourvue de préfixe et dont les membres ont tous le profil syllabique CVCV. Superficiellement, il semblerait donc qu'il y ait six schèmes tonals qui s'opposent.

(12) Oppositions de surface sur les noms dépourvus de préfixe et de structure CVCV en chumburung

[BB]	wadʒa	'pagne'	[HB]	susu	'ciel'
[HH]	dapʊ	'milan'	[HM]	kɔtɔ	'crabe'
[BM]	kɔtɪ	'singe'	[HH-B]	dʒepu	'langue' (partie du corps)

---

[5] Les idéophones sont des mots dont les sons sont associés d'une certaine manière à leur signification. Par exemple, le terme français « boum » [anglais : "the English word 'boom'"] est un idéophone qui se prononce relativement fort (pour désigner un bruit fort), avec une intonation relativement basse (pour désigner un bruit profond), et sur une monosyllabe (pour désigner un bruit de durée assez courte).

[6] Anglais : "(e.g. the English suffix *-able* in *describe-able, treat-able*)."

Il semblerait également y avoir une preuve évidente de ton moyen, avec les schèmes tonals [HH], [HM], et [HL] apparemment en opposition. Il existe cependant un problème car ces données contiennent à la fois des radicaux simples et des radicaux qui ne le sont pas.

Malheureusement, il n'est pas toujours évident de distinguer les radicaux simples de ceux qui ne le sont pas. Il faut être ouvert à la possibilité que tout radical comportant deux syllabes ou plus ne soit pas simple, voire que tous les radicaux ne soient pas simples. Parfois, les radicaux composés peuvent être identifiés en reconnaissant au moins un élément du composé (p. ex., *tire-bouchon* où l'on reconnaît facilement les deux éléments, versus *guet-apens* où le premier élément se réfère clairement à l'action de guetter mais le sens du deuxième élément est plus obscur)[7]. Dans d'autres cas, ils peuvent être découverts en effectuant des recherches comparatives avec des langues apparentées[8]. Mais dans de nombreux cas, il n'existe aucune preuve morphologique (ni synchronique ni diachronique) permettant de distinguer les radicaux composés, et peu de gens, même les locuteurs natifs, se rendent compte que ces formes sont en fait des composés. Ce sont ces formes-ci qui posent de véritables défis pour l'analyse du ton.

Il existe cependant deux stratégies qui s'avèrent très utiles pour identifier des radicaux qui ne sont pas simples dans des cas comme ceux que nous venons de mentionner. La stratégie la plus simple et la plus évidente consiste à compter la fréquence des mots ayant différents schèmes phonologiques (p. ex., schèmes tonals, profils syllabiques, manières de commencer et/ou terminer les radicaux). En général, plus le profil du radical est fréquent, plus il est probable que le radical soit simple, et moins le profil du radical est fréquent, moins il est probable que le radical soit simple. La deuxième stratégie consiste à étudier les interactions phonologiques qui ont lieu entre les différents éléments des radicaux composés et complexes connus, puis à comparer leurs résultats avec les formes de surface des radicaux morphologiquement suspects.

En ce qui concerne les différents schèmes tonals de surface dans l'exemple (12), regardons d'abord les chiffres statistiques, générés à partir de la base de données chumburung et répertoriés dans le tableau (13).

(13) Fréquence des noms, toute classe nominale confondue, dont le radical est de structure CVCV ou composé

Schème tonal de surface	Fréquence totale	Certainement complexe	Potentiellement simple
[BB]	40	9	31
[HH]	35	8	27
[BM]	20	4	16
[HB]	5	3	2
[HM]	2	1	1
[HH-B]	13	6	7
Total	115	31	84

Dans la base de données chumburung, 115 noms, toutes classes nominales confondues, ont une structure de radical CVCV[9]. Parmi ceux-ci, 31 sont incontestablement des composés, ce qui laisse 84 radicaux dont la structure simple est contestable. Si la majorité de ces noms sont probablement simples, certains d'entre eux peuvent très bien être des composés qui n'ont

---

[7] Anglais : "(e.g., *blackberry*, cf. *black*, *berry*; *cranberry*, cf. *cran?*, *berry*)."

[8] L'auteur tient à remercier Tania Pareja Ruíz de l'avoir rappelé lors d'une communication donnée au *Centro de Investigaciones y Estudios Superiores en Antropología Social* (*CIESAS*) à Mexico en septembre 2015.

[9] Puisque le comportement tonal de tous les préfixes nominaux en chumburung est le même, les classes nominales sont regroupées afin de mieux illustrer l'intérêt d'utiliser les fréquences totales pour identifier les formes composées.

tout simplement pas été reconnus comme tels. Si l'on examine les chiffres pour la catégorie « potentiellement simple » dans l'exemple (13), les trois chiffres situés sous la ligne (2, 1 et 7) sont nettement inférieurs aux trois chiffres situés au-dessus de la ligne (31, 27 et 16). Les chiffres inférieurs suggèrent que les trois schèmes tonals du bas sont moins naturels que les trois du haut et, de plus, le fait que les schèmes tonals sous la ligne soient le résultat de la concaténation de plusieurs morphèmes représente un indice important.

Il est également important de noter pour chaque schème tonal le rapport entre les noms à radicaux incontestablement complexes ou composés et la fréquence des noms qui ont ce schème tonal. En regardant les chiffres dans l'exemple (13), les ratios entre les radicaux incontestablement complexes ou composés et le nombre total sont significativement plus élevés pour les schèmes tonals en dessous de la ligne (à savoir, [HB] 3/5, [HM] 1/2, [HH-B] 6/13) qu'ils ne le sont pour ceux au-dessus de la ligne (à savoir, [BB] 9/40, [HH] 8/35, [BM] 4/20). Le fait que la complexité morphologique soit reconnue plus fréquemment dans les radicaux dont les schèmes tonals apparaissent en dessous de la ligne suggère également que tous les radicaux appartenant à ces schèmes tonals sont en fait morphologiquement complexes. Bien entendu, de tels ratios ne sont significatifs que si on connaît suffisamment bien la langue pour être capable de reconnaître un ou plusieurs constituants d'un nombre raisonnable de radicaux qui ne sont pas simples, mais ils démontrent néanmoins la valeur de l'utilisation des fréquences relatives des structures phonotactiques pour aider à identifier la complexité morphologique.

La deuxième stratégie d'identification des radicaux qui ne sont pas simples consiste à étudier les structures phonotactiques qui sont communes aux radicaux dont le profil simple est incontestable d'une part, et ceux dont le profil composé et complexe est incontestable d'autre part. Comprendre comment le schème tonal de la racine se comporte lorsqu'il s'associe à d'autres au sein du même radical peut être très instructif. Malheureusement, la place ne suffit pas ici pour démontrer correctement les structures phonotactiques qui sont pertinentes pour les composés mentionnés dans l'exemple (13), aussi nous contenterons-nous de noter que les schèmes tonals qui apparaissent sous la ligne dans l'exemple (13) (c.-à-d. les schèmes tonals identifiés par des moyens statistiques comme étant non simples) correspondent à ceux générés par des radicaux qui ne sont pas simples[10].

Une telle connaissance du comportement tonal des radicaux incontestablement complexes est utile au tonologue, en particulier lorsqu'elle est combinée avec des informations obtenues en comparant la fréquence totale de mots de différentes structures phonologiques. En prenant soin de séparer en chumburung les radicaux simples d'un côté des radicaux composés et complexes de l'autre, l'analyste évite la conclusion erronée selon laquelle il existerait trois hauteurs tonales sous-jacentes

---

[10] Pour le lecteur qui s'y intéresse, voici deux exemples tirés de la classe nominale kI-. Dans le premier cas, le radical du terme « meule supérieure » est composé de la racine à ton H /bú/ 'pierre' suivie de la racine à ton bas /d͡ʒì/ 'enfant / progéniture'. Dans le deuxième cas, le radical du terme 'citoyen' est composé de la racine à ton HB /mâŋ/ 'zone ethnique' suivie de la racine à ton bas /d͡ʒì/ 'enfant / progéniture'.

(a) /H+B/ (/bú/ + /d͡ʒì/), comparable à d͡ʒépû 'langue (partie du corps)' en chumburung
    kì-bú-d͡ʒî 'meule supérieure'   cf. kì-bú 'pierre'   cf. d͡ʒì-ɲán-sé 'fils'
    C3-pierre-enfant/progéniture   C3-pierre   enfant-mâle-parent

(b) /HB+B/ (/mâŋ/ + /d͡ʒì/) comparable à súsù 'ciel' en chumburung
    kì-máŋ-d͡ʒì 'citoyen'   cf. mâŋ 'zone ethnique'   cf. d͡ʒì-t͡ʃɪ́-sé 'fille'
    C3-citoyen   C3-zone.ethnique   enfant-femelle-parent

La preuve des schèmes tonals sous-jacents de ces racines réside dans le fait que /bú/ apparaît avec un ton haut phonétique dans le terme kì-bú 'pierre', /mâŋ/ apparaît avec ton haut-descendant phonétique dans le terme mâŋ 'zone ethnique', et /d͡ʒì/ apparaît avec un ton bas phonétique dans les radicaux composés de d͡ʒì-ɲán-sé 'fils' et de d͡ʒì-t͡ʃɪ́-sé 'fille'. Bien sûr, reconnaître un ou plusieurs éléments dans un composé ne signifie pas que tous les mots ayant ce même schème tonal phonétique sont nécessairement des composés. Cependant, le fait de savoir que les schèmes tonals de surface des mots ci-dessus peuvent être attribués à des préfixes suivis des structures de radicaux composés /H+B/ et /HB+B/ respectivement explique en grande partie la rareté de ces schèmes tonals.

dans cette langue (cf. les données dans l'exemple [12]), et conclut correctement qu'il n'en existe que deux. Ces deux hauteurs se combinent alors pour former seulement trois schèmes tonals contrastifs de surface [BB], [BM], et [HH] chez les radicaux CVCV simples. Ceci deviendra encore plus clair en faisant les exercices en ligne sur le chumburung associés à ce livre.[11]

2.1.3 Profil syllabique du radical

D'après les discussions sur le mendé et le njyem au chapitre 1, il est clair que le profil syllabique du radical joue un rôle important dans la manière dont un schème tonal donné se réalise phonétiquement. Les exemples du mendé dans l'exemple (14), repris du chapitre 1, démontrent qu'un même schème tonal sous-jacent peut avoir des réalisations de surface très différentes, selon le nombre de syllabes qui l'accueillent. Dans chaque cas, le radical est simple.

(14) Schèmes tonals et profils syllabiques en mendé

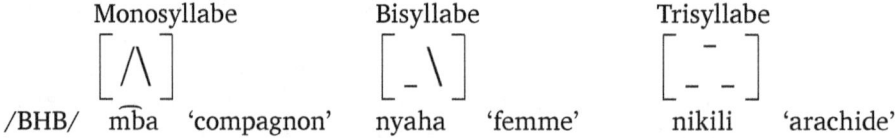

En général, plus il y a de syllabes pour accueillir un schème tonal donné, moins il y a de tons modulés (ou dans le cas des langues à tons modulés unitaires[12], comme de nombreuses langues asiatiques, moins ces tons modulés sont complexes).

Lorsqu'un morphème a plus de tons dans son schème tonal que d'unités porteuses de ton dans sa structure segmentale, il faut que les tons supplémentaires soient intégrés d'une manière ou d'une autre. Cela se produit normalement par l'une des trois manières suivantes. Premièrement, comme dans les données en mendé ci-dessus, les tons modulés sont souvent créés lorsque deux ou plusieurs tons de hauteurs différentes s'associent à des UPT uniques, comme dans la deuxième syllabe de l'exemple (15).

(15) Création des ton modulés en mendé

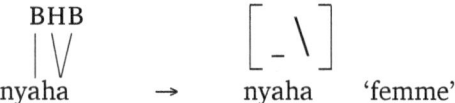

Deuxièmement, des hauteurs multiples de tons sont parfois créées lorsque deux ou plusieurs tons de hauteurs différentes se fusionnent en tons uniques dont les hauteurs s'opposent phonétiquement avec celles d'autres tons uniques dans la langue, comme dans l'exemple (16).

(16) Fusion de tons en chumburung

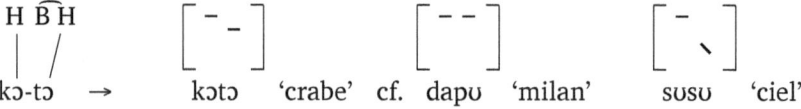

Troisièmement, les tons qui ne sont pas associés aux UPT par l'une ou l'autre des deux premières stratégies se trouvent simplement non associés, ou flottants, comme dans l'exemple (17).

---

[11] Les treize exercices en anglais sont disponibles sur le lien suivant : https:/www.sil.org/resources/publications/toneanalysis_teachermaterials.

[12] Les tons modulés unitaires sont des contours qu'on ne peut pas analyser comme étant composés de deux ou plusieurs tons discrets réalisés sur des UPT uniques.

2.1 Élaboration d'une base de données

(17) Ton haut flottant en njyem

$$\begin{array}{c} \text{B H} \\ | \\ \text{gʊ} \end{array} \quad \rightarrow \quad \begin{bmatrix} - \end{bmatrix} \quad \text{gʊ} \quad \text{'fou (n.)'}$$

Lorsque cela se produit, les tons flottants ne se manifestent généralement pas phonétiquement, à moins qu'ils ne se trouvent dans des environnements particuliers, par exemple, là où ils pourraient s'associer aux UPT des morphèmes adjacents, ou provoquer un downstep. L'exemple (18) illustre ce phénomène car le ton haut flottant du morphème *gʊ̀* s'associe de nouveau à cet élément lorsqu'il est suivi d'un autre mot qui commence par un ton bas, créant ainsi un contour montant de bas en haut sur la syllabe *gʊ̌*.

(18) Association du ton haut en njyem

$$\begin{bmatrix} / & - \end{bmatrix}$$

[gʊ ja:]   'le fou (en question)'

Cependant, ce n'est pas seulement le nombre de syllabes qui peut influencer la façon dont un schème tonal sous-jacent se réalise phonétiquement ; le nombre de mores dans chaque syllabe est également pertinent. Toutes les mores ne sont pas forcément porteuses de ton dans tous les environnements, mais il n'en reste pas moins que tous les UPT sont moraïques (Hyman 1992), et pour cette raison il faut prendre en considération la constitution moraïque de chaque syllabe. Pour les langues et les environnements dans lesquels il a été prouvé que c'est la syllabe qui est l'UPT, Hyman précise qu'en effet c'est la more de tête de la syllabe qui est l'UPT. Même s'il a été possible d'identifier des éléments moraïques dans les attaques complexes dans au moins certaines langues (Gordon 2005 ; Topintzi 2005, 2010 ; Nevins 2012), les attaques ne jouent généralement aucun rôle dans le poids syllabique (Hyman 1984, 1985a), de sorte que la complexité de l'attaque peut généralement être écartée lors de la comparaison de différents profils syllabiques.

En conséquence, alors qu'il est important de distinguer les structures syllabiques CV et CVV parce qu'elles comportent respectivement une et deux mores, les structures CCV et CV peuvent normalement être traitées ensemble parce qu'elles sont toutes deux composées d'une more. Sauf preuve du contraire au cours de l'analyse, il faudra bien sûr traiter ces deux structures séparément.

Si la position de l'accent tonique peut parfois influencer la structure moraïque des syllabes (voir ci-dessous), c'est également le cas pour la qualité fortis-lenis des consonnes de la coda. Par exemple, Arellanes (2004, 2009) et Chávez-Peón (2010) décrivent les codas lenis dans plusieurs variétés du zapotèque, une langue otomangue orientale du Mexique, comme déclenchant l'ajout d'une more au noyau de la syllabe et les codas fortis comme déclenchant l'ajout d'une more à la coda. Voyons l'exemple (19).

(19) Codas lenis et fortis en zapotèque de Quiaviní

Lenis		Fortis	
lá:d	'côté'	lát:	'boîte de conserve'
tá:n	'Cayetana'[13]	tás:	'tasse'

On reviendra plus loin sur la description faite par Chávez-Peón (2010) à propos de l'interaction entre le ton et les différents types de phonation vocalique en zapotèque de Quiaviní. L'essentiel ici est de comprendre qu'il faut contrôler tous les facteurs qui peuvent influencer la structure moraïque d'une langue lors de l'établissement d'une opposition tonale.

---

[13] Prénom féminin espagnol.

On peut illustrer ce principe avec les données suivantes en chumburung dans lesquelles pas seulement le nombre de mores au sein du radical mais aussi la sonorité de ces mores en position de coda jouent un rôle dans l'établissement de l'opposition tonale. Au niveau sous-jacent, les radicaux monosyllabiques à une more ne peuvent porter qu'un seul ton en chumburung alors que les radicaux monosyllabiques à deux mores peuvent porter deux tons. Ceci est démontré dans l'exemple (20) avec les radicaux qui suivent le préfixe de classe nominale c3. Notons que le schème tonal sous-jacent /HB/ se trouve avec les radicaux de structure CVN mais pas avec ceux de structure CV.

(20) Syllabes mono- et bimoraïque en chumburung

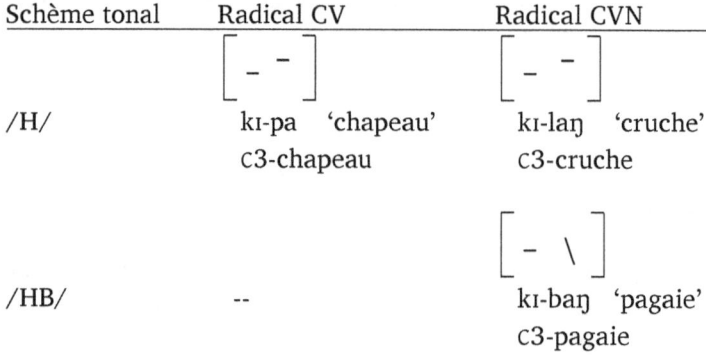

Pour de nombreuses langues, dont le chumburung, le fait que la coda soit sonante ou non joue également un rôle important. Dans les données dans l'exemple (21), même si les deux radicaux ont le profil syllabique CVC, et même si les deux ont les mêmes schèmes tonals sous-jacents (à savoir, HB), les réalisations de surface de ces schèmes tonals sont différentes.

(21) Codas sonantes et non sonantes en chumburung

$$\begin{bmatrix} - & \backslash \end{bmatrix} \qquad \begin{bmatrix} - & - \end{bmatrix}$$

kɪ-baŋ   'pagaie'   ki-teʔ   'plume'
c3-pagaie   c3-plume

Dans le cas du terme kɪ̀-báŋ̀, puisque les deux mores du radical sont sonantes, les plis vocaux vibrent continuellement lorsque la hauteur descend de haut en bas, avec pour résultat qu'une courbe haut-descendant se réalise sur la durée de la syllabe. Pour le terme kɪ̀-téʔ, en revanche, seule la première more du radical est sonante. Comme la coda n'est pas sonante, le ton B du schème tonal /HB/ n'est pas réalisé, avec pour résultat que seul un ton haut phonétique se réalise sur la durée de la syllabe.

Cela ne signifie pas, cependant, qu'il n'existe pas de ton bas associé à cette syllabe. Afin de démontrer sa présence, considérons tout d'abord les phrases dans l'exemple (22), dans lesquelles les mots qui se terminent par un vrai ton haut sont mis en combinaison avec des mots suivants qui commencent par un ton haut.

(22) Radicaux à schème tonal /H/ devant le schème tonal /H/ en chumburuŋ

$\begin{bmatrix} - & - & - \end{bmatrix}$ kɪlan sɔ 'odeur de la cruche' cf. $\begin{bmatrix} - & - \end{bmatrix}$ kɪ-laŋ 'cruche' cf. $\begin{bmatrix} - \end{bmatrix}$ sɔ 'odeur'
cruche odeur   c3-cruche

$\begin{bmatrix} - & - & - \end{bmatrix}$ kɪbaa sɔ 'odeur de l'épaule' cf. $\begin{bmatrix} - & - \end{bmatrix}$ kɪ-baʔ 'épaule'
épaule odeur   c3-épaule

Dans l'exemple (22), lorsque les deux tons hauts sont juxtaposés, ils se réalisent tous deux à la même hauteur phonétique, comme on pourrait s'y attendre[14]. Comparons maintenant ces phrases avec celles dans l'exemple (23), dans lesquelles les deux radicaux à schème tonal /HB/ de l'exemple (21) sont mises en combinaison avec le terme à ton haut /sɔ́/.

(23) Radicaux à schème tonal /HB/ devant le schème tonal /H/ en chumburuŋ

$\begin{bmatrix} - & - & - \end{bmatrix}$ kɪban sɔ 'odeur de la pagaie' cf. $\begin{bmatrix} - & \backslash \end{bmatrix}$ kɪ-baŋ 'pagai'
pagaie odeur   c3-pagaie

$\begin{bmatrix} - & - & - \end{bmatrix}$ kitee sɔ 'odeur de la plume' cf. $\begin{bmatrix} - & - \end{bmatrix}$ ki-teʔ 'plume'
plume odeur   c3-plume

Dans l'exemple (23), lorsque les mots dont le radical est à schème tonal /HB/ précèdent le terme à ton haut /sɔ́/ (le ton bas final de ces mots étant flottant dans ces exemples), le ton haut du terme /sɔ́/ est rabaissé en raison de la présence des tons bas flottants. Dans le cas de *kìbán ꜜsɔ́*, cela n'est pas surprenant, étant donné que le premier terme *kì-bâŋ* se termine par une courbe haut-descendant en isolement. Cependant, étant donné que *kì-téʔ* se termine par une hauteur haute en isolement, le fait que le terme *sɔ́* est rabaissé lorsqu'il suit *kì-téʔ* appuie la conclusion que le schème tonal sous-jacent du radical *kì-téʔ* est, en fait, /HB/. La raison pour laquelle le ton bas sous-jacent du radical ne se réalise pas phonétiquement lorsqu'il se prononce à la fin d'une phrase est due à la nature non sonante de la coda.

De la discussion précédente, il ressort qu'en plus du nombre de syllabes au sein d'un radical, il existe deux autres facteurs qui peuvent influencer la façon dont son schème tonal sous-jacent se réalise phonétiquement : à savoir d'une part le nombre de mores dans chaque syllabe, et d'autre part si les mores sont sonantes ou non. En bref, il faut contrôler tout ce qui concerne le nombre ou la sonorité des mores au sein d'un radical lors de l'établissement d'une opposition tonale. Comme nous l'avons vu dans la section 1.2, le présent travail fait référence à l'arrangement particulier de ces facteurs au sein d'un radical comme étant son profil syllabique. Et bien sûr, étant donné que les radicaux qui ne sont pas simples sont composés de plusieurs

---

[14] En chumburuŋ, comme dans de nombreuses langues africaines, les codas nasales s'assimilent au lieu d'articulation d'une consonne suivante. Ceci explique l'alternance entre les nasales [n] et [ŋ] dans les différentes réalisations des exemples (22) *kì-láŋ* 'cruche' et (23) *kì-báŋ̀* 'pagaie'. Toujours en chumburuŋ, quand une voyelle longue se produit en fin de syntagme, la more finale se réalise comme un coup de glotte au lieu d'être prolongée. Ailleurs (c.-à-d. en position médiane de syntagme), la more finale d'une voyelle longue se réalise longue.

morphèmes, il faut inclure la structure morphémique du radical dans la description du profil syllabique du radical. Afin de séparer les profils des différents types de radical dans une base de données, il est possible de saisir le profil syllabique d'un radical simple comme CVCV et un radical complexe comparable comme CV]CV.

Une base de données qui permet de filtrer les mots en fonction du profil syllabique du radical (ou celui du mot, dans les langues où il n'existe aucune différence entre les radicaux et les mots) facilite grandement l'analyse précise du ton.

2.1.4 Schèmes tonals de surface

Jusqu'à présent, nous avons vu qu'une base de données pour l'analyse d'un système tonal devrait inclure des champs pour la catégorie grammaticale, le type de radical et le profil syllabique du radical. Le contrôle de ces facteurs permet à l'analyste de comparer les schèmes tonals de mots qui sont comparables à chacun de ces égards ; s'ils présentent toujours des schèmes tonals de surface différents, ils doivent avoir des schèmes tonals sous-jacents différents. Il faut donc saisir dans la base de données les schèmes tonals phonétiques (de surface), des mots isolés dans un premier temps, puis ultérieurement dans d'autres environnements[15]. Afin de pouvoir filtrer et trier les données en fonction des schèmes tonals de surface, il faut saisir toutes les informations relatives aux hauteurs dans des champs de la base de données distincts de ceux correspondant aux informations segmentales. Idéalement, il faudrait saisir ces schèmes tonals de surface dans les champs appropriés en utilisant la notation en traits, comme suggéré au chapitre 1. Cela permet d'indiquer la hauteur d'une manière relative, ce qui est quasiment impossible dans une transcription limitée à l'utilisation des accents aigus et graves. Ceci dit, puisqu'il s'agit d'une base de données informatisée, en théorie, toute transcription qui maintient le caractère distinctif du schème tonal de surface de chaque mot suffira. Par exemple, il serait possible d'étiqueter les schèmes tonals avec des codes tels que 1A, 2A, 1B, etc., chaque code étant associé à un schème tonal particulier. Cependant, un système tel que la notation en traits proposée dans ce livre est beaucoup plus pratique car il est visuel.

Bien que le schème tonal de surface du mot isolé soit important dans l'analyse du ton, il faut résister à la tentation de penser qu'il s'agit du schème tonal sous-jacent. Il ne faut pas oublier que la différence entre deux ou plusieurs schèmes tonals sous-jacents est souvent neutralisée lorsque les mots se prononcent de manière isolée, ce qui signifie que leurs schèmes tonals de surface seront identiques. Il est donc important d'éliciter un mot donné dans d'autres environnements également, et de saisir la transcription complète du schème tonal de surface de chaque énoncé dans le champ approprié. (Nous reviendrons sur cette question plus loin.)

Le nombre d'environnements dans lesquels il faut comparer les schèmes tonals dépend, bien sûr, de la langue ; mais comme on peut s'y attendre, plus on sélectionne des environnements différents, plus on a de chances de découvrir toutes les oppositions sous-jacentes et d'expliquer leurs différentes réalisations de surface. Comme nous le verrons plus loin, parmi les différents champs qu'il serait possible de créer pour représenter les schèmes tonals de surface des noms nous pouvons énumérer les suivants : les formes plurielles, les constructions génitivales, les constructions adjectivales, les noms avec démonstratifs de différentes sortes, etc. Pour les verbes, on peut inclure des verbes nominalisés de diverses sortes, des constructions adverbiales, des constructions ayant un complément d'objet et différentes variations (généralement nombreuses) régies par la morphologie flexionnelle. L'exemple (24) démontre la manière dont on pourrait saisir ces types de données pour les noms dans une base de données. Il s'agit du schème tonal complet de surface de l'énoncé qui est saisi dans chaque cas.

---

[15] Rappelons la discussion dans le chapitre 1 où il a été expliqué que le ton est mieux analysé comme des schèmes tonals associés aux morphèmes que comme des tons discrets associés à des UPT discrètes.

(24) Exemples d'entrées dans une base de données du chumburung pour les schèmes tonals de surface des noms

Glose	SG	Schème tonal singulier	PL	Schème tonal pluriel	'antilope de __'	Schème tonal de la combinaison 'antilope de __'
'ennemi'	dʊŋ	[\ ]	adʊŋ	[⁻ \ ]	dʊŋ fʊrɪ	[⁻ ⁻ ⁻]
'femme'	ɔt͡ʃɪʔ	[⁻ ⁻]	at͡ʃɪʔ	[⁻ ⁻]	ɔt͡ʃɪɪ fʊrɪ	[⁻ ⁻ ⁻ ⁻]

Pour chaque environnement phonologique et/ou grammatical unique que l'on saisit, il est nécessaire d'avoir deux champs séparés, l'un pour les segments et l'autre pour les schèmes tonals de surface. Le fait de séparer ces informations en deux champs permet une plus grande flexibilité lors du filtrage, du tri et de la comparaison des données ; cela permet également de trouver les données justes au moment juste, ce qui accélère considérablement le processus d'analyse.

2.1.5 Schème tonal sous-jacent

Au début de l'analyse d'un système tonal, les schèmes tonals de surface sont, bien sûr, les seules données disponibles. Cependant, au fur et à mesure que l'on avance dans l'analyse et que l'on commence à déterminer les schèmes tonals sous-jacents, il est avantageux de pouvoir ajouter ces informations à la base de données. Par conséquent, il faut que la base de données soit configurée pour inclure un champ permettant de saisir les schèmes tonals sous-jacents.

Nous allons maintenant aborder les champs au sein de la base de données qui ne seront pas nécessaires pour toutes les langues ; mais si la famille linguistique étudiée est connue pour avoir l'une des caractéristiques discutées ci-dessous, il faut inclure les champs appropriés dans la base de données.

2.1.6 Classes nominales et/ou verbales

Toutes les langues n'ont pas des noms et/ou des verbes qui se regroupent en classes, mais beaucoup en ont. Dans les langues qui ont des classes verbales, certains verbes peuvent prendre, par exemple, un ensemble particulier d'affixes pour indiquer des différences flexionnelles, tandis que d'autres verbes peuvent prendre un ensemble d'affixes complètement ou partiellement différents pour communiquer les mêmes différences flexionnelles. Pour les langues de ce type, les différences entre les deux ensembles d'affixes ne sont pas attribuables à un conditionnement phonologique, mais plutôt à de véritables différences dans les formes grammaticales.

De même, dans les langues à classes nominales, on peut regrouper les noms selon différents préfixes et/ou suffixes pour indiquer des catégories telles que le singulier, le pluriel et le diminutif, ainsi que des catégories sémantiques telles que les animaux, les humains, les liquides. ... De plus, dans ces systèmes, il existe souvent une concordance entre la classe nominale et les marqueurs de classe affectés à ses formes pronominales (p. ex., les relateurs génitivaux, les marqueurs de sujet et d'objet sur les verbes). Si la langue analysée utilise un système de classes nominales et/ou verbales, il est absolument essentiel d'analyser ce système afin de pouvoir aborder l'analyse du système tonal. De même, il est absolument essentiel d'analyser le système tonal afin d'analyser correctement le système de classes. Il faut réaliser les deux analyses simultanément.

Rappelons que lors de l'analyse du ton, les schèmes tonals contrastifs sous-jacents se révèlent plus clairement lorsqu'ils s'opposent dans des environnements identiques. Dans les langues à classes nominales et/ou verbales, il est donc important de ne comparer que les radicaux qui appartiennent à la même classe. En effet, les radicaux appartenant à des classes différentes ont souvent des affixes différents qui leur sont attachés ou des marqueurs d'accord différents sur les mots adjacents. Dans tous les cas, « classes différentes » signifie souvent « environnements différents » , et ces derniers rendent invalides toutes les comparaisons tonales qui en dépendent. L'exemple (25) est tiré du bamiléké-dschang [ybb], une langue bantoue des Grassfields parlée au Cameroun (repris de Hyman et Tadadjeu 1976 et de Hyman 1985b).

(25) Mêmes schèmes tonals, différentes classes nominales en bamiléké-dschang

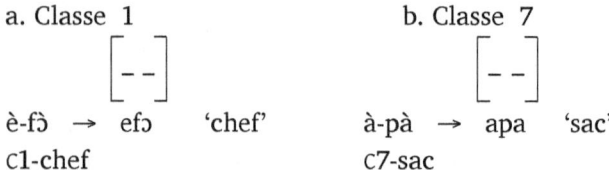

a. Classe 1

$$\begin{bmatrix} - - \end{bmatrix}$$

è-fɔ̀ → efɔ 'chef'
C1-chef

b. Classe 7

$$\begin{bmatrix} - - \end{bmatrix}$$

à-pà → apa 'sac'
C7-sac

Les schèmes tonals des deux mots dans l'exemple (25) sont identiques non seulement à la surface mais aussi au niveau sous-jacent. Cependant, comme mentionné ci-dessus, il est nécessaire d'examiner leurs comportements dans toute une gamme d'environnements morphologiques et syntaxiques afin de s'assurer que leurs schèmes tonals sous-jacents sont effectivement les mêmes. L'un de ces environnements, qui s'avère révélateur, est la construction génitivale, illustrée dans l'exemple (26).

(26) Comparaison des noms dans la construction génitivale en bamiléké-dschang

a. Classe 1

$$\begin{bmatrix} - - - - \end{bmatrix}$$

efɔ nd͡zʷi   'chef du léopard'

b. Classe 7

$$\begin{bmatrix} - - - - \end{bmatrix}$$

apa nd͡zʷi   'sac du léopard'

Une comparaison rapide de 'chef' et de 'sac' dans l'exemple (26) suggère que ces deux noms diffèrent au niveau tonal et, en fait, nous aurions raison de conclure qu'il faut les garder séparés. Cependant, la différence ne se trouve pas dans les schèmes tonals sous-jacents des noms, comme le révèlent les données dans l'exemple (27).

(27) Construction génitivale en bamiléké-dschang

a. Classe 1
è-fɔ̀ è-ǹ-d͡zʷì → [èfɔ̀ ǹd͡zʷì]   'chef du léopard'
C1-chef RG.C1-C9-léopard

b. Classe 7
à-pà á-ǹ-d͡zʷì → [àpà ǹ⸍d͡zʷì]   'sac du léopard'
C7-sac RG.C7-C9-léopard

Comme dans la quasi-totalité des langues bantoues il existe en bamiléké-dschang un relateur génitival (RG) entre le possesseur et le possédé qui s'accorde avec la classe du nom déterminé (c.-à-d. le possédé)[16]. Ce marqueur se traduit en français par la particule 'de'. On constate que le relateur génitival des noms de la classe 1, dont fait partie le terme 'chef', comporte un ton bas sous-jacent (c.-à-d. /è-/), tandis que celui des noms de la classe 7, dont fait partie le terme 'sac', comporte un ton haut sous-jacent (c.-à-d. /á-/), ce qui rend impossible la comparaison directe de ces mots dans les constructions génitivales[17]. Il s'agit d'un exemple assez complexe, notamment parce que d'habitude les voyelles des relateurs génitivaux s'élident en débit normal, de sorte que seules les interactions de leurs tons avec d'autres tons témoignent de la présence de ces relateurs génitivaux. Cependant, cet exemple démontre clairement que, dans une langue à classes nominales, il ne faut comparer un nom qu'avec d'autres noms à l'intérieur de la même classe.

Si le principe général de ne pas mélanger les classes morphologiques est important, il n'est pas toujours facile dans la pratique de distinguer les différentes classes, en particulier lorsqu'on commence l'analyse d'un système tonal, et ceci pour deux raisons principales. D'abord, il n'est pas rare que les affixes de classe morphologique soient identiques sur le plan segmental et qu'ils ne diffèrent que sur le plan tonal. Ensuite, les affixes de classe morphologique sont parfois constitués uniquement de tons flottants. Cela souligne l'importance de l'analyse du ton pour distinguer correctement les classes. L'exemple (28) répertorie quelques exemples de classes qui sont difficiles à distinguer sans une analyse adéquate du ton.

(28) Affixes de classe nominales différenciés uniquement par le ton en quatre langues

mundani [mnf] (Parker 1989)	mankon [nge] (Leroy 1980)	akoosé [bss] (Hedinger 2008)	mada [mda] (Price 1994)
génitif C8 : é-	nombre C1 : ì-	sujet C9 : è-	nom C1 : ton B flottant
génitif C9 : è-	nombre C3 : í-	sujet C10 : é-	nom C2 : ton H flottant

En mundani, une langue bantoue des Grassfields du Cameroun, le préfixe génitif qui s'accorde avec les noms de la classe 8 est à ton haut, tandis que celui des noms de la classe 9 est à ton bas. Comme ces deux morphèmes sont identiques sur le plan segmental, il est nécessaire de comprendre le système tonal afin d'identifier correctement les classes nominales. En mankon, une autre langue bantoue des Grassfields du Cameroun, le préfixe des nombres qui s'accordent avec les noms de la classe 1 est à ton bas, tandis que celui des noms de la classe 3 est à ton haut. Encore une fois, puisque ces deux morphèmes sont identiques sur le plan segmental, une analyse du ton est nécessaire pour distinguer les classes. Il en va de même pour les préfixes sujet des classes 9 et 10 en akoosé, une langue bantoue A du Cameroun. Dans le cas du mada, une langue benué-congo du Nigeria, le préfixe nominal de la classe 1 est un ton bas flottant, tandis que celui des noms de la classe 2 est un ton haut flottant. L'existence de ces préfixes n'est déterminée que par une analyse soigneuse des tons. Dans de telles situations, il est essentiel de combiner l'analyse du ton avec l'analyse morphologique et syntaxique.

Voilà donc les raisons pour lesquelles, dans les langues qui ont des classes nominales et/ou verbales, il est important de ne comparer que les mots au sein d'une seule et même classe lors de l'identification des schèmes tonals contrastifs. Ainsi, une base de données qui permet

---

[16] Note des traducteurs : Ici, la version anglaise précise "A phrase translated as 'leopard's chief' therefore has the word order 'chief of leopard', with 'of' being the translation for the associative marker". La traduction de cette phrase est superflue parce que le français ne comporte qu'une seule construction génitivale et elle a le même ordre syntaxique que celle du bamiléké-dschang.

[17] Tous les tons sous-jacents dans la combinaison 'chef du léopard' sont bas, avec pour conséquence que les quatre UPT de ce syntagme se réalisent avec des tons bas phonétiques. Dans la combinaison 'sac du léopard', en revanche, la dernière UPT à ton bas se réalise avec un downstep phonétique par rapport aux tons bas des trois UPT précédentes. Pour de plus amples informations, le lecteur intéressé est renvoyé au chapitre 7 de Snider (1999) pour une analyse de la manière dont les tons sous-jacents sont réalisés phonétiquement dans la construction génitivale en bamiléké-dschang.

de filtrer les mots en fonction de leurs différentes classes peut augmenter considérablement la précision de l'analyse du ton.

2.1.7 Consonne(s)

Dans certaines langues à tons, la qualité de la première consonne de la racine (et parfois celle des autres positions consonantiques) influence les schèmes tonals de surface des mots[18]. Tantôt les consonnes influencent la hauteur du mot isolé ; tantôt, elles influencent celle du mot en contexte. Parfois encore, elles influencent celle des mots adjacents (Bradshaw 1999). Non seulement les consonnes peuvent avoir un effet direct sur les schèmes tonals, mais elles peuvent également bloquer la propagation tonale.

Dans la plupart des langues ayant une interaction entre tons et consonnes, les consonnes se divisent en deux groupes : un groupe, appelé consonnes rabaissantes, est composé principalement d'obstruantes sonores, et l'autre, appelé consonnes non rabaissantes, est composé des autres consonnes (c.-à-d. les obstruantes sourdes, les implosives et les sonantes). Alors que les consonnes rabaissantes peuvent avoir un effet de rabaissement tonal et peuvent également bloquer la propagation des tons hauts, les non rabaissantes n'ont aucun effet sur le ton. Par exemple, Beavon-Ham (2012) décrit les obstruantes sonores en saxwe [sxw], une langue kwa parlée dans le sud-ouest du Bénin, comme déclenchant un rabaissement du registre tonal ainsi que le blocage de la propagation des tons hauts. Il existe aussi quelques autres langues avec une interaction entre tons et consonnes dans lesquelles les obstruantes sourdes et les implosives bloquent la propagation des tons bas (voir ci-dessous). Dans ces langues, les autres consonnes (c.-à-d. les obstruantes sonores et les sonantes) n'ont aucun effet sur le ton. Alors que les consonnes sonantes ne jouent généralement aucun rôle dans les interactions entre tons et consonnes (c.-à-d. qu'elles sont généralement neutres), l'interaction induite par les sonantes n'est néanmoins pas totalement inconnue[19], et un tel comportement ne devrait pas nous prendre totalement par surprise.

Pearce (2007) décrit le kera [ker], une langue tchadique parlée au Tchad, comme ayant trois tons phonémiques, /H, M, B/. Les noms bisyllabiques peuvent avoir n'importe quelle combinaison de ceux-ci, sauf MB et BM. Ainsi, sur les noms bisyllabiques, on trouve les schèmes tonals de surface suivants : HH, HM, HB, MH, MM, BH et BB. Il y a cependant une relation claire entre le voisement de la première consonne du nom et le schème tonal de ce dernier, ce qui a conduit les linguistes à regrouper les noms kera selon leurs premières consonnes, comme dans la liste récapitulative (29).

(29) Interaction entre tons et consonnes en kera
    a. jamais avant une UPT à ton haut : b, d, j, g, v, z (appelées « consonnes rabaissantes » dans Ebert 1979, Pearce 1999) ;
    b. jamais avant une UPT à ton bas : p, t, c, k, f, s (appelées « consonnes élévatrices » dans Pearce 1999) ;
    c. avec les trois tons : m, n, ŋ, l, r, ɓ, ɗ, h, ʔ (appelées « consonnes neutres » dans Pearce 1999)[20].

Pearce (communication personnelle) spécule que le voisement des consonnes était contrastif historiquement et qu'il existait quatre schèmes tonals sous-jacents, /H, B, BH, HB/, avec des

---

[18] La situation inverse, c'est-à-dire que les tons influencent les consonnes, existe, elle aussi, mais elle est beaucoup plus rare.

[19] Par exemple, en moloko [mlw], une langue tchadique du nord-Cameroun, alors que la plupart des sons [h] sont neutres et n'ont aucun effet sur le ton, certains agissent comme des consonnes rabaissantes (notes de terrain personnelles). On peut spéculer que ces sonantes rabaissantes étaient jadis des obstruantes sonores.

[20] Anglais : "depressor consonants", "raiser consonants", "neutral consonants".

consonnes élévatrices entraînant la réalisation des tons bas sous-jacents en tant que ton moyen. Cependant, il semble que cette analyse ne puisse plus être retenue en raison de l'évolution de la relation entre le voisement et le ton. Une analyse synchronique suppose l'existence aujourd'hui de trois tons discrets sous jacents, le voisement des consonnes dépendant désormais du ton (et aussi du dialecte). Pearce pense que le développement de trois tons en kera est dû à l'interaction entre tons et consonnes, avec les obstruantes sourdes élevant les tons bas et les obstruantes sonores rabaissant les tons hauts. Dans l'exemple (30), les syllabes initiales à ton bas commencent soit par des obstruantes sonores, soit par des consonnes neutres (voir la colonne de droite), tandis que les syllabes initiales à ton haut et moyen commencent soit par des obstruantes sourdes, soit par des consonnes neutres (voir la colonne de gauche).

(30) Noms bisyllabiques en kera

H et M			H et B		
[H]	túrtí	'bateau'			
[H]	móyán	'rivière'			
[M]	pāatāl	'aiguille'	[B]	dàygà	'jarre'
[M]	māanɨ̄	'co-épouse'	[B]	hɔ̀ynà	'type d'esprit'
[MH]	tāatá	'grande jarre'	[BH]	gùugúr	'poule'
[MH]	māahúr	'flûte'	[BH]	hùɗúm	'trou'
[HM]	kúntī	'farine'	[HB]	táabùl	'table'
[HM]	máalāŋ	'oiseau de proie'	[HB]	mánhɔ̀r	'dix'

Les données dans l'exemple (31) proviennent du bolanci [bol], une langue tchadique occidentale parlée dans le nord du Nigeria. Citant Lukas (1969), Schuh (1978 : 226) décrit la propagation du ton haut dans cette langue comme étant bloquée par une obstruante sonore non prénasalisée.

(31) Propagation du ton haut en bolanci

    a. /kŭm sàawùrà/ → [kŭm sáawùrà] 'oreille d'un faucon'
    b. /kŭm nzìmòkì/ → [kŭm nzímòkì] 'oreille d'un aigle'
    c. /kŭm zòngé/ → [kŭm zòngé] 'oreille d'une hyène'

Dans l'exemple (31), le ton haut du schème tonal montant BH sur le terme *kŭm* 'oreille' se propage vers la droite jusqu'à la première syllabe du mot suivant lorsque la consonne suivante est une obstruante sourde comme dans (31a), ou une consonne prénasalisée comme dans l'exemple (31b). Dans l'exemple (31c), cependant, la première syllabe du mot suivant commence par une obstruante sonore non prénasalisée, à savoir [z], qui bloque la propagation du ton haut. La première syllabe de *zòngé* est donc réalisée bas phonétiquement.

Citant Schuh (1971), Schuh (1978 : 226) décrit également le ngizim [ngi], une autre langue tchadique occidentale parlée dans le nord du Nigeria, comme permettant la propagation du ton bas à moins que la syllabe suivante ne commence par une obstruante [implosive] sourde ou glottalisée, comme la démontrent les données dans l'exemple (32).

(32) La propagation du ton bas en ngizim

    a. /à gáfí/ → [à gàfí] 'attrape !'
    b. /à ráwí/ → [à ràwí] 'cours !'
    c. /à ɗálmí/ → [à ɗálmí] 'répare !'
    d. /à káčí/ → [à káčí] 'retourne !'

La propagation du ton bas se produit clairement lorsque la consonne suivante est une obstruante sonore (32a) ou une sonante (32b). Cependant, il est également clair que la propagation du ton bas est bloquée lorsque la consonne suivante est soit une implosive (32c) soit une obstruante sourde (32d).

L'interaction entre les tons et les consonnes n'a pas lieu dans la plupart des langues à tons, mais si l'on sait qu'elle se produit dans des langues apparentées à la langue étudiée, il est important d'inclure dans la base de données un champ indiquant la qualité de la première obstruante de la racine (et éventuellement d'autres obstruantes). Plus tard, lorsque la nature de l'interaction devient plus claire, on peut regrouper les sonantes en conséquence. Par exemple, si les obstruantes sonores rabaissent les tons ou bloquent la propagation du ton haut, alors que les obstruantes sourdes et les sonantes ne le font pas, alors il serait souhaitable de regrouper les sonantes avec les obstruantes sourdes. Comme indiqué ci dessus, au début de l'analyse l'appartenance des consonnes à un groupe n'est pas forcément connue, mais au fur et à mesure que cette information devient connue, elle peut être ajoutée si le champ est déjà dans la base de données.

2.1.8 Type de phonation vocalique

Dans certaines langues à tons, principalement en Asie du Sud-Est et en Mésoamérique, le type de phonation vocalique influence les schèmes tonals de surface. Dans la littérature, les types de phonation sont généralement appelés voix modale, voix soufflée, voix serrée (c.-à-d. laryngalisée) et voix glottalisée[21]. Chávez-Peón (2010 : 104) les décrit comme suit :

> Les types de phonation font référence à la manière dont les plis vocaux vibrent. La voix modale est le type de vibration standard où les plis vocaux sont accolés sur toute leur longueur et avec un degré de tension approprié pour permettre une vibration rythmique, s'ouvrant et se fermant à intervalles réguliers. La voix soufflée ou murmurée est celle où les plis vocaux sont maintenus partiellement écartés alors que la vibration continue, tandis que la voix serrée ou laryngalisée est celle où les plis vocaux sont maintenus de manière rigide et où la vibration est partiellement inhibée. Les différentes façons dont les cordes vocales vibrent, ou ne vibrent pas du tout, génèrent une variété de types de phonation (Ladefoged, 1971 ; Catford, 1977 ; Laver, 1980). Comme l'a suggéré Ladefoged (1971 ; voir également Catford, 1964), ces différents états glottaux peuvent être représentés sous la forme d'un continuum de phonation, « [...] défini en termes d'ouverture entre les cartilages aryténoïdes, allant de sourde (la plus éloignée) à la voix modale, en passant par la voix serrée et la fermeture glottale (la plus rapprochée) (Gordon et Ladefoged 2001 : 384). »[22]

Citant Maddieson et Hess (1986), Yip (2002 : 31) décrit le jingpho [kac] , une langue tibéto-birmane parlée au Myanmar, comme ayant une opposition phonologique entre les voyelles ordinaires

---

[21] Anglais : "Modal voice", "breathy voice", "creaky voice" (laryngealized) and "glottalized voice."

[22] Anglais : "Phonation types refer to the manner in which vocal folds vibrate. Modal voice is the standard vibration type. The vocal folds are adducted along their full length and with a suitable degree of tension to allow vibration in a rhythmic manner, opening and closing at regular intervals of time. Breathy voice or murmur is where the folds are held partly apart while the vibration continues, and creaky voice or laryngealization is where the folds are held stiffly and vibration is partially inhibited. The different ways the vocal cords vibrate, or do not vibrate at all, create a variety of phonation types (Ladefoged, 1971; Catford, 1977; Laver, 1980). As suggested by Ladefoged (1971; see also Catford, 1964), these various glottal states may be represented in the form of a phonation continuum, '[...] defined in terms of the aperture between the arytenoid cartilages, ranging from voiceless (furthest apart), through breathy voiced, to regular, modal voicing, and then through creaky voice to glottal closure (closest together)' (Gordon and Ladefoged 2001:384)".

2.1 Élaboration d'une base de données

et les voyelles soufflées, ces dernières ayant un effet de rabaissement de la hauteur. Historiquement, les voyelles soufflées sont le résultat de la perte historique du voisement de l'attaque syllabique. Puisqu'il est bien connu que le voisement des attaques syllabiques rabaisse la hauteur (voir section 2.1.7), il n'est pas surprenant que les voyelles dont les types de phonation résultent d'une perte historique du voisement de l'attaque syllabique, elles aussi, rabaissent la hauteur.

Chávez-Peón (2010) décrit les voyelles du zapotèque de Quiaviní comme ayant une opposition de phonation à quatre degrés entre les voix modale, soufflée, serrée et glottalisée (voir également Munro et Lopez 1999). Cela se voit dans l'exemple (33), où les quatre oppositions se produisent sur des noms ayant un ton bas sous-jacent et des profils syllabiques de structure CV.

(33) Oppositions de type de phonation en zapotèque de Quiaviní

Modale	/be/ ˩	→	[bè:]	'fruit du mesquite'
Soufflée	/be̤/ ˩	→	[bè̤:]	'moisissure'
Serrée	/bḛ/ ˩	→	[bḛ̀:]	'entaille faite dans l'oreille d'un mouton'
Glottalisée	/baʔ/ ˩	→	[bàʔà]	'globe oculaire'

Chávez-Peón décrit également les consonnes de cette langue comme étant soit fortis, soit lenis. Lorsqu'une coda syllabique est constituée d'une consonne lenis, ou lorsque la syllabe est ouverte, le noyau se réalise avec une longueur phonétique. En revanche, lorsque la coda est constituée d'une consonne fortis, c'est elle-même qui se réalise avec une longueur phonétique. Puisque la distinction fortis-lenis en zapotèque de Quiaviní influence les profils syllabiques du radical de cette manière, et puisque les profils syllabiques jouent un rôle majeur dans la façon dont les différents schèmes tonals se réalisent phonétiquement, la distinction fortis-lenis est contrôlée dans les codas des exemples ci-dessous.

Chávez-Peón poursuit en décrivant la plupart des racines non empruntées comme étant monosyllabiques et présentant une opposition tonale à quatre degrés entre les tons haut, bas, montant et descendant sur les voyelles de la racine prononcées avec la voix modale, comme le démontrent les données dans l'exemple (34)[23].

(34) Opposition tonale à quatre degrés sur les voyelles modales en zapotèque de Quiaviní

Haut	/daɲ/ ˥	→	[dá:ɲ]	'blessure'
Bas	/daɲ/ ˩	→	[dà:ɲ]	'montagne'
Montant	/ʒilj/ ˄	→	[ʒǐ:lʲ]	'selle'
Descendant	/ʒilj/ ˅	→	[ʒî:lʲ]	'mouton'

Toutes les codas syllabiques dans l'exemple (34) sont constituées de consonnes lenis avec pour résultat que toutes les voyelles se réalisent phonétiquement comme des voyelles longues[24].

Pour chacun des trois autres types de phonation non modale, les oppositions tonales possibles sont plus restreintes. Elles sont énumérées dans l'exemple (35).

(35) Possibilités d'opposition tonale en zapotèque de Quiaviní avec différents types de phonation

	Haut	Bas	Descendant	Montant
Modale	✓	✓	✓	✓
Soufflée	X	✓	✓	X
Serrée	✓	✓	✓	X
Glottalisée	✓	✓	✓	X

---

[23] Voir Munro et Lopez (1999) pour une analyse alternative.

[24] Les consonnes sonantes sont lenis dans cette langue.

Les exemples suivants illustrent l'opposition avec chacun des trois autres types de phonation, à savoir soufflée (36), serrée (37) et glottalisée (38).

(36) Opposition tonale à deux degrés sur des voyelles soufflées en zapotèque de Quiaviní

| Bas | /gjet̤/ ˩ | → | [gʲèt̤ː] | 'courge' |
| Descendant | /njes̤/ ˥˩ | → | [nʲêːs̤ː] | 'eau' |

Les deux codas syllabiques dans l'exemple (36) sont constituées de consonnes fortis, avec pour conséquence que les consonnes finales se réalisent avec une longueur phonétique.

(37) Opposition tonale à trois degrés sur des voyelles serrées en zapotèque de Quiaviní

Haut	/r-gibj/ ˥	→	[ɾgíḭɸʲ]	'(il) lave'
Bas	/r-gidj/ ˩	→	[ɾgìḭθʲ]	'(il) colle sur'
Descendant	/r-dibj/ ˥˩	→	[ɾdîḭɸʲ]	'(il) attache à'

Dans l'exemple (37), toutes les codas syllabiques consistent en une consonne lenis suivie d'un glide, avec pour résultat que les noyaux vocaliques se réalisent avec une longueur phonétique. Il se trouve également que la première more de la voyelle se réalise avec la voix modale et la seconde avec la voix serrée. Les consonnes lenis non sonantes de la coda se réalisent toujours comme des fricatives en position de coda, qu'elles soient sourdes ou sonores.

(38) Opposition tonale à trois degrés sur des voyelles glottalisées en zapotèque de Quiaviní

Haut	/r-gaʔ/ ˥	→	[ɾgáʔḁ]	'(il) redevient vert'
Bas	/r-gaʔ/ ˩	→	[ɾgàʔà]	'(il) se fait attraper'
Descendant	/r-gaʔ/ ˥˩	→	[ɾgáʔà]	'(il) se déverse'

Les verbes dans les exemples (37) et (38) sont tous à l'aspect habituel (marqués par le préfixe r-) avec un sujet implicite à la troisième personne du singulier. Les voyelles glottalisées se réalisent normalement comme « réarticulées » (c.-à-d. VʔV). Cependant, lorsque la voyelle comporte un ton haut, elle se réalise comme « entravée » (c.-à-d. réalisée avec une occlusive glottale finale suivie d'une « voyelle d'écho » sourde)[25].

D'après la discussion précédente, il est clair que si le type de phonation vocalique est soupçonné d'influencer le ton dans une langue donnée, il convient d'ajouter un champ dans la base de données dédié à la différenciation du type de phonation vocalique afin de pouvoir identifier et vérifier toutes les oppositions tonales.

2.1.9 Schèmes des accents toniques syllabiques

Certaines langues ont des systèmes tonals dans lesquels les syllabes accentuées jouent un rôle dans la détermination de la réalisation de surface des schèmes tonals sous-jacents. Ces langues sont aussi parfois appelées langues à accent tonique (Van der Hulst et Smith 1988). Prenons l'exemple de l'iquito, une langue zaparoane parlée dans le nord du Pérou. Michael (2011a : 11) le décrit comme suit :

---

[25] Pour plus d'informations sur l'interaction entre le ton et les différents types de phonation dans les langues mésoaméricaines, voir également Silverman (1997), Herrera (2000), Blankenship (2002), DiCanio (2008), Arellanes (2009), et Hernández (2017).

Il est utile de distinguer deux types de tons en iquito : les tons lexicaux et les tons métriques. Les tons lexicaux sont insensibles à la structure métrique et à la présence d'autres tons lexicaux, tandis que les tons métriques sont à la fois sensibles à la structure métrique des mots et sont influencée par la présence de tons lexicaux dans le mot. J'affirmerai que, comme leurs noms le suggèrent, les tons lexicaux sont associés à des mores spécifiques dans l'entrée lexicale elle-même du morphème, alors que les tons métriques ne le sont pas, mais sont plutôt assignés à la syllabe portant l'accent tonique primaire dans les cas précis où le mot prosodique ne contient pas de tons lexicaux[26].

L'auteur poursuit en décrivant les tons de l'iquito, qu'ils soient attribués lexicalement ou métriquement, comme étant privatifs, consistant en des tons hauts discrets qui s'opposent avec leur propre absence. Le placement des tons hauts lexicaux est imprévisible et donc contrastif, comme on peut le voir dans l'exemple (39).

(39) Ton lexical en iquito (Michael 2011a : 10-11)

| máˈʃiku | 'radeau' | maˈʃíku | 'espèce d'oiseau' |
| ˈtúuku | 'mecapal' | ˈtuúku | 'oreille' |

Le placement des tons hauts métriques, en revanche, est totalement prévisible. Si, comme c'est généralement le cas, aucun ton haut n'est attribué à un mot prosodique par le lexique, la syllabe qui porte l'accent tonique primaire se voit alors attribuer un ton haut métrique. En iquito, l'accent tonique est attribué à la tête du trochée bimoraïque le plus à droite[27]. Lorsqu'un affixe est ajouté, l'accent tonique se déplace de telle sorte que la contrainte d'attribution de l'accent tonique primaire est toujours satisfaite, comme on peut le voir dans l'exemple (40). L'analyse des trochées en iquito se fait de droite à gauche, et dans ces exemples, les trochées sont placés entre parenthèses. Quand il y a trois syllabes dans un mot, la syllabe la plus à gauche forme un pied dégénéré[28], comme on peut le voir dans l'exemple (40b).

(40) Ton métrique en iquito (Michael 2011b : 3)

a. (ˈkú.ʃi) 'pot'
b. (ˌku) (ˈʃí.ka) 'pots'
c. (ˌku.ʃi) (ˈhá.ta) 'avec (un) pot'

Le ton haut attribué à la première syllabe du terme 'pot' dans l'exemple (40a) est clairement métrique car il se déplace avec l'accent tonique dans les exemples (40b) et (40c) lorsqu'on ajoute des affixes. À cet égard, il est très différent des tons hauts lexicaux, qui ne se déplacent pas lorsqu'on ajoute des affixes. Dans l'exemple (41), le préfixe possessif de la première personne du singulier kí- est à ton haut au niveau sous-jacent et reste toujours haut, indépendamment du fait qu'il soit accentué ou, comme on le voit dans l'exemple (41c), qu'il fasse même partie d'un pied prosodique[29].

---

[26] Anglais : "It is useful to distinguish two kinds of tones in Iquito: lexical tones and metrical tones. Lexical tones are insensitive to metrical structure and to the presence of other lexical tones, while metrical tones are both sensitive to the metrical structure of words and affected by the presence of lexical tones in the word. I will argue that, as the names suggest, lexical tones are associated with specific moras in a morpheme as part of the morpheme's lexical entry, while metrical tones are not, but rather are assigned to the syllable bearing primary stress in precisely those cases in which the prosodic word contains no lexical tones."

[27] Un trochée est un pied métrique qui consiste en une syllabe accentuée suivie d'une syllabe non accentuée. Pour une excellente introduction au domaine de la phonologie métrique, voir Goldsmith (1990).

[28] Un pied dégénéré est un pied qui ne comporte qu'une seule syllabe.

[29] Les mots prosodiques se composent au maximum de deux pieds, donc s'il s'agit d'un énoncé de cinq syllabes, la syllabe la plus à gauche ne sera pas prise en compte, elle est extramétrique.

(41) Tons lexicaux non décalés en iquito (Michael 2011b : 3)
    a. (ˌkí) (ˈku.ʃi)   'mon pot'
    b. (ˌkí.ku) (ˈʃi.ka)   'mes pots'
    c. kí (ˌku.ʃi) (ˈhá.ta)   'avec mon pot'

Dans l'exemple (41c), le morphème *kí-* ne fait pas partie du mot prosodique et donc la première syllabe de la séquence ˈhá.ta reçoit un ton haut métrique. Indépendamment du fait que l'iquito a des tons assignés métriquement, le fait qu'il a aussi des tons spécifiés lexicalement indique qu'il s'agit bel et bien d'une langue à tons, selon la définition de cette dernière dans Hyman et Leben (2020) (voir section 1.1).

Il devrait être clair que si l'on soupçonne qu'une langue donnée comporte un système mixte de tons et d'accents toniques, il est important d'inclure un champ dans la base de données dédié à l'attribution de l'accent tonique, et ensuite d'identifier les schèmes tonals qui sont en opposition pour chaque attribution de l'accent tonique.

2.2 Procédure d'analyse du ton

L'analyse du ton peut être considérée comme un jeu de détective, dont le but est de découvrir les oppositions tonales sous-jacentes qui sont possibles pour les morphèmes comparables au sein d'une catégorie grammaticale donnée. L'exemple (42) démontre une opposition à trois degrés parmi les données chumburung qui sont comparables (car ce sont tous des noms de classe 3 ayant des radicaux simples, des profils syllabiques CVC, et des codas non sonantes).

(42) L'environnement d'isolement révèle une opposition à trois degrés en chumburung

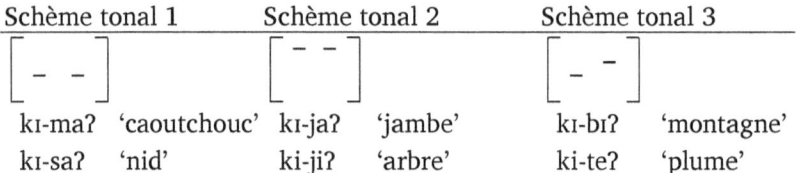

Schème tonal 1		Schème tonal 2		Schème tonal 3	
kɪ-ma?	'caoutchouc'	kɪ-ja?	'jambe'	kɪ-bɪ?	'montagne'
kɪ-sa?	'nid'	ki-ji?	'arbre'	ki-te?	'plume'

Cependant, comme il est évident maintenant, toutes les oppositions tonales ne se révèlent pas forcément dans un seul environnement (p. ex., l'isolement). Il faut également identifier d'autres oppositions qui ne se révèlent que dans d'autres environnements. En fait, plus l'analyste peut répertorier d'environnements dans lesquels on observe un ensemble comparable de morphèmes, mieux c'est. Plus on répertorie d'environnements, comme le démontre l'exemple (43), plus il y a de possibilités que l'éventail complet des oppositions se révèle.

(43) Le deuxième environnement révèle une opposition à quatre degrés en chumburung

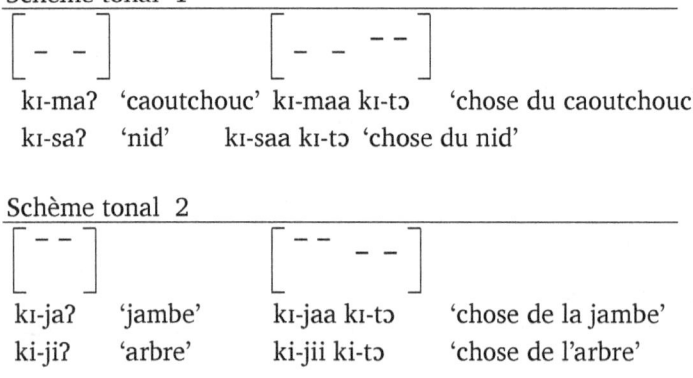

Schème tonal 1

kɪ-ma?	'caoutchouc'	kɪ-maa kɪ-tɔ	'chose du caoutchouc'
kɪ-sa?	'nid'	kɪ-saa kɪ-tɔ	'chose du nid'

Schème tonal 2

kɪ-ja?	'jambe'	kɪ-jaa kɪ-tɔ	'chose de la jambe'
ki-ji?	'arbre'	ki-jii ki-tɔ	'chose de l'arbre'

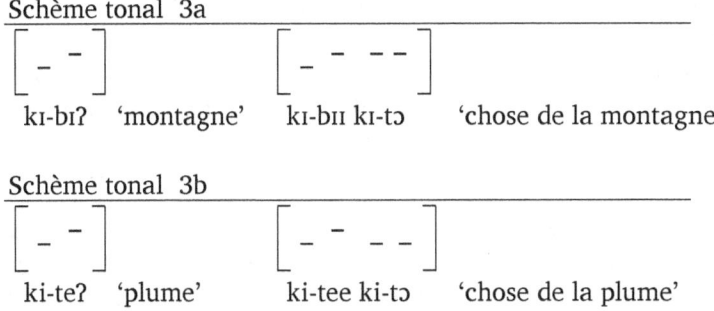

Nous voyons que les mots ayant le schème tonal en isolement n° 3 dans l'exemple (42) se subdivisent en deux schèmes tonals dans l'exemple (43) lorsqu'ils sont comparés dans le même environnement, et cela donne maintenant une opposition à quatre degrés.

Aussi important qu'il soit d'identifier les schèmes tonals en opposition dans plusieurs environnements, il est également important d'identifier les tons individuels qui constituent chaque schème tonal. En d'autres termes, il ne suffit pas de dire qu'il existe une opposition sous-jacente à quatre degrés entre les morphèmes comparables dans l'exemple (42). Il faut également connaître la composition tonale des schèmes sous-jacents, ainsi que les contraintes qui s'appliquent à eux dans différents environnements. Encore une fois, plus fréquents sont les environnements dans lesquels un schème tonal donné est présent, plus nombreux sont les indices potentiels pour analyser sa composition sous-jacente. À ce stade, il est utile d'avoir une compréhension générale des phénomènes tonals communs à la famille linguistique étudiée. Le reste de cette section présente un ordre d'investigation qui va du simple au complexe.

2.2.1 Mots à analyser en premier lieu

Dans toutes les langues, les catégories grammaticales qui comptent le plus de membres sont les noms et les verbes. Il convient de choisir celle des deux dont la morphologie est la plus simple, ce qui permet de réduire au minimum les éléments inconnus. Les catégories qui ont une morphologie plus complexe peuvent être étudiées plus tard, une fois acquise une meilleure compréhension des phénomènes phonologiques présents dans la langue. Lorsque le schème tonal sous-jacent d'une racine nominale, par exemple, n'est pas connu, il est beaucoup plus facile de l'identifier si aucun affixe ne l'accompagne, car chaque affixe apporte, bien sûr, son propre schème tonal à l'ensemble. Il se peut, cependant, que les mots ayant la morphologie la plus simple soient néanmoins composés de plus d'un morphème. Quoi qu'il en soit, il est important de garder la morphologie de ce premier groupe de mots aussi simple que possible, qu'il s'agisse de noms ou de verbes. Cela dit, à travers toutes les langues, les noms ont tendance à être morphologiquement plus simples que les verbes, et si c'est le cas dans une langue donnée, il faut les analyser en premier. Une autre raison de commencer par les noms est que les notions sémantiques les plus fréquemment associées à la morphologie verbale (nombre, temps, aspect, mode, sujet, objet, …) sont souvent plus difficiles à exprimer avec précision et à distinguer les unes des autres que les notions les plus fréquemment associées à la morphologie nominale (p. ex., nombre, cas grammatical, classe nominale, …)[30].

Une fois que l'on a décidé quelle est la catégorie grammaticale qui est morphologiquement la plus simple, s'il existe un sous-groupe au sein de cette catégorie qui a une morphologie encore plus simple que le reste (p. ex., une classe dépourvue d'affixes), alors c'est par là qu'il faut commencer l'analyse, pourvu qu'il existe au moins une quantité raisonnable de mots dans ce sous-groupe. Il faut cependant être à l'affût des affixes à ton flottant (c.-à-d. des affixes composés uniquement de tons), qui ne se manifestent pas forcément lorsque les mots

---

[30] L'auteur est reconnaissant à David Weber d'avoir attiré son attention sur ce point.

se prononcent isolément. D'autres sous-groupes qui pourraient potentiellement présenter un comportement tonal étrange seraient les noms qui font référence à des parties du corps (tête, bras, jambe, ...) et/ou à des relations de parenté (fils, femme, père, ...). La morphologie de ces substantifs est parfois différente de celle des autres substantifs, et si c'est le cas, le mélange des deux groupes peut compromettre la comparaison des schèmes tonals.

Si, comme nous l'avons vu à la section 2.1.6, la langue étudiée comporte des classes nominales et/ou verbales, toutes choses étant égales par ailleurs, il convient de commencer par la classe qui compte la plus grande quantité de membres, car c'est elle qui est la plus susceptible de révéler le plus de schèmes tonals sous-jacents possibles. Travailler avec la plus grande classe minimise donc la possibilité d'être surpris plus tard par d'autres schèmes tonals et par de nouveaux phénomènes. Par la suite, bien sûr, il conviendra d'étudier toutes les classes nominales et/ou verbales.

Il peut arriver que la plus grande classe de mots ne présente pas la morphologie la plus simple, auquel cas ces principes directeurs sont en désaccord. Le meilleur conseil dans de tels cas est d'essayer au préalable d'analyser le groupe ayant la morphologie la plus simple, à condition qu'il ne soit pas trop petit, sans y investir trop de temps. Si l'analyse semble être productive, il faut continuer. Toutefois, si ce qui en ressort n'est pas relativement transparent, il est prudent de l'abandonner et de commencer par le groupe le plus important et ayant la morphologie la plus simple parmi ceux qui restent.

En suivant le principe général consistant à commencer par des structures simples, le premier groupe de mots à étudier devrait être celui qui comporte des radicaux simples d'une seule racine, et donc des schèmes tonals uniques. Puisque les schèmes tonals sous-jacents des radicaux sont encore inconnus (c.-à-d. qu'ils sont l'objet de l'analyse), il est plus facile de commencer avec des radicaux ayant un seul schème tonal inconnu, qu'avec des radicaux ayant deux, voire plus, schèmes tonals inconnus (p. ex., un pour chaque racine d'un radical composé). D'ailleurs, le fait qu'une partie d'un schème tonal donné puisse consister en un ton flottant rend encore plus important le fait de commencer l'analyse avec un seul schème tonal à la fois. Souvent, le statut des radicaux n'est pas connu avant d'avoir travaillé sur la langue pendant une longue période. Certains radicaux, cependant, sont facilement reconnaissables comme des composés ou des réduplications, et dans de tels cas, il convient d'éviter de les inclure dans les groupes de base. Par la suite, il faut commencer à analyser les radicaux complexes ayant une morphologie dérivationnelle, puisque cette dernière est régulière, pour passer ensuite aux radicaux rédupliqués, aux composés, et enfin aux emprunts (ordre indicatif).

Étant donné le rôle très important que les profils syllabiques jouent dans la détermination de la façon dont les schèmes tonals se réalisent, il est important que les premiers mots analysés comportent des radicaux ayant des profils syllabiques qui sont les plus susceptibles de révéler les schèmes tonals sous-jacents. Il est beaucoup plus facile de déterminer les schèmes tonals sous-jacents des morphèmes si l'on peut entendre tous les tons du schème tonal, et cela a de plus fortes chances de se produire avec le profil ayant le plus grand nombre d'UPT sonantes. Ceci étant, les radicaux simples à deux UPT (p. ex., CVCV ou CVN) sont plus susceptibles de révéler leurs schèmes tonals sous-jacents que les radicaux simples à une UPT (p. ex., CV). De même, un radical qui se termine par une coda sonante est plus susceptible de révéler son schème tonal sous-jacent qu'un radical qui se termine par une coda non sonante. Pour ces raisons, il est préférable de commencer par des radicaux comportant plus d'une more, puis de passer à des radicaux plus courts par la suite.

Il arrive cependant que le radical le plus long ne soit pas le meilleur choix initial. Par exemple, face à un radical simple CVCVC dans lequel la C finale est non sonante, et un radical simple CVCV, il est préférable de commencer par ce dernier. Bien que la structure CVCVC soit plus longue, il est probable que sa consonne non sonante finale masque le ton final du schème tonal.

Même en suivant ces directives, le risque est de se retrouver avec plusieurs profils syllabiques concurrents qui répondent aux critères ci-dessus. Par exemple, les radicaux aux profils CVCV, CVS (où la lettre S signifie une coda sonante quelconque) et CVV consistent chacune en deux mores sonantes. Dans un tel cas, il est conseillé de ne pas commencer par les radicaux CVCV car les radicaux bisyllabiques dont la structure simple est théoriquement douteuse ont plus de probabilité d'être composés ou complexes que les radicaux monosyllabiques comparables. Il reste alors le choix entre les radicaux de structure CVS et CVV. Lorsque des suffixes initiaux à structure V s'ajoutent à ces radicaux, les syllabes sont plus clairement délimitées avec les radicaux CVS qu'avec les radicaux CVV. Commencer avec des profils syllabiques CVS élimine donc toute possibilité d'ambiguïté tonale qui pourrait survenir lorsque les noyaux vocaliques sont adjacents (c.-à-d. lorsqu'il s'agit de décider quel ton appartient à quelle UPT).

S'il est acquis que la famille linguistique étudiée présente une interaction entre tons et consonnes, il convient de commencer par des mots qui ne comportent que des consonnes neutres, évitant ainsi celles qui peuvent avoir un effet de rabaissement ou de relèvement. Les mots comportant des consonnes qui n'influencent pas le ton offrent de meilleures opportunités de découvrir des schèmes tonals contrastifs, puisque les consonnes rabaissantes ou élévatrices ont le potentiel de neutraliser une partie ou la totalité des oppositions tonales. Il en est de même avec des langues dans lesquelles les qualités de phonation vocalique influencent le ton. Dans ce cas, il faut commencer par les voyelles modales qui n'influencent pas les tons.

Bien que les voyelles affectées par les qualités de phonation ne neutralisent pas forcément les oppositions, il est possible que cela se produise.

Enfin, si l'on sait qu'il existe des systèmes mixtes de tons et d'accent tonique dans des langues apparentées, il faut commencer par rechercher des schèmes tonals contrastifs au sein du schème accentuel le plus représentatif au niveau du mot avant de passer à des schèmes moins prolifiques. Si effectivement les schèmes tonals s'opposent sur le plan lexical dans une langue donnée, les oppositions sont plus susceptibles d'être révélées dans un groupe plus grand que dans un groupe plus petit.

Nous résumons cet ordre suggéré pour comparer des groupes de mots prononcés isolément dans la liste récapitulative (44).

(44) Classement des critères pour décider des premiers mots à analyser :
  a) catégorie grammaticale : la moins complexe > la plus complexe ;
  b) classe nominale/verbale : la plus grande > la plus petite (si pertinent) ;
  c) type de radical : simple > complexe > composé > emprunt ;
  d) profil syllabique : le plus d'UPT > le moins d'UPT ; codas sonantes > codas non sonantes ;
  e) consonnes : non rabaissante/non-serrée > rabaissante/serrée (si pertinent) ;
  f) type de phonation vocalique : modale > soufflée, serrée, glottalisée (si pertinent) ;
  g) schème d'accent tonique au niveau de la syllabe : schème le plus prolifique > schème le moins prolifique (le cas échéant).

En prenant le temps et la peine de contrôler les facteurs que nous venons d'évoquer et de travailler dans l'ordre suggéré, on découvrira plus aisément les schèmes tonals employés par la langue, et on passera avec moins d'incertitudes à l'étape suivante de l'analyse.

2.2.2 Ordre d'investigation

Une fois que les schèmes tonals en isolement du premier groupe (ou des premiers groupes) de mots choisis ont été identifiés, il est utile d'examiner ces mots dans d'autres environnements phonologiques et grammaticaux avant de passer à d'autres groupes. L'analyse, aussi complète que possible, de ce groupe de mots (qui est le groupe plus transparent, comme espéré) avant de passer à d'autres groupes, présente deux avantages principaux. Premièrement, cela permet d'avoir un aperçu maximal des schèmes et processus tonals de la langue à un stade précoce de l'analyse. Deuxièmement, elle fournit un retour d'information sur l'utilité de la procédure employée jusqu'à ce stade, ce qui, à son tour, permet de réviser, si nécessaire, l'ordre d'investigation et les environnements phonologiques et grammaticaux choisis. Fort de ces premiers résultats, l'analyse des autres groupes de mots est réalisable.

Les mots sont le plus petit élément de la hiérarchie phonologique qu'un locuteur natif peut prononcer indépendamment des autres constituants. Cela dit, il faut être conscient de tous les facteurs qui peuvent influer sur la façon dont les schèmes tonals sous-jacents des morphèmes sont réalisés phonétiquement. Tout d'abord, les mots prononcés isolément sont souvent composés de plus d'un morphème (p. ex., une racine et souvent un ou plusieurs affixes flexionnels ou dérivationnels ; plusieurs racines dans le cas de radicaux composés). Si c'est le cas, il existe la possibilité d'interaction entre les schèmes tonals de la racine (ou des racines) et de l'affixe (ou des affixes), et les morphèmes individuels peuvent être réalisés avec plusieurs formes phonétiques différentes, en fonction des environnements dans lesquels ils se trouvent[31]. De plus, un mot prononcé isolément n'est pas seulement un mot phonologique, mais aussi une phrase phonologique et, en tant que telle, elle est soumise à des phénomènes syntaxiques. Par exemple, dans certaines langues africaines, il existe un processus de rabaissement du ton prépausal qui rend bas tout ton haut en position finale de syntagme (p. ex., le kikuyu [kik], Clements et Ford 1977). L'analyse des mots prononcés isolément ne révèle donc pas nécessairement les schèmes tonals sous-jacents de tous les morphèmes. Néanmoins, c'est certainement un excellent point de départ car les environnements isolés garantissent que les facteurs externes qui influencent le ton sont réduits au minimum. Ceci, à son tour, réduit la possibilité que les schèmes tonals sous-jacents soient réalisés d'une manière différente de celle à laquelle on pourrait s'attendre.

Une fois les mots prononcés isolément analysés, il est important d'élargir le nombre d'environnements morphologiques. Il est généralement possible d'apprendre beaucoup en examinant les formes plurielles des noms, les diverses nominalisations des verbes, et les différentes conjugaisons verbales, y compris leurs formes impératives et infinitives (si l'une ou l'autre de ces dernières n'est pas la forme en isolement habituelle). Cela permet d'observer le comportement tonal des racines dans différents environnements sans introduire les complications qui peuvent résulter de l'ajout de mots au syntagme.

Enfin, il est recommandé d'éliciter les mots dans différents environnements syntaxiques, car de nouveaux environnements phonologiques peuvent révéler des comportements tonals supplémentaires. Avec les connaissances acquises à ce stade, il peut être nécessaire de réviser quelque peu l'ordre d'investigation. Par exemple, des mots qui semblaient au premier abord avoir des schèmes tonals simples lorsqu'ils étaient prononcés isolément pourraient par la suite se révéler avoir des schèmes tonals plus complexes. Si tel est le cas, ce sont les structures véritablement plus simples qui devraient constituer le point de départ. Comme nous l'avons vu ci-dessus, au fur et à mesure que l'on progresse dans l'analyse, il faut toujours être prêt à réviser ses hypothèses initiales et/ou l'ordre d'investigation si nécessaire.

Nous abordons ensuite, chacun à son tour, les différents environnements recommandés pour l'investigation phonologique : les mots prononcés de manière isolée, les mots prononcés dans d'autres environnements morphologiques et les mots prononcés dans d'autres environnements syntaxiques.

2.3 Mots prononcés isolément

Selon la méthodologie présentée jusqu'à présent, l'analyste aura saisi dans une base de données un nombre raisonnablement important de mots dans leur forme isolée. De plus, il doit être en mesure de filtrer ces entrées afin de sélectionner les mots qui se ressemblent selon toutes les manières qui peuvent influencer les schèmes tonals (catégorie grammaticale, classe, profil syllabique, …). Il faut ensuite identifier le premier groupe de mots à analyser en suivant les principes énumérés ci-dessus

---

[31] De telles alternances tonales sont parfois appelées des « sandhi tonal » surtout dans la littérature ancienne. Lorsque le sandhi tonal a lieu à l'intérieur des mots (c.-à-d. lorsque l'environnement qui déclenche le changement se situe à la frontière d'un morphème), il est parfois appelé « sandhi interne » et lorsqu'il a lieu à la frontière d'un mot, il est parfois appelé « sandhi externe ».

2.3 Mots prononcés isolément

et trier ce groupe en sous-groupes en fonction de leurs schèmes tonals de surface. Si l'analyste a été rigoureux lors de la saisie dans la base de données, il est possible de conclure que toute différence dans les schèmes tonals de surface de ces mots sera due à des différences dans les schèmes sous-jacents de leurs racines. Une telle rigueur a le potentiel de révéler très tôt de nombreuses oppositions (c.-à-d. des schèmes) sous-jacents. L'investigation d'autres groupes de mots (p. ex., d'autres classes nominales et verbales) peut révéler d'autres schèmes.

Une fois que les données sont organisées selon les principes décrits ci-dessus, il est utile de dresser un tableau comme celui dans l'exemple (45), qui montre des données verbales de l'ashé [ahs], une langue benué-congo parlée au Nigeria[32]. Les fréquences des schèmes tonals, qui apparaissent elles aussi dans le tableau, aident l'analyste à distinguer les formes productives des formes moins productives.

(45) Hauteurs contrastifs de surface des verbes à la forme impérative en ashé

CV (31)	CVV (40)	CVC (18)	CVCV (9)	CVCVV (102)
[−] le (22) 'mange !'				
[−] d͡ʒi (7) 'tombe !'		[−] nok (4) 'tisse !'		
[\ ] ɲi (2) 'enterre !'	[\ ] tɛɛ (17) 'sèche !'	[\ ] ʃek (14) 'cuis !'	[− \ ] bera (2) 'trouve !'	[− \ ] woʃaa (46) 'cache !'
			[− −] tuhɛ (3) 'soustrais !'	
	[/] goo (4) 'écoute !'		[− −] ʃoka (3) 'lève-toi !'	
	[∧] d͡ʒea (19) 'marche !'		[/ −] nɛhɛ (1) 'pars !'	[− \ ] ʃotaa (56) 'suce !'

Ce tableau, qui ne contient que des résultats préliminaires, est entièrement constitué de verbes prononcés isolément à l'impératif. Initialement, il était admis que tous les verbes avaient des radicaux simples, bien que les faibles fréquences et la complexité de certains des schèmes tonals suggéraient nettement le contraire. Un tableau comme celui-ci est très utile

---

[32] Ces données ont été fournies par Gideon Madaki lors d'un atelier sur l'analyse du ton que l'auteur a encadré à Jos, au Nigeria, en 2012, et sont utilisées ici avec son aimable autorisation.

car, dans la mesure où les verbes de chaque colonne ont des radicaux simples, chaque colonne révèle de véritables oppositions tonales.

Rappelons que l'objectif de l'analyse du ton est de découvrir les différentes oppositions tonales sous-jacentes des morphèmes d'une langue, puis d'identifier les schèmes tonals sous-jacents de ces oppositions en examinant attentivement leur comportement tonal dans différents environnements. Lorsqu'on entreprend une telle analyse, il est donc important de commencer à émettre des hypothèses – au fur et à mesure que les faits sont connus – concernant la composition tonale des schèmes tonals sous-jacents. Ces hypothèses seront ensuite développées et révisées au fur et à mesure que d'autres faits seront connus. Maintenant, il est nécessaire que l'analyste attribue des schèmes tonals sous-jacents provisoires au premier groupe de schèmes tonals de surface qui s'opposent, tout en gardant à l'esprit qu'à ce stade, ces attributions sont basées uniquement sur l'observation des schèmes tonals dans un seul environnement (c.-à-d. isolé).

En suivant cette procédure, il n'est pas aussi important d'attribuer des schèmes tonals sous-jacents qui ressemblent aux schèmes tonals de surface que d'attribuer des schèmes tonals qui reflètent les oppositions réelles de la langue. Si une langue possède un système tonal, elle doit a priori opposer les tons hauts et bas, et on s'attend à trouver au moins les schèmes tonals /B/ et /H/ en opposition. Ainsi, si une catégorie de morphèmes (p. ex., les noms) qui se divisent en deux groupes sur le plan tonal est trouvée, et si les oppositions ne sont clairement dues à aucun des facteurs externes qui peuvent influencer le ton, alors, indépendamment de la façon dont ces schèmes tonals sont réalisés dans leurs diverses formes de surface, il est raisonnable de leur attribuer les schèmes tonals sous-jacents /B/ et /H/. Ce n'est peut-être pas toujours le cas, mais c'est le plus souvent le cas. Pour en revenir aux données dans l'exemple (45), l'un des aspects les plus frappants est la colonne CVCVV. Ces données, qui représentent clairement la majorité des verbes dans l'ensemble des données (110 sur un total de 189), n'ont que deux schèmes tonals contrastifs. Les schèmes sous-jacents ne sont pas du tout évidents en examinant leurs formes de surface isolées, mais le fait qu'il n'existe que deux schèmes tonals suggère fortement que l'un est /H/ et l'autre est /B/, si ce dernier n'est pas dépourvu de ton.

Cependant, étant donné que la plupart des langues à tons comportent des morphèmes à deux mores (UPT) ou plus, et étant donné que les schèmes tonals /BH/ et /HB/ sont extrêmement fréquents dans les langues à tons, on peut s'attendre à ce que les racines bimoraïques portent au moins les schèmes tonals sous-jacents /B, H, BH, HB/. En général, si un ensemble particulier de mots se divise en quatre groupes de schèmes tonals au plus, il est tout à fait raisonnable de supposer (au moins initialement) qu'ils représentent ces quatre schèmes tonals (ou un sous-ensemble de ceux-ci), indépendamment de la façon dont ils se réalisent dans leurs formes de surface. Par exemple, pour des raisons d'économie, il ne serait pas attendu de trouver des tons moyens sous-jacents sur des racines bisyllabiques qui n'ont que quatre schèmes tonals contrastifs au plus, même si certains de ces derniers incluent des tons moyens de surface.

2.4 Mots prononcés dans d'autres environnements morphologiques

En examinant des mots isolés, une fois établies autant d'oppositions tonales sous-jacentes que possible pour une catégorie donnée de morphèmes (p. ex., des racines verbales), il est maintenant utile d'examiner les hauteurs de ces mêmes morphèmes dans des formes apparentées prononcées isolément (p. ex., don : donner, donateur, donation, ...)[33]. Si on a obtenu les verbes isolés en tant qu'infinitifs, on peut par la suite les obtenir dans leurs formes impératives ou nominalisées, ainsi qu'avec différents marqueurs (sujet, objet, temps, aspect, ...). Pour les noms, si la plupart des formes isolées sont, disons, des singuliers, les autres formes pourraient inclure des pluriels, l'ajout des affixes démonstratifs ou locatif et ainsi de suite. Le choix dépendra bien sûr de la morphologie de la langue.

---

[33] Anglais : "help: helping, helper, etc."

2.4 Mots prononcés dans d'autres environnements morphologiques

Il est généralement conseillé d'éliciter les formes plurielles des noms en même temps que leur forme singulière. Il faut également éliciter des verbes dans au moins un environnement supplémentaire à celui de l'isolement lors du premier passage. Non seulement cette méthode est plus efficace en matière de temps, mais le temps supplémentaire passé sur chaque mot est également fructueux d'une autre manière : la morphologie de chaque mot devient immédiatement plus apparente qu'elle ne le serait autrement, ce qui peut stimuler une discussion productive avec son consultant. En outre, cette pratique permet de mieux établir l'identité du mot (tant pour l'analyste que pour le consultant), de sorte que le risque qu'il soit confondu ultérieurement avec d'autres mots similaires est moindre.

Les données paradigmatiques de ce type sont plus faciles à comparer lorsqu'elles sont systématiquement organisées dans des tableaux comme celui de l'exemple (46), dressé pour les verbes à radicaux simples de structure CVC en akoosé (données de Robert Hedinger, communication personnelle). Dans ce tableau, chaque colonne oppose les schèmes tonals de surface des racines verbales qui sont haut et bas au niveau sous-jacent pour l'environnement morphologique de la colonne en question, et chaque ligne oppose les schèmes tonals de surface d'un certain nombre de formes grammaticales différentes pour un verbe donné.

(46) Paradigme du verbe en akoosé : racines CVC

Tons	Impératif ___ !	Infinitif ___ er	Infinitif de but ___ er	3SG exhortatif Il devrait ___ er	Neutre Il ___	Glose
/H/	[̄] wɔg	[̄ ̄] awɔg	[̄ ̄] awɔg	[̄ \ ] awɔg	[̄ ̄] awɔg	'lave'
/B/	[́] wub	[̄ \ ] awub	[̄ \ ] awub	[̄ \ ] awub	[̄ \ ] awub	'retire'

Afin d'examiner ces mêmes informations à partir, par exemple, des racines de structure CV et CVV, il faudrait dresser des nouveaux paradigmes séparés. Il serait aussi possible de dresser un paradigme pour les verbes akoosé selon le modèle donné dans l'exemple (47).

(47) Paradigme du verbe en akoosé : infinitifs à radical simple

Tons	CV	Glose	CVV	Glose	CVC	Glose
/H/	[̄ ̄] abɛ	'être'	[̄ \ ] asii	'repasser (v)'	[̄ ̄] awɔg	'laver'
/B/	[̄ \ ] abɛ	'donner'	[̄ \ ] asuu	'péter'	[̄ \ ] awub	'retirer'

D'autres tableaux permettraient d'examiner ces mêmes verbes dans leurs formes impératives et dans d'autres formes grammaticales. Autrement, et de façon plus suggestive, il serait possible de mettre toutes ces informations dans un paradigme plus grand et plus complexe, comme dans l'exemple (48).

(48) Paradigme du verbe akoosé

	Impératif ___ !	Infinitif ___ er	Infinitif de but ___ er	3SG exhortatif Il devrait ___ er	Neutre Il ___	Glose
CV						
/H/	[⁻] bɛ	[⁻ ⁻] abɛ	[⁻ ⁻] abɛ	[⁻ \] abɛ	[⁻ ⁻] abɛ	'est'
/B/	[/] bɛ	[⁻ \] abɛ	[⁻ \] abɛ	[⁻ \] abɛ	[⁻ \] abɛ	'donne'
CVV						
/H/	[⁻] sii	[⁻ \] asii	[⁻ \] asii	[⁻ \] asii	[⁻ ⁻] asii	'repasse'
/B/	[/] suu	[⁻ \] asuu	[⁻ \] asuu	[⁻ \] asuu	[⁻ \] asuu	'pète'
CVC						
/H/	[⁻] wɔg	[⁻ ⁻] awɔg	[⁻ ⁻] awɔg	[⁻ \] awɔg	[⁻ ⁻] awɔg	'lave'
/B/	[/] wub	[⁻ \] awub	[⁻ \] awub	[⁻ \] awub	[⁻ \] awub	'retire'

Dans de tels paradigmes, il est possible de se concentrer sur ce qui est commun soit à une ligne, soit à une colonne. L'examen des données sous ces deux perspectives met presque invariablement en évidence des éventuelles erreurs aléatoires de transcription. En effet, les données comportant des erreurs ne cadrent généralement pas avec l'analyse d'au moins l'un ou l'autre des deux axes. Le principal avantage, cependant, de la visualisation des données dans des paradigmes morphologiques comme ceux-ci est que l'analyse des données de manière contrôlée est susceptible d'être menée car chaque nouvel environnement n'apporte qu'un seul nouvel élément sans impliquer de mots supplémentaires dans le syntagme.

2.5 Mots prononcés dans d'autres environnements syntaxiques

S'il est important d'élargir les environnements morphologiques des morphèmes au-delà de leurs formes isolées, il est peut-être encore plus important d'élargir leurs environnements syntaxiques. Alors que les environnements morphologiques d'un morphème donné peuvent parfois être assez limités, les environnements syntaxiques ont généralement beaucoup moins de restrictions. C'est particulièrement vrai pour les noms. Alors que les racines verbales peuvent souvent être placées dans toute une gamme d'environnements morphologiques différents, le potentiel d'environnements morphologiques supplémentaires pour les racines nominales est généralement plus restreint ; dans certains cas, la seule option est d'éliciter des formes plurielles qui ne fournissent souvent pas assez d'informations pour déterminer

2.5 Mots prononcés dans d'autres environnements syntaxiques

les formes sous-jacentes. Les environnements syntaxiques à mots multiples, en revanche, offrent généralement un plus grand nombre d'environnements phonologiques dans lesquels les morphèmes peuvent être placés, et donc plus de possibilités d'observer leur comportement tonal. Comme c'est le cas pour les morphèmes dans différents environnements morphologiques (ci-dessus), dresser des tableaux paradigmatiques constitue également un excellent moyen de présenter les morphèmes dans différents environnements syntaxiques.

Afin de dresser un tableau paradigmatique de données syntaxiques, il est utile d'utiliser des combinaisons. L'idée est de choisir un environnement tonal connu (c.-à-d. un cadre) qui fournit un environnement dans lequel il est possible placer des mots ayant des schèmes tonals inconnus. Cette combinaison, ou syntagme porteur, est un environnement grammatical et/ou phonologique qui reste constant, quel que soit le mot inséré. Une combinaison simple pourrait être quelque chose comme « la maison de X » ou « un grand X ». Les paradigmes dressés à partir de telles combinaisons sont utiles pour deux raisons. Dans un premier temps, ils permettent d'observer le comportement tonal d'un groupe de mots comparables dans le cadre d'un seul environnement syntaxique. Dans un deuxième temps, ils permettent d'observer le comportement tonal d'un seul mot dans plusieurs environnements syntaxiques, en supposant que plus d'une combinaison soit utilisée. Comme c'est le cas lors de l'examen des environnements morphologiques, il est nécessaire de limiter soigneusement tout schème tonal inconnu dans la combinaison afin que, si possible, les seuls schèmes tonals inconnus appartiennent aux morphèmes cibles.

Idéalement, il est souhaitable de commencer avec les quatre environnements syntaxiques énumérés dans la liste récapitulative (49).

(49) Quatre environnements idéaux pour l'analyse du ton au niveau du syntagme :
   a) un mot dont le schème tonal sous-jacent H est connu (ou soupçonné), placé immédiatement à droite du mot cible ;
   b) un mot dont le schème tonal sous-jacent B est connu (ou soupçonné), placé immédiatement à droite du mot cible ;
   c) un mot dont le schème tonal sous-jacent H est connu (ou soupçonné), placé immédiatement à gauche du mot cible ;
   d) un mot dont le schème tonal sous-jacent B est connu (ou soupçonné), placé immédiatement à gauche du mot cible.

Il peut y avoir d'autres combinaisons à étudier par la suite, mais il faut commencer par ces environnements au moins, car ils révèlent comment un schème tonal donné influence et est influencé par les deux schèmes tonals fondamentaux /H/ et /B/ sur les deux marges du mot. Dans de nombreux cas, ces quatre environnements révèleront la plupart, sinon la totalité, des alternances tonales possibles que peut subir un schème tonal sous-jacent donné. Pour le choix des combinaisons, il est utile de choisir des mots qui répondent aux critères de classement du choix des mots de la section 2.2, afin de réduire le risque que l'un d'entre eux ne contienne des tons flottants. Ainsi, toutes choses égales par ailleurs, une combinaison bimoraïque dont toutes les mores sont sonantes est préférable à une combinaison monomoraïque, car il est plus probable que ses tons de surface correspondent à ses tons sous-jacents. De plus, si une propagation tonale se produit du mot cible à une combinaison, plus la combinaison est longue, plus il est facile de découvrir le domaine dans lequel la propagation a lieu (c.-à-d. jusqu'où va la propagation).

Dans la mesure du possible, il convient que les combinaisons évitent de juxtaposer deux voyelles à travers des frontières grammaticales. De tels environnements entraînent souvent l'élision de l'une ou l'autre des voyelles, ce qui, bien sûr, entraîne la perte d'une UPT. Pour éviter ce genre de situation, Hyman (2014 : 540) recommande d'utiliser des formes qui sont encadrées par des consonnes. On peut atteindre cet objectif en s'assurant que, pour toute séquence donnée de deux mots, soit le premier mot de la séquence se termine par une consonne, soit le deuxième mot commence par une consonne.

Malheureusement, tout comme l'expansion des environnements morphologiques est limitée par des contraintes morphologiques, l'expansion des environnements syntaxiques est également limitée par des contraintes syntaxiques. Cela signifie qu'il ne sera pas toujours possible de placer un mot donné dans tous les environnements suggérés ci-dessus. Mais quel que soit l'environnement, il est toujours utile de limiter le nombre de mots dans le syntagme complet au minimum autorisé par la syntaxe. Cela permet de réduire au minimum le nombre de schèmes tonals inconnus, et réduit également la possibilité d'insérer des phénomènes tonals supplémentaires dans le syntagme.

On ne soulignera jamais assez l'importance de limiter les environnements à des constructions grammaticalement acceptables. Lorsque des mots sont placés dans des environnements syntaxiques, placer un mot à côté d'un autre n'est pas suffisant. Il est nécessaire que la combinaison soit plutôt une construction grammaticale authentique qui peut se produire naturellement dans la langue et également qu'elle permette la création de nouvelles formes (voir la discussion de la section 1.5.1 concernant les données linguistiques élicitées et naturelles).

Certaines constructions qui se prêtent à l'expansion des environnements syntaxiques nominaux et verbaux d'une manière contrôlée sont répertoriées dans les listes récapitulatives (50) et (51).

(50) Exemples de syntagmes nominaux propices à l'expansion de l'environnement syntaxique
    a) un nom avec un possédé
    b) un nom avec un possesseur
    c) un nom avec un adjectif
    d) un nom avec un quantificateur
    e) un nom avec un déterminant

Hyman (2014 : 542) suggère également d'utiliser une combinaison comme « le lieu de X » car le terme « lieu » peut s'adapter sémantiquement à presque tous les noms.

(51) Exemples de syntagmes verbaux propices à l'expansion de l'environnement syntaxique
    a) un verbe avec un objet
    b) un verbe avec un élément adverbial
    c) un verbe avec un élément locatif
    d) un verbe avec un élément temporel

Ces environnements sont proposés à titre d'exemple, et ce qui est utilisé dans la pratique sera, bien sûr, spécifique à la langue. L'important est de comparer les schèmes dans autant d'environnements syntaxiques tonalement différents que possible.

Après avoir déterminé les combinaisons à utiliser, il faut éliciter la première combinaison syntaxique avec le premier mot cible. Une fois cette phrase transcrite, cette procédure doit être répétée jusqu'à ce que son informateur ait prononcé la première combinaison avec tous les mots cibles. Ensuite, toute cette procédure doit être répétée avec la deuxième combinaison et poursuivie jusqu'à ce qu'on ait employé toutes les combinaisons. Une fois transcrite la forme de surface pour chacun des syntagmes élicités, il est important de représenter ces données sous une forme qui permette de voir facilement les similarités et les différences. La meilleure façon d'y parvenir est de dresser un tableau paradigme syntaxique et d'y placer les données.

Le traitement des paradigmes syntaxiques ressemble à celui des paradigmes morphologiques. Dans les deux cas, l'accent est mis sur l'analyse des schèmes tonals sous-jacents et du comportement tonal des racines dans différents environnements. Les données dans l'exemple (52) illustrent un paradigme de syntagme nominal en laarim [loh], une langue nilo-saharienne parlée dans la province équatoriale orientale du Soudan (données fournies par Timothy Stirtz et Lopeok Clement, communication personnelle).

2.5 Mots prononcés dans d'autres environnements syntaxiques

(52) Paradigme du syntagme nominal en laarim

	Isolé	Combinaison 1 : H précédent ícín n͡gáá ___ 'femme voit ___'	Combinaison 2 : B précédent ícín màà ___ 'lion voit ___'	Combinaison 3 : H suivant ___ tőrőrà ícìtò '___ dans fossé'	Combinaison 4 : B suivant ___ n͡gìlòmá ícìtò '___ dans grotte'
/H/	vatik 'bâton'	icin ngaa vatik 'femme voit bâton'	icin maa vati 'lion voit bâton'	vatik tõrõra icito 'bâton dans fossé'	vatik ngiloma icito 'bâton dans grotte'
/B/	lũwat 'clôture'	icin ngaa lũwat 'femme voit clôture'	icin maa lũwat 'lion voit clôture'	lũwat tõrõra icito 'clôture dans fossé'	lũwat ngiloma icito 'clôture dans grotte'
/HB/	tdõlõk 'musaraigne'	icin ngaa tdõlõ 'femme voit musaraigne'	icin maa tdõlõk 'lion voit musaraigne'	tdõlõk tõrõra icito 'musaraigne dans fossé'	tdõlõk ngiloma icito 'musaraigne dans grotte'
/BH/	lĩbath 'sous-vêtement'	icin ngaa lĩbath 'femme voit sous-vêtement'	icin maa lĩbath 'lion voit sous-vêtement'	lĩbath tõrõra icito 'sous-vêtement dans fossé'	lĩbath ngiloma icito 'sous-vêtement dans grotte'

Si le souhait est de se concentrer sur l'analyse d'un quelconque schème tonal sous-jacent inconnu, c'est-à-dire le schème tonal d'un des mots cibles, il convient de commencer par sa forme isolée, puis procéder de gauche à droite dans le tableau. Ce faisant, les différentes alternances (ou leur absence) se révèlent au fur et à mesure que le mot en question apparaît dans les différentes combinaisons. Il est nécessaire également d'examiner comment ce schème tonal sous-jacent influence les schèmes tonals sous-jacents des différents syntagmes dans les combinaisons. Une autre façon de commencer serait de se concentrer sur une combinaison particulière (p. ex., la combinaison 1) et de procéder de haut en bas, dans le but de déterminer comment les différents schèmes de mots influencent la combinaison, et bien sûr comment la combinaison influence les différents schèmes tonals.

La méthode proposée dans ce chapitre est en grande partie athéorique, tout comme les schèmes tonals contrastifs que la méthode révèle. Dans la mesure où le travail est réalisé avec des données réellement comparables, les descriptions minutieuses des oppositions et des phénomènes qui en résultent seront utiles à des générations futures de linguistes, quelles que soient leurs positions théoriques.

3

Phonétique de la hauteur mélodique

Les linguistes analysent acoustiquement la hauteur pour diverses raisons. Tantôt, c'est en vue de développer ou d'améliorer les modèles linguistiques qui génèrent les schèmes tonals et/ou intonatifs d'une langue donnée. Tantôt, c'est pour contribuer au développement de la parole synthétisée et/ou de logiciels de reconnaissance vocale. Souvent, cependant, les linguistes de terrain analysent la hauteur avec des moyens acoustiques afin de s'assurer de l'exactitude de leurs transcriptions, qui, la plupart du temps, sont basées sur leurs seules impressions auditives. Par exemple, dans l'hypothèse que les schèmes tonals [_ –] et [_ ¯] s'opposeraient l'un à l'autre, il est important de pouvoir vérifier objectivement cette différence. De la même manière, affirmer que les niveaux musicaux au début et à la fin du schème tonal [– ¯ ¯ –] sont identiques, impose de pouvoir le confirmer (ou l'infirmer) puisque ces transcriptions servent de base aux analyses phonologiques et bien sûr, plus les transcriptions sont précises, plus l'analyse qui en résulte est exacte. De plus, comme ces analyses, à leur tour, contribuent souvent au développement de la théorie linguistique, nous ne saurions trop insister sur l'importance de transcriptions de bonne qualité. L'objectif de ce chapitre est donc d'aider les linguistes déjà relativement capables de transcrire la hauteur des sons à confirmer l'exactitude de leurs transcriptions[1].

Pour commencer, qu'est-ce que la hauteur musicale et comment se rapporte-t-elle à la fréquence fondamentale (abrégée en F_0) ? Alors que la hauteur est du domaine de la perception et fait référence au ton tel qu'il est 'entendu', la F_0 est du domaine de l'acoustique et fait référence à « la composante de fréquence la plus basse dans une onde sonore complexe » (Crystal 2008 : 203-204)[2]. La hauteur est souvent quantifiée en unités appelées mels, tandis que la F_0, en corrélation directe avec la vitesse de vibration des plis vocaux, est mesurée en hertz (abrégé en Hz et examiné ci-dessous). La hauteur est souvent étroitement corrélée à F_0. Par exemple, une augmentation de la F_0 dans un énoncé sera généralement perçue comme une augmentation de la hauteur. De même, une diminution de la F_0 dans un énoncé sera généralement perçue comme une baisse de la hauteur. Il est important de comprendre, cependant, qu'un écart donné de F_0 n'entraîne pas toujours le même changement de hauteur. Par exemple, si un son à 200 Hz est suivi d'un second à 250 Hz (soit une différence de 50 Hz), ce dernier sera

---

[1] Les linguistes novices qui tentent d'utiliser un logiciel d'analyse acoustique parce qu'ils se sentent eux-mêmes incapables d'entendre le ton ne trouveront probablement pas cette méthode particulièrement utile. Ce point a été abordé en détail dans section 1.5.3.

[2] Anglais : "the lowest frequency component in a complex sound wave".

nettement plus haut que le premier. En revanche, si le premier son est à 2000 Hz et le second à 2050 Hz (soit encore, un écart de 50 Hz), la différence perçue entre les deux hauteurs ne sera pas aussi importante que dans le premier cas. En effet, la relation entre la hauteur et la F_0 n'est pas linéaire mais plutôt logarithmique. Compte tenu de ces différences, lorsqu'il est fait référence, dans cet ouvrage, à la perception (c.-à-d. au ton tel qu'on l'entend), le terme hauteur est utilisé, et lorsqu'il est fait référence aux propriétés acoustiques du ton, c'est le terme de fréquence fondamentale qui est utilisé.

Dans son livre *Field Manual of Acoustic Phonetics*, Baart (2010 : 1) décrit trois domaines traditionnels de la phonétique, à savoir : la phonétique articulatoire, soit l'étude de « la façon dont les sons de la parole sont produits par le locuteur » ; la phonétique auditive, soit l'étude de « la façon dont les sons de la parole sont perçus par l'auditeur » ; et la phonétique acoustique, soit l'étude des « propriétés des ondes sonores associées aux sons de la parole »[3]. Ce chapitre se concentre sur le premier et le troisième de ces domaines dans la mesure où ils concernent l'analyse de la hauteur.

Commençons par un bref aperçu de la manière dont la hauteur est produite physiologiquement. Dans le reste du chapitre, nous examinons les propriétés des ondes sonores correspondant aux différentes hauteurs.

3.1 Production de la hauteur

Les principales structures physiologiques responsables de la production des sons de la parole sont les plis vocaux du larynx, et c'est la vitesse, ou la fréquence, à laquelle ces plis vibrent qui est principalement responsable de la perception de la hauteur d'un énoncé : plus ils vibrent vite, plus la hauteur perçue est élevée.

Stevens (1998) décrit les plis vocaux comme consistant en deux bandes parallèles de tissu cordiforme, chacune ayant une épaisseur de 2 à 3 mm et une longueur de 1,0 à 1,5 cm chez les adultes. Ces bandes, à leur tour, sont décrites par Hirose (1997 : 126), qui fonde ses conclusions sur les travaux antérieurs de Hirano (1974), comme étant principalement constituées d'une « couverture » externe, qui comprend « l'épithélium et la couche superficielle de la lamina propria », et d'un « corps » interne, qui comprend le muscle vocalis.

Les extrémités antérieures des plis vocaux sont reliées, de manière rapprochée, à la surface interne, inférieure et antérieure du cartilage thyroïde et s'étirent en arrière jusqu'à l'endroit où leurs extrémités postérieures sont fixées aux deux cartilages aryténoïdes (voir la figure 1).

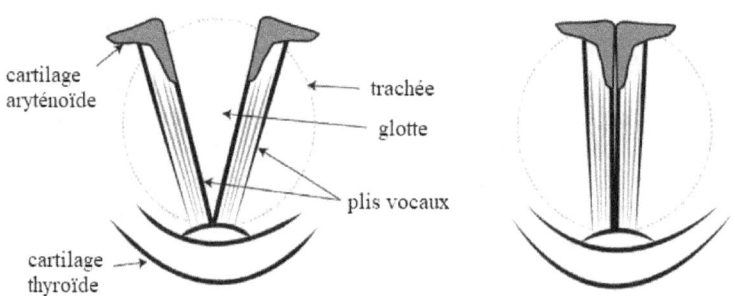

Figure 1. Les plis vocaux : à gauche en position d'abduction, à droite en position d'adduction.

C'est la mise en rotation des deux cartilages aryténoïdes qui écarte ou rapproche les plis vocaux. En position d'abduction, ou ouverte, l'air peut circuler librement à travers la glotte, qui est l'ouverture entre les plis vocaux. En position d'abduction, ou fermée, le passage de

---

[3] Note des traducteurs : Les citations entre chevrons sont traduites de l'anglais original.

3.1 Production de la hauteur

l'air est totalement bloqué[4]. Lorsque l'air est expulsé des poumons, un rapprochement des plis vocaux leur permet de vibrer. Dans ce cas, la pression d'air sous-glottique (c.-à-d. la pression sous le larynx) augmente derrière la glotte fermée jusqu'à ce qu'elle surmonte la tension qui maintient les plis vocaux ensemble. À ce stade, les plis vocaux sont écartés. La glotte est maintenant ouverte (bien que légèrement), et l'air qui y passe donne lieu à l'effet Bernoulli[5], qui se traduit par une diminution immédiate de la pression de l'air entre les plis vocaux. Cette diminution, associée à l'élasticité des plis vocaux, entraîne un resserrement des plis, ce qui crée les conditions pour que le cycle se répète. Les ouvertures et fermetures cycliques de la glotte entraînent des augmentations et des diminutions cycliques de la pression de l'air, que l'on appelle aussi 'ondes sonores'. Ces ondes sonores, à leur tour, voyagent dans l'atmosphère et frappent le tympan de l'auditeur, le faisant vibrer au même rythme que les plis vocaux qui produisent les ondes sonores. La région auditive du cerveau interprète ces vibrations comme des sons : plus le taux de vibration est élevé, plus la hauteur du son est aiguë, et vice versa.

Si cette description explique comment les sons vocaux se produisent, elle ne rend pas compte de la manière dont les changements de hauteur s'effectuent. Une étude précoce de Halle et Stevens (1971) suggère que le changement de hauteur de la voix humaine est contrôlé par un seul mécanisme, à savoir la tension des plis vocaux, plus précisément dans trois états particuliers : tendu, lâche et ni tendu ni lâche, états qui sont censés donner lieu, à leur tour, à trois niveaux d'oppositions tonales : haut, moyen et bas. Plus récemment, cependant, Duanmu (2000) attribue à Zemlin (1981) l'identification de deux mécanismes permettant d'effectuer le changement de hauteur, qui fonctionnent indépendamment l'un de l'autre, le premier étant la contraction des muscles crico-thyroïdiens et le second, la contraction des muscles vocaux[6].

Comme observé sur la figure 1, les plis vocaux sont attachés à deux types de cartilages, le cartilage thyroïde et les cartilages aryténoïdes. La contraction des muscles crico-thyroïdiens fait basculer la partie antérieure du cartilage thyroïdien vers le bas et l'avant, augmentant ainsi la distance entre celui-ci et les cartilages aryténoïdes. Ce mouvement allonge les plis vocaux, ce qui, selon Hirose (1997), diminue leur épaisseur et augmente la rigidité de la couverture et du corps des plis. Plus les plis vocaux sont longs, plus ils seront fins et rigides et, toutes choses égales par ailleurs, plus ils vibreront rapidement. Inversement, plus les plis vocaux sont courts, plus ils sont épais et mous et plus ils vibreront lentement. À cet égard, leur comportement est très similaire à celui d'une corde de guitare que l'on tend et détend.

Le deuxième mécanisme de changement de hauteur est la contraction du muscle vocalis, situés à l'intérieur des plis vocaux eux-mêmes. Selon Hirose, la contraction de ces muscles augmente la tension isométrique du corps des plis, ce qui accroît leur rigidité indépendamment de celle attribuable à toute contraction des muscles crico-thyroïdiens. Plus la tension isométrique des muscles vocaux est grande, plus le corps des plis vocaux devient rigide et, toutes choses égales par ailleurs, plus les plis vocaux vibreront rapidement, ce qui correspond à une augmentation de la F_0. A l'inverse, plus la tension isométrique du muscle vocalis est faible, moins rigide est le corps des plis vocaux et moins rapide la vibration des plis. Ces conclusions sont présentées dans le tableau (1).

---

[4] Pour des descriptions plus approfondies de l'anatomie et du comportement du larynx, le lecteur intéressé sachant lire l'anglais est invité à consulter Ohala (1978), Denes et Pinson (1993), Hirose (1997), Stevens (1998), et Gick, Wilson et Derrick (2013).

[5] L'effet Bernoulli est une observation dans le domaine de la dynamique des fluides selon laquelle, lorsque la vitesse d'un fluide ou d'un gaz augmente, la pression qu'il exerce diminue. Cet effet est notamment à l'origine de la portance des ailes d'avion et de la traction que l'on ressent vers un gros véhicule qui passe sur l'autoroute.

[6] Voir également Hallé et al. (1990) et Hallé (1994).

(1) Corrélations articulatoires, acoustiques et auditives de mécanismes laryngés indépendants

Résultat des actions	Contraction des muscles crico-thyroïdiens	Contraction des muscles vocaux
Résultat articulatoire	augmentation de la longueur des plis vocaux	augmentation de la tension isométrique des muscles vocaux
ce qui, à son tour, produit	diminution de l'épaisseur et augmentation de la rigidité de la couverture et du corps des plis vocaux	augmentation de la rigidité du corps des plis vocaux
Résultat acoustique	Augmentation de la F_0	Augmentation de la F_0
Résultat auditif	Elévation de la hauteur	Elévation de la hauteur

3.2 Réalisation acoustique de la hauteur mélodique

Baart (2010 : 16–22) répartit les sons de la parole en quatre groupes selon les caractéristiques suivantes :
- le silence (la partie silencieuse des occlusives et des pauses de la parole) ;
- l'explosion (« l'écoulement soudain de l'air dû à l'accumulation et à la libération subséquente d'une différence de pression », comme on le trouve dans les occlusives, les clics, les éjectives et les implosives) ;
- la friction (« la turbulence due à l'air qui passe par une constriction étroite », comme on la trouve dans les fricatives) ;
- le voisement (c.-à-d. « l'ouverture et la fermeture répétitives des plis vocaux », comme dans les voyelles et autres sonantes)[7].

Baart poursuit en associant ces quatre groupes de sons à quatre types d'ondes, selon le tableau (2).

(2) Groupes de sons et types d'ondes

Type d'onde	Groupe de sons	Caractéristiques de l'onde
silence	silence	absence de fluctuations
explosion	explosion	évènement momentané de courte durée (15-20 ms)
onde apériodique	friction	son soutenu mais sans répétition régulière ou récurrente
onde périodique	voisement	formes qui se répètent régulièrement

La figure 2 présente des exemples des quatre types d'ondes dans un mot en chumburung.

---

[7] Note des traducteurs : Les citations entre chevrons sont traduites de l'anglais original.

3.2 Réalisation acoustique de la hauteur mélodique

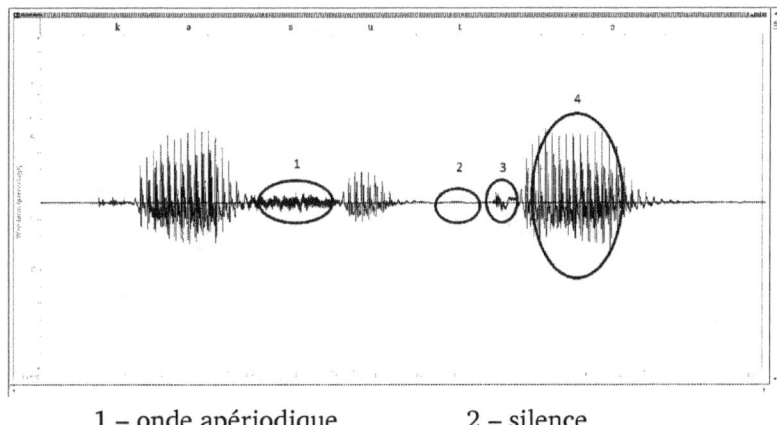

1 – onde apériodique   2 – silence
3 – explosion   4 – onde périodique

Figure 2. Types d'ondes dans le terme chumburung $k^h\acute{ɔ}s\acute{u}t^h\acute{ɔ}$ 'front'.

Cette phrase contient un exemple de chaque type d'onde, à savoir :
   a) Une onde apériodique accompagne la prononciation de la fricative sourde [s] ;
   b) Le silence à trois endroits : juste avant le relâchement de l'occlusive initiale [k^h] et de l'occlusive [t^h], et après l'onde périodique de la voyelle [ɔ] ;
   c) Des explosions se trouvent à l'ouverture des occlusives [k^h] et [t^h] ; et
   d) Des ondes périodiques se trouvent lors de la production des voyelles [ə] et [ɔ].

Étant donné que la hauteur dans le langage humain est régulièrement associée à des sonantes, le reste de ce chapitre est consacré à l'étude des sons qui présentent des ondes périodiques, c'est-à-dire des ondes qui se répètent régulièrement.

Les ondes régulières, parfaites et simples s'appellent ondes sinusoïdales. Plus l'amplitude de l'onde est grande (c.-à-d. plus l'intervalle entre les pics et les creux de l'onde est grande), plus le son perçu est fort. Un cycle est une répétition complète d'une onde (1 cycle par seconde = 1 Hz), et plus le cycle se répète rapidement, plus la hauteur perçue est élevée.

La figure 3 montre deux ondes sinusoïdales produites avec les mêmes amplitudes à des fréquences différentes : la première, l'onde a, est générée à 500 cycles par seconde (c.-à-d. 500 Hz), et la seconde, l'onde b, à 300 cycles par seconde (c.-à-d. 300 Hz).

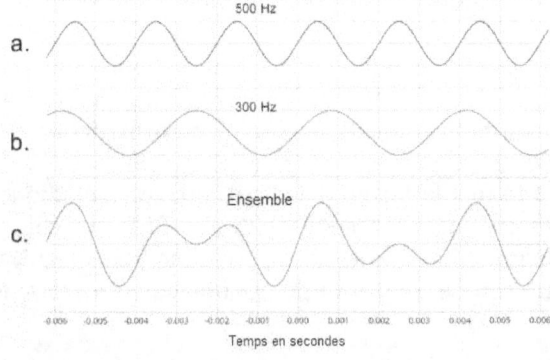

Figure 3. Deux ondes sinusoïdales dont les périodes de cycle sont respectivement de 500 Hz et 300 Hz[a].

[a]Modifié avec l'aimable autorisation d'Edward Ball à partir de "Wave Interference Beat Frequency Demonstration", https://academo.org/demos/wave-interference-beat-frequency/.

Cependant, lorsque les deux ondes sinusoïdales de la figure 3 se produisent simultanément, il en résulte l'onde complexe c. Les deux diapasons responsables des ondes sinusoïdales affectent la pression d'air de telle manière que « lorsque les deux diapasons travaillent ensemble pour augmenter la pression [...] la pression qui en découle est supérieure à celle produite par l'un ou l'autre des diapasons ; de même, lorsque les deux diapasons travaillent ensemble pour diminuer la pression, la pression résultante est inférieure à celle qui résulterait de l'action de l'un ou l'autre des diapasons ; mais lorsque les deux diapasons travaillent en opposition l'un contre l'autre, l'un contribuant à augmenter la pression et l'autre contribuant à la diminuer, [...] la pression résultante se situe quelque part entre les deux » (Ladefoged 1962 : 27)[8].

Les ondes périodiques des sonantes sont complexes, composées de nombreuses ondes simples produites simultanément. Parmi les ondes composantes de l'onde complexe d'une sonante, la de l'onde la plus lente est la fréquence fondamentale (F_0), et c'est celle-là qui nous intéresse principalement dans ce chapitre. Comme expliqué ci-dessus, la F_0 est un terme acoustique qui désigne la fréquence des fluctuations de la pression de l'air, et dans la parole naturelle cette fréquence correspond à la fréquence d'ouverture et de fermeture des plis vocaux (p. ex., si les plis vocaux s'ouvrent et se ferment 100 fois par seconde, la F_0 sera de 100 Hz).

La figure 4 présente une partie agrandie de l'onde complexe de la voyelle [ɔ] en chumburung. La partie sélectionnée est un cycle de l'onde complexe, qui correspond à une ouverture et une fermeture des plis vocaux.

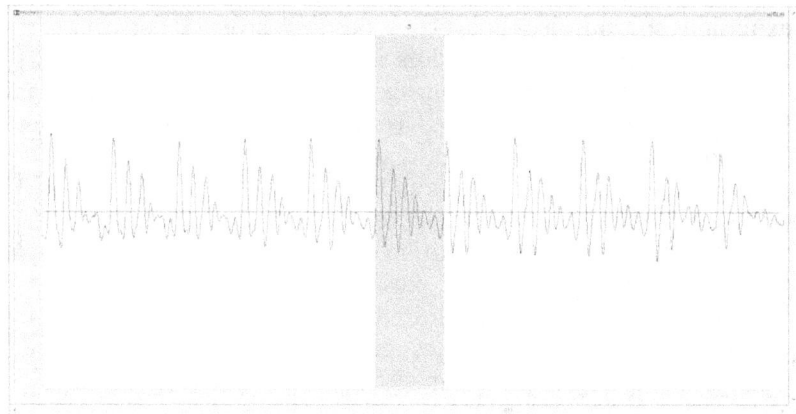

Figure 4. Onde complexe de la voyelle [ɔ] en chumburung.

Comme il est important pour ceux qui travaillent sur la hauteur de pouvoir isoler et mesurer la F_0, les logiciels d'analyse de la parole fournissent généralement des « tracés mélodiques » des énoncés, ainsi que des affichages de F_0 et d'autres informations pertinentes à des endroits sélectionnés par l'analyste.

La figure 5 présente à la fois la forme d'onde et le tracé mélodique du mot chumburung $k^h\acute{\partial}s\acute{u}t^h\acute{\jmath}$ 'front', en utilisant le logiciel *Speech Analyzer*[9]. Bien que cela soit peut-être difficilement discernable dans le graphique ci-dessus, *Speech Analyzer* fournit une valeur F_0 de 115,9 Hz dans le coin inférieur droit de l'écran au point où le curseur croise le tracé mélodique.

---

[8] Anglais : "when both forks are working together to increase the pressure [...] the resultant pressure is above that produced by either alone; similarly when both forks are working together to decrease the pressure, the resulting pressure is less than that which would result from the action of either fork alone; but when the two forks are working against each other, one trying to increase the pressure while the other is trying to decrease it, [...] the resultant pressure is somewhere between the two."

[9] https://software.sil.org/speech-analyzer/.

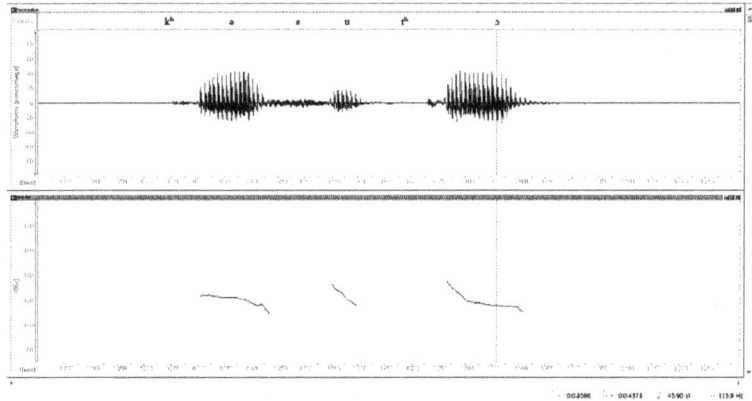

Figure 5. Forme d'onde et tracé mélodique du mot chumburung $k^h\acute{\partial}s\acute{u}t^h\acute{\partial}$ 'front'.

3.3 Analyse acoustique

Comme nous l'avons dit dans l'introduction de ce chapitre, les objectifs des linguistes pour l'analyse acoustique du ton phonétique peuvent varier, et les différents objectifs exigent différentes façons de procéder. Par exemple, les phonéticiens prennent parfois de multiples mesures de F_0, à intervalles rapprochés et réguliers, d'énoncés complets, dans le but d'établir des algorithmes permettant de générer des schèmes tonals et d'intonation qui correspondent le plus possible au langage parlé. Cependant, puisque le but du présent travail est d'aider les linguistes à confirmer l'exactitude de leurs transcriptions phonétiques, ce qui suit suppose qu'une seule mesure est nécessaire pour les hauteurs ponctuelles et deux pour les modulées (c.-à-d. les points initiaux et finaux des contours).

Alors que la plupart des logiciels d'analyse de la parole permettent d'identifier relativement facilement la F_0 quel que soit le lieu dans un énoncé, il est généralement plus difficile de savoir où prendre ces mesures en pratique. En effet, les UPT se prononcent au cours du temps, et la F_0 est rarement constante pendant la durée d'une UPT donnée.

Cela s'explique de plusieurs manières. Souvent, des consonnes se trouvent adjacentes à un noyau vocalique donné, et il est connu que les consonnes, en particulier les obstruantes, affectent de manière significative le tracé. Une autre raison est que les tons de surface d'un énoncé ne sont souvent pas tous les mêmes, et il n'est pas rare que des séquences de tons différents soient associées à des UPT uniques, ce qui donne lieu à des modulations. Quelles que soient les raisons, il faut normalement prendre en considération de multiples facteurs afin de déterminer exactement où prendre une mesure particulière. Parfois, certains de ces facteurs sont en contradiction avec d'autres, et dans ce cas, c'est à l'analyste d'évaluer l'importance de chaque facteur. Cela fait de l'interprétation des tracés mélodiques presque autant un art qu'une science. Même s'il n'est pas aisé de déterminer où mesurer la F_0, il existe néanmoins un certain nombre de principes généraux qui peuvent grandement faciliter l'obtention de mesures précises de F_0 pour les hauteurs ponctuelles. En même temps, il faut garder à l'esprit que si l'adhésion à ces principes est utile pour effectuer des analyses acoustiques de la hauteur, d'autres principes entrent en jeu lors de l'analyse d'autres aspects du son (p. ex., la durée des consonnes et des voyelles).

3.3.1 Éviter de mesurer à gauche du point médian d'une UPT

Dans le meilleur des cas, l'analyste souhaite mesurer la F_0 d'une UPT donnée à l'endroit de la hauteur voulue par le locuteur (c.-à-d. à la cible tonale). Généralement, cette cible est atteinte plus tard, et non plus tôt, au cours de la prononciation d'une UPT, ce qui laisse au locuteur suffisamment de temps pour ajuster l'appareil laryngé à la tension requise pour produire la hauteur voulue. Ce délai donne également à l'auditeur le temps nécessaire pour reconnaître la hauteur visée. Ainsi, toutes choses égales par ailleurs, la mesure de la F_0 entre le centre et le bord droit de l'UPT (ou aussi près que possible du milieu s'il existe des raisons valables pour mesurer à gauche du centre) est souhaitée.

3.3.2 Mesurer dans les sections plates

Lorsque la hauteur voulue est atteinte, le locuteur la maintient souvent un peu plus longtemps que les autres hauteurs de l'UPT.

Dans ce cas, une section relativement plate, une sorte de plateau, est observée dans le tracé mélodique, et c'est là que l'on doit normalement mesurer la F_0.

Dans la figure 6, le mot chumburung *dápú* 'milan' nous fournit deux exemples. Les tracés mélodiques des deux UPT changent tout au long de leur parcours, à l'exception des courtes sections plates, marquées par les flèches A (147,2 Hz), près du point médian de l'UPT, et B (139,4 Hz), bien à droite du point médian de l'UPT.

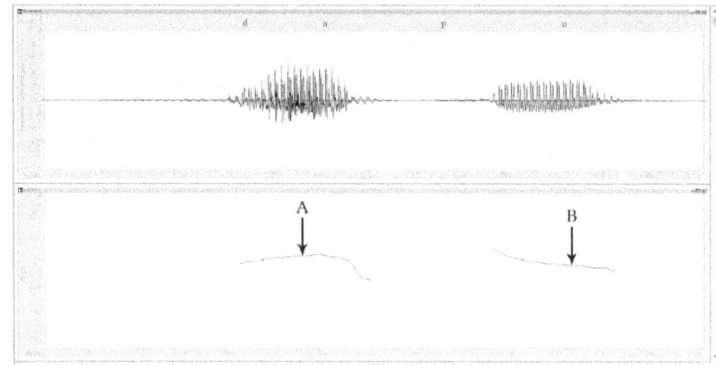

Figure 6. Mesures prises dans les sections plates du tracé mélodique du terme chumburung *dápú* 'milan'.

3.3.3 Éviter de mesurer les perturbations dues aux obstruantes

Comme mentionné précédemment, on sait bien que les consonnes (particulièrement les obstruantes) perturbent les tracés mélodiques. En particulier, les sonores ont tendance à produire un creux dans un tracé autrement régulier, accompagné parfois d'une rupture du tracé. Les sonantes telles que les nasales et les latérales provoquent aussi parfois des creux, et les obstruantes sourdes sont toujours accompagnées d'une rupture du tracé. Juste avant une telle rupture (c.-à-d. immédiatement avant l'obstruante), il existe souvent une légère montée du tracé, puis une forte chute par rapport au niveau non perturbé. Immédiatement après la rupture, le tracé commence typiquement de façon assez élevée et descend ensuite au niveau non perturbé. Il faut toujours éviter de mesurer la F_0 à proximité de telles perturbations. Normalement, il n'existe pas de conflit entre cette recommandation et celle mentionnée à la section précédente (l'importance de mesurer les sections plates d'un tracé). Dans les rares cas, cependant, où de tels conflits se présentent, il est préférable d'éviter de mesurer les perturbations dues aux obstruantes.

Dans la figure 7, bien que les tons phonologiques de la phrase chumburung *wàd͡ʒà bàsà*, 'aiguille du pagne', soient tous de même niveau et bas, le tracé mélodique n'est pas du tout de même niveau ; les obstruantes sonores *d͡ʒ* et *b* provoquent des creux perceptibles dans le tracé, et l'obstruante sourde s'accompagne d'une rupture significative. Remarquons la légère montée puis la forte descente qui se produit immédiatement avant le [s]. Puis, immédiatement après le [s], le tracé est significativement plus élevé qu'il ne le serait autrement. Ces mêmes effets peuvent être

3.3 Analyse acoustique

observés avec les obstruantes sourdes [s] et [tʰ] dans la figure 5 ci-dessus. Les mesures pour les quatre UPT de la figure 7 sont les suivantes : A 116,4 Hz (section plate), B-113,6 Hz (pic d'énergie, voir section 3.3.6, C-109,1 Hz (section plate), et D-104,9 Hz (pic d'énergie).

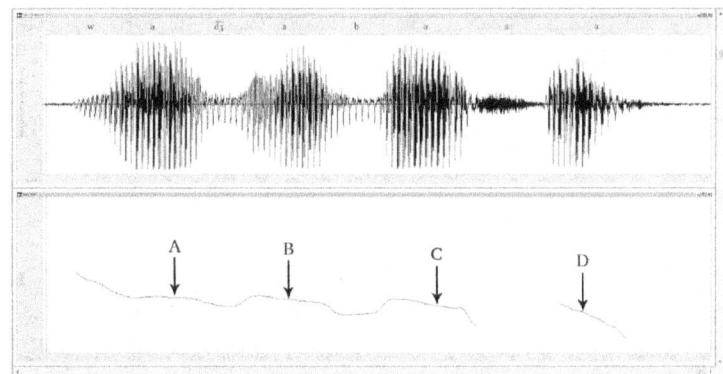

Figure 7. Perturbations dues aux obstruantes dans la phrase chumburung
wàd͡ʒà bàsà, 'aiguille du pagne'.

3.3.4 Mesurer aux endroits marqués par des pics et des creux

Une séquence de tons différents peut donner lieu à des pics et à des creux bien définis dans le tracé mélodique, et ce sont des endroits propices pour mesurer la F_0 quelle que soit leur position par rapport aux segments, à condition, bien sûr, d'éviter toute perturbation produite par les obstruantes (voir section 3.3.3, ci-dessus). À bien des égards, les principes utilisés pour mesurer les pics et les creux des énoncés s'appliquent également à la mesure des points initiaux et finaux des modulations[10].

Dans la figure 8, la séquence alternée de tons bas et de tons hauts de surface dans la phrase chumburung nàná mí nàná mí nàná 'grand-père du grand-père du grand-père' donne lieu à des pics et à des creux clairement définis dans le tracé mélodique. Ceux-ci sont indiqués sur la figure par les flèches montantes placées en dessous de la trace. Les deux flèches descendantes placées au-dessus de la trace indiquent les points de mesure des UPT simplement transitoires (voir section 3.3.5, ci-dessous).

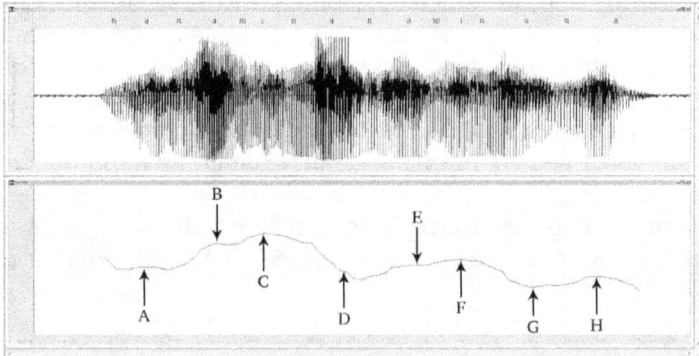

Figure 8. Pics et creux dans la phrase chumburung
nàná mí nàná mí nàná 'grand-père du grand-père du grand-père'.

---

[10] En ce qui concerne la mesure des points initiaux et finaux des modulations, il peut être difficile pour le novice d'identifier les modulations d'un tracé mélodique dont il faut tenir compte et celles qu'il faut ignorer ou, en d'autres termes, de savoir lesquelles sont pertinentes pour l'analyse phonétique et phonologique. D'après mon expérience, il peut être très utile d'écouter attentivement un locuteur natif siffler ou fredonner un énoncé. Les modulations que le locuteur produit en sifflant ou en fredonnant sont généralement celles que le linguiste devrait transcrire et analyser. Voir la section 1.5.3 pour plus de précisions.

Pour ce qui est du point A (128,6 Hz), la mesure se fait dans la section plate (voir section 3.3.2, ci-dessus) qui précède immédiatement le léger creux dû à la sonante n qui suit (voir section 3.3.3, ci dessus). Celle du point C (158,0 Hz) se fait au point le plus haut de ce pic. La mesure du point D (125,6 Hz), elle, se fait sur la petite partie plate juste à gauche du point le plus bas de ce creux. En mesurant sur cette partie plutôt qu'au point le plus bas, on évite le creux de perturbation produit par la sonante n. La mesure pour le point F (135,3 Hz) se fait à nouveau au point le plus haut du pic, et celle du point G (111,5 Hz) au plus bas du creux car, contrairement au point D, ce point bas ne coïncide pas avec la consonne n. Pour le point H (120,4 Hz), la mesure se fait dans la section plate au plus haut du pic.

3.3.5 Identifier les UPT transitoires

Lorsqu'un ton phonologique donné s'associe à plusieurs UPT, la cible tonale n'est pas nécessairement située sur la première de ces unités. Prenons l'exemple d'une séquence tonale BH associée à trois UPT, où le ton B est lié à la première et le ton H aux deux autres : la cible du ton H (c.-à-d. le point le plus haut de cette partie du tracé) pourrait en fait se trouver sur la troisième UPT. Dans ce cas, ce sont les mesures de F_0 de la première et de la troisième UPT que l'on considère dans l'analyse, et non celles de la seconde, qui n'est en fait qu'un point de transition situé entre les extrémités B et H.

En se référant à nouveau à la figure 8 ci-dessus, les deux flèches placées au-dessus du tracé mélodique indiquent des exemples d'UPT de transition. Le point B se situe juste à gauche du creux de perturbation due à la sonante n. En tant que point de transition entre les extrémités B et H il a une valeur de 150 Hz, entre celle du ton bas au point A (128,6 Hz) et celle du ton haut au point C (158,0 Hz). Il en est de même pour le point E (130,1 Hz), qui se situe également entre le ton bas précédant au point D (125,6 Hz) et le ton haut suivant au point F (135,3 Hz). La mesure se fait dans la section plate qui se produit avant la montée au point F.

3.3.6 Mesurer aux points de pics d'énergie des syllabes

Il peut arriver que la hauteur d'une UPT particulière ne soit pas constante, de sorte qu'il n'y a pas de section plate dans la trace pour la mesure de F_0. Il se peut également qu'aucun pic ou creux ne soient évident dans le tracé mélodique pour indiquer la cible. Dans ce cas, le dernier recours consiste à mesurer la F_0 au point du pic d'énergie de la syllabe (l'endroit où l'amplitude de la forme d'onde est maximale), à condition que ce pic soit à droite du point central de l'UPT, ou aussi près du point central que possible si le pic se trouve à gauche du point central.

Dans la figure 9, les tons phonologiques de toutes les UPT du mot chumburung k^hə́sút^{h}ɔ́ 'front' sont hauts, mais les perturbations du tracé provoquées par les consonnes environnantes sont telles qu'elles rendent peu clair le point de prise de mesure appropriée de la F_0 pour le point B (122,0 Hz). Dans ce cas, l'emplacement du pic d'énergie de la syllabe offre le meilleur endroit pour la mesurer ; le pic se trouve également bien à droite du point médian de l'UPT. Quant aux mesures des points A (122,1 Hz) et C (115,9 Hz), elles se font à des endroits plats appropriés.

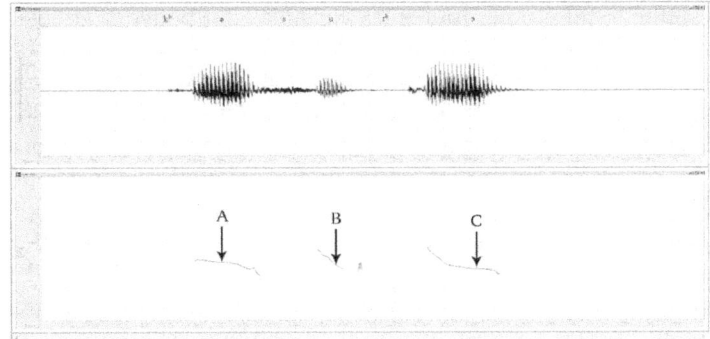

Figure 9. Mesure au pic d'énergie du terme chumburung $k^h\acute{ɔ}sút^h\acute{ɔ}$ 'front'.

3.3.7 Tenir compte de la déclinaison

La déclinaison est la tendance générale à la baisse de F_0 qui se produit pendant toute la durée d'un énoncé 'non marqué' au plan intonatif, même lorsque les tons phonologiques de l'énoncé sont tous identiques. Connell et Ladd (1990 : 2) la définissent ainsi de manière si éloquente : il s'agit de la « modification graduelle (au cours d'une phrase ou d'un énoncé) de la toile de fond phonétique devant lequel les cibles F_0 locales spécifiées phonologiquement sont calibrées - une inclinaison du papier graphique, pour utiliser la métaphore imagée de Pierrehumbert (1980 : 63) »[11]. Si l'on ne tenait pas compte de l'effet de la déclinaison, on pourrait conclure à tort que deux niveaux tonals mesurés à différents moments de l'énoncé sont phonologiquement différents. Un exemple de ce phénomène est présenté à la figure 10, reprise de la figure 7.

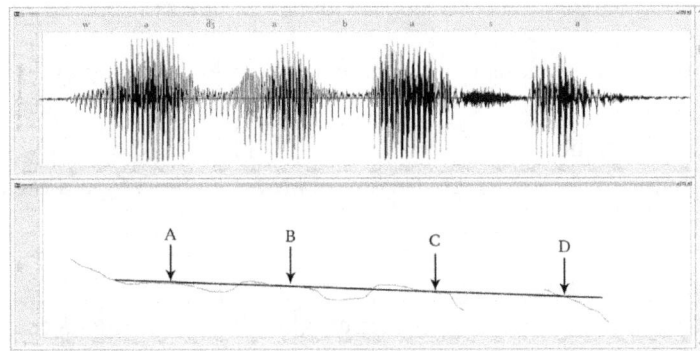

Figure 10. Déclinaison dans la phrase chumburung wàd͡ʒà bàsà 'l'aiguille du pagne'.

Les tons dans la phrase chumburung wàd͡ʒà bàsà 'l'aiguille du pagne' sont tous bas du point de vue phonologique, mais en raison de la déclinaison (indiquée par la ligne continue) la F_0 des quatre UPT descend de façon continue.

3.4 Études acoustiques

En général, les études acoustiques de la hauteur répondent à des questions de recherche spécifiques. Dans la conception d'une telle étude, il est important de s'assurer que, quel que

---

[11] Anglais : "gradual modification (over the course of a phrase or utterance) of the phonetic backdrop against which the phonologically specified local F_0 targets are scaled—a tilting of the graph paper, to use Pierrehumbert's vivid metaphor (Pierrehumbert 1980 : 63)."

soit l'aspect du système tonal étudié, toutes les variables qui peuvent affecter les réalisations de surface des tons sont les mêmes pour tous les mots ou phrases comparés. À cet égard, la préparation d'une étude acoustique doit se faire comme pour une étude phonologique afin de déterminer les oppositions tonales. Par exemple, de la même manière que les mots ayant des profils syllabiques différents (voir chapitre 2) pour établir une opposition tonale sont à éviter, il est déconseillé de comparer les mesures acoustiques de mots ayant des profils syllabiques différents (CV, CVC, CVN ...). En effet, le même ton phonologique correspond normalement à des mesures significativement différentes avec des profils syllabiques différents. De plus, à moins d'étudier les effets des consonnes sur le ton, Bruce Connell (communication personnelle) suggère que, pour les raisons évoquées ci-dessus, les énoncés propices aux tests idéaux devraient exclure les obstruantes et ne contenir que des sonantes ; si cela n'est pas possible, les obstruantes sonores sont préférables aux sourdes. Connell recommande également de contrôler autant que possible le degré d'aperture vocalique. Bien qu'il n'existe aucune preuve, dans aucune langue, que l'aperture vocalique interagisse phonologiquement avec le ton, des études telles que Connell (2002) montrent clairement que la F_0 des voyelles ouvertes est généralement intrinsèquement plus basse que celle des voyelles fermées. Pour cette raison, l'aperture vocalique est un facteur à prendre en compte autant que possible lors de la construction d'études acoustiques de la hauteur.

A un moment donné, j'ai conduit une étude acoustique pour répondre à certaines questions sur le downstep en bimoba, une langue gur parlée au Ghana (Snider 1998). L'une des questions était la suivante : « Le degré de downstep en bimoba dû à un ton bas non flottant (downstep automatique) est-il le même que celui qui est dû à un ton bas flottant (downstep non automatique) ? » Pour répondre à cette question, j'ai construit deux phrases présentées dans l'exemple (3) et j'ai enregistré dix répétitions dans un ordre aléatoire produites par un locuteur natif du bimoba. Un plus grand nombre de locuteurs (au moins trois, avec un mélange de voix masculines et féminines) aurait été préférable, mais malheureusement, aucun autre locuteur n'était disponible lorsque l'occasion de mener l'étude s'est présentée.

(3) Les deux phrases utilisées dans l'étude acoustique sur le downstep en bimoba

a. downstep automatique
/g͡bátúk gòt g͡bátúk/ → g͡batuk got g͡batuk   'le galago a regardé le galago'

b. downstep non automatique
/g͡bátúk ŋ͡mít ˋ g͡bátúk/ → g͡batuk ŋ͡mit g͡batuk   'le galago a coupé le galago'

Les phrases ont été soigneusement choisies afin de les rendre aussi comparables que possible, mais suffisamment différentes pour répondre à la problématique. Par exemple, les deux phrases comportent le même nombre de syllabes afin d'égaliser les effets de la déclinaison. Ensuite, les deux phrases se ressemblaient autant que possible afin de minimiser les effets de toute interaction entre les consonnes et le ton. Et enfin, la deuxième et la quatrième UPT de chaque phrase ont été choisies pour que les mesures soient comparables, toujours afin de s'assurer que la déclinaison n'influence pas différemment les mesures.

Il était impossible, à partir des seules impressions auditives, d'évaluer si les deux types de downstep entraînaient le même degré de rabaissement. Donc, en suivant les démarches méthodologiques discutées ci-dessus, les mesures auditives ont été enregistrées à l'aide de CECIL, le prédécesseur de Speech Analyzer. Ensuite les valeurs en hertz pour chaque UPT ont été saisies dans une feuille MS Excel, avec laquelle on a également pu calculer la moyenne pour chaque UPT. Les résultats sont reproduits dans les tableaux (4) et (5).

3.4 Études acoustiques

(4) Mesures (Hz) du downstep automatique en bimoba (phrase 1)

	A	B	C	D	E
1.10	158.30	158.10	95.80	111.30	111.90
1.20	150.30	146.80	106.00	112.80	110.90
1.30	159.90	151.70	96.20	113.20	111.60
1.40	183.50	179.60	114.80	125.20	125.40
1.50	148.20	140.30	92.80	107.50	111.40
1.60	137.20	136.70	102.50	104.30	103.70
1.70	154.60	149.50	104.00	120.40	123.90
1.80	162.90	150.50	104.40	120.20	114.80
1.90	161.00	143.40	102.70	112.40	115.80
1.10	151.80	147.80	94.20	110.60	106.80
MOYENNE	156.77	150.44	101.34	113.79	113.62
	g͡bá	túk	gòt	ꜜg͡bá	túk

(5) Mesures (Hz) du downstep non automatique en bimoba (phrase 2)

	A	B	C	D	E
2.10	158.10	159.40	158.30	118.40	117.00
2.20	144.30	145.60	147.30	108.70	108.90
2.30	147.10	146.70	146.60	113.30	113.20
2.40	152.50	152.60	149.50	110.00	111.00
2.50	146.50	139.90	144.40	106.70	108.80
2.60	143.80	145.30	141.70	111.00	109.60
2.70	159.30	160.80	157.50	118.10	119.10
2.80	168.30	162.20	159.30	119.90	120.60
2.90	157.90	151.70	161.30	112.20	115.60
2.10	148.20	150.60	146.10	111.50	112.50
MOYENNE	152.60	151.48	151.20	112.98	113.63
	g͡bá	túk	ŋ͡mít	ꜜg͡bá	túk

En dernier lieu, les moyennes pour chaque UPT ont été introduites dans un graphique, toujours à l'aide de MS Excel.

Sur la figure 11, on peut voir que le degré de rabaissement dû au downstep automatique est presque identique à celui dû au downstep non automatique, ce qui est confirmé par la comparaison entre les moyennes dans les tableaux (6) et (7).

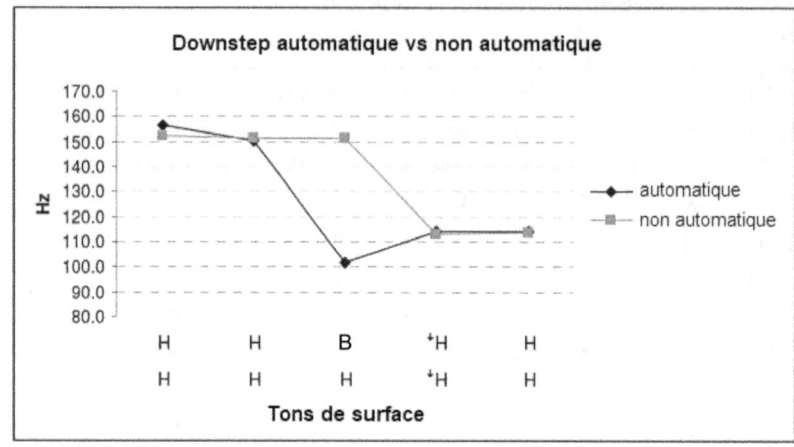

Figure 11. Downsteps automatique vs non automatique en bimoba.

(6) Différence en hertz entre les syllabes B et D due au downstep automatique (phrase 1)

	B	D	B-D
1.10	158.10	111.30	46.80
1.20	146.80	112.80	34.00
1.30	151.70	113.20	38.50
1.40	179.60	125.20	54.40
1.50	140.30	107.50	32.80
1.60	136.70	104.30	32.40
1.70	149.50	120.40	29.10
1.80	150.50	120.20	30.30
1.90	143.40	112.40	31.00
1.10	147.80	110.60	37.20
MOYENNE	150.44	113.79	36.65

(7) Différence en hertz entre les syllabes B et D due au downstep non automatique (phrase 2)

	B	D	B-D
2.10	159.40	118.40	41.00
2.20	145.60	108.70	36.90
2.30	146.70	113.30	33.40
2.40	152.60	110.00	42.60
2.50	139.90	106.70	33.20
2.60	145.30	111.00	34.30
2.70	160.80	118.10	42.70
2.80	162.20	119.90	42.30
2.90	151.70	112.20	39.5
2.10	150.60	111.50	39.1
MOYENNE	151.48	112.98	38.50

3.4 Études acoustiques

D'après les données des tableaux (6) et (7), on peut voir que le degré de rabaissement moyen dû au downstep automatique (36,65 Hz) est pratiquement identique à celui dû au downstep non automatique (38,5 Hz). Ces moyennes ne sont cependant pas *exactement* identiques.

Cela soulève la question de savoir à quel point deux moyennes peuvent diverger avant de considérer la différence comme significative[12]. Bien entendu, une partie de la réponse à cette question réside dans la taille de la différence entre deux moyennes, mais d'autres facteurs importants sont la taille de l'échantillon (car plus elle est grande, plus la moyenne est fiable) et l'homogénéité des échantillons (car plus les chiffres individuels de l'échantillon sont proches de la moyenne, plus cette dernière est fiable).

Heureusement, nous n'avons pas besoin de nous fier à notre propre intuition, car les statisticiens ont mis au point un certain nombre de tests de significativité qui peuvent dégager les facteurs pertinents. L'un des tests statistiques les plus faciles à obtenir et à utiliser dans le cadre des études comme celle-ci est le test de Student, qui figure dans la plupart des logiciels d'analyse statistique. Le test de Student détermine la probabilité que la différence entre deux moyennes ne soit pas significative. Dans la plupart des cas, les statisticiens considèrent qu'une valeur de probabilité (valeur p) de 0,05 ou moins est un indicateur suffisant de significativité. Autrement dit, il existe une probabilité de 5 % ou moins que la différence entre les deux moyennes soit un effet de hasard.

Revenons à la question posée plus haut sur le bimoba, à savoir s'il faut considérer comme différent le rabaissement moyen des tons hauts dû au downstep automatique (36,65 Hz) et celui dû au downstep non automatique (38,65 Hz). Un test de Student pour ces moyennes donne une valeur de p = 0,52, ce qui est bien au-dessus du seuil de signification statistique le plus élevé à 0,05. Nous pouvons donc en conclure que la différence entre les downsteps automatique et non automatique en bimoba n'est statistiquement pas significative.

---

[12] Le domaine de la statistique dépasse le cadre de cet ouvrage. Il existe cependant de nombreux manuels traitant ce sujet, et le lecteur intéressé est encouragé à les étudier. En particulier, Larson et Farber (2005) est fortement recommandé à ceux qui maîtrisent l'anglais. Bien que des éditions ultérieures (et sans doute meilleures) de ce livre soient parues, la troisième édition est facilement disponible et relativement peu coûteuse.

4

Ton et orthographe

L'un des sujets les plus controversés associé à un programme de développement d'une langue est celui de l'élaboration de l'orthographe. Pour cela, plusieurs facteurs avec souvent plusieurs options différentes pour chaque facteur sont à prendre en compte. C'est pourquoi un accord universel sur les questions d'orthographe est rare. Des questions sociopolitiques entrent souvent en jeu. Par exemple : est-il nécessaire que l'orthographe se distingue de celle de la langue majoritaire, ou qu'elle lui ressemble, et si oui, dans quelle mesure ? Ce n'est là qu'un des domaines où des désaccords peuvent apparaître car ce qui est considéré comme idéal par un linguiste ne l'est pas nécessairement par d'autres acteurs. Pour cette raison, il convient que l'élaborateur d'une orthographe se laisse informer par plusieurs considérations, dont la situation sociale (p. ex., quels aspects de la langue les utilisateurs de l'orthographe souhaitent voir inclus), la situation politique (p. ex., quelles restrictions, le cas échéant, le gouvernement impose aux orthographes), la psychologie de la lecture (p. ex., quelle est la densité graphique optimale pour la représentation du ton) et, bien sûr, la structure linguistique de la langue.

Parfois la contribution du linguiste aux décisions orthographiques est minime. Elle se limite à guider les membres d'une communauté linguistique dans un atelier de type participatif, dont le but est d'élaborer des orthographes qui sont acceptables à toutes les parties prenantes, mais qui ne sont pas nécessairement bien informées sur le plan linguistique. La question qui se pose alors est de savoir si une orthographe doit réellement être idéale d'un point de vue linguistique pour être efficace. Il est bien sûr facile de répondre à cette question si l'on considère l'orthographe française [fra]. Elle est loin d'être idéale d'un point de vue linguistique, notamment phonologique, néanmoins elle sert bien la communauté linguistique francophone[1]. Il est donc clair que l'idéal linguistique n'est pas absolument essentiel au succès d'une orthographe.

Pourquoi en serait-il ainsi ? La réponse réside, au moins en partie, dans le fait que les langues ont un degré considérable de redondance intégrée dans leurs structures linguistiques, ce qui laisse beaucoup de place aux compromis. Prenons l'exemple d'une situation communicationnelle dans laquelle deux personnes ne peuvent pas s'entendre facilement, en raison soit d'un éloignement physique, soit d'un environnement trop bruyant. Afin de compenser des situations de ce type, les langues ont intégré, dans pratiquement tous leurs aspects, une certaine redondance, de sorte que très peu d'oppositions dans l'acte de communication dépendent totalement de caractéristiques linguistiques uniques. Par exemple, la redondance

---

[1] Note des traducteurs : Ici et dans les paragraphes suivants, la version anglaise se réfère aux orthographes anglaise et chinoise.

phonologique est créée lorsque les traits d'un segment se propagent à d'autres segments. Ceci étant, si l'auditeur ne capte pas un certain trait pendant la prononciation d'un segment, il peut souvent le récupérer ultérieurement lorsqu'il entend un élément concordant qui suit l'information manquante.

La redondance morphologique est également omniprésente. Dans de nombreuses langues, les pronoms et des modificateurs sont marqués de manière redondante par des affixes qui s'accordent en genre ou en classe avec les noms qu'ils modifient. Dans de tels cas, les auditeurs qui manquent une partie de l'information concernant, par exemple, le sujet de la phrase, peuvent toujours la récupérer plus tard lorsqu'ils entendent le pronom qui y fait référence. Les langues ont également une redondance syntaxique intégrée, comme on peut le constater dans la négation française, « Je ne sais pas ». Bien que le premier marqueur négatif « ne » s'élide souvent dans le langage courant, les deux marqueurs négatifs sont inclus lorsque le locuteur veut insister pour éviter la confusion. Enfin, les structures discursives peuvent également générer de la redondance au moyen de dispositifs répétitifs tels que la liaison queue-tête. Par exemple, un locuteur peut conclure une phrase par « ...après quoi je suis allé au restaurant. » et commencer la phrase suivante par « La raison pour laquelle je suis allé au restaurant, c'est que... ». La redondance linguistique a une valeur fonctionnelle. Elle permet à l'auditeur qui manque une grande partie du signal vocal, y compris parfois des mots entiers, de comprendre parfaitement ce qui est dit, souvent sans être conscient d'avoir manqué une information.

Une grande partie de la redondance intégrée au langage parlé compense des situations de communication orale non idéales (p. ex., le fait de communiquer à longue distance ou de surmonter une nuisance sonore). Toutefois, lorsque la situation communicationnelle est visuelle plutôt qu'auditive (c.-à-d. un engagement visuel avec des mots écrits), le lecteur n'a pas besoin de toute la redondance intégrée au langage parlé, en particulier la redondance moins importante intégrée au système sonore (discutée plus en détail ci-dessous). En outre, d'autres facteurs supplémentaires entrent désormais en jeu, tels que la taille des caractères, le nombre et l'emplacement des signes diacritiques tonals, et ainsi de suite. Une différence non négligeable peut exister entre une représentation sonore qui encode tout ce que dit le locuteur et une représentation visuelle qui encode le message de l'auteur. Cette différence constitue un « tampon » important qui permet de faire des compromis lorsqu'on plaide en faveur d'une orthographe fondée sur les faits linguistiques de la langue. La question se pose de connaître le résultat final lorsqu'il s'agit de compromettre l'apport linguistique dans l'élaboration de l'orthographe. En fin de compte, la problématique est de savoir si l'orthographe proposée fonctionne bien ou non ; et pour le savoir, il faut la tester (voir les discussions ci-dessous).

S'il est vrai que l'orthographe française n'est pas aussi proche qu'on pourrait le souhaiter des faits linguistiques de la langue contemporaine, le fait qu'elle fonctionne aussi bien témoigne de la grande valeur que le monde francophone accorde à l'alphabétisation. Malheureusement, les communautés linguistiques dans lesquelles de nouvelles orthographes sont élaborées actuellement n'accordent pas forcément autant d'importance à l'alphabétisation en langue maternelle que ne le font les locuteurs natifs du français. Pour cette raison, ceux qui s'engagent dans le développement des langues devraient accueillir avec enthousiasme tous les efforts visant à élaborer des orthographes dans le contexte d'ateliers participatifs, afin de profiter du désir d'alphabétisation que de tels évènements peuvent générer au sein de la communauté linguistique. Beaucoup de ces communautés linguistiques ne sont pas aussi motivées pour l'alphabétisation que ne le sont les locuteurs natifs du français, c'est pour cette raison que ceux qui élaborent des orthographes pour ces communautés devraient également faire tous les efforts possibles pour être informés par le domaine de la linguistique. Ce chapitre est donc consacré à aider les élaborateurs d'orthographes à prendre des décisions linguistiquement informées en ce qui concerne le ton.

4.1 Rendement fonctionnel

Étant donné le degré de redondance intégré aux structures linguistiques, il est possible d'avoir une orthographe réussie qui ne représente pas toutes les oppositions phonologiques de la langue. Néanmoins, il y a une limite à ce qui peut être laissé de côté. Même s'il n'existe que quelques paires minimales de ton dans la langue, le rendement fonctionnel du ton peut néanmoins être suffisamment important pour justifier la représentation orthographique du ton, en particulier pour les lecteurs débutants. Nous pouvons définir le rendement fonctionnel du ton comme étant la mesure dans laquelle les locuteurs natifs s'appuient sur les distinctions tonales pour communiquer des différences de sens. Par conséquent, lors de l'élaboration d'une orthographe pour une telle langue, l'un des aspects qu'il faut déterminer le mieux possible est celui du rendement fonctionnel du ton.

Dans le contexte de l'élaboration d'une orthographe, il est utile de faire une distinction entre le rendement fonctionnel du ton lexical et de ce que l'on appelle souvent le ton grammatical. Le terme « ton lexical » se réfère principalement aux différences tonales qui sont associées aux racines des mots (p. ex., en chumburung kì-bá? 'épaule' vs. kì-sà? 'nid') et dans une moindre mesure à celles associées aux affixes. Le terme « ton grammatical », en revanche, se réfère aux différences tonales soit parmi des affixes grammaticaux qui sont identiques sur le plan segmental (p. ex., en chumburung mí-ká 'ma femme' vs. mì ká 'sa femme') soit parmi les constructions grammaticales qui sont identiques sur le plan segmental et qui sont effectuées par des affixes à ton flottant (p. ex., en kenyang bá-pá 'ils ont craché' vs. bá-ꜜpá 'ils crachent'). Strictement parlant, tous les tons (qu'ils soient flottants ou non) sont lexicaux dans le sens où chaque morphème possède un schème tonal sous-jacent qui a le potentiel d'interagir avec son environnement[2]. Cependant, étant donné l'actualité du terme « ton grammatical », cet ouvrage emploie ce terme de la manière dont il est couramment utilisé.

Ainsi, selon ces définitions populaires, les oppositions telles que dans les exemples (1) et (2) sont lexicales.

(1) Ton lexical en cantonais (Yip 2002 : 175)

    si: 55   'poème'
    si: 33   'affaire, entreprise'
    si: 24   'marché, ville'
    si: 53   'soie'

(2) Ton lexical en bamiléké-dschang (Bird 1999:12)

    [_ /]   [_ _]
    lətɔŋ 'plume'   lətɔŋ 'nombril'

    [_ _]   [_ \ ]
    lətɔŋ 'le fait de lire'   lətɔŋ 'le fait de finir'

Bien que ces exemples démontrent des schèmes tonals contrastifs associés à des mots segmentalement identiques, nous avons vu au chapitre 1 que les paires minimales de ton ne sont pas réellement nécessaires pour effectuer l'analyse d'un système tonal. Le ton lexical existe à partir du moment où une langue attribue aux morphèmes des schèmes tonals non prévisibles, en particulier aux racines nominales et verbales. Les données du chumburung dans l'exemple (3) illustrent également les oppositions de tons lexicaux, même si aucune paire n'est en effet minimale.

---

[2] Je suis reconnaissant à Thilo Schadeberg d'avoir attiré mon attention sur ce point.

(3) Ton lexical en chumburung (notes de terrain personnelles)

Schème tonal d'isolement 1	Schème tonal d'isolement 2
kì-k͡píní 'plan'	kì-d͡ʒàfú 'écaille de poisson'
kì-párá 'prêt'	kù-kùt͡ʃé 'huître'

Puisque tous les substantifs dans l'exemple (3) sont les mêmes en ce qui concerne les facteurs qui sont connus pour influencer le ton (voir les chapitres précédents), cela signifie que les deux schèmes tonals d'isolement sont imprévisibles et donc contrastifs. Ainsi, les langues présentant des oppositions tonales qui ne se produisent que dans des environnements analogues sont également considérées comme ayant des tons lexicaux.

Le ton grammatical, tel que le terme est couramment employé, se réfère aux distinctions grammaticales indiquées uniquement par le ton, comme l'on peut le constater dans les exemples (4) et (5).

(4) Ton grammatical en alur [alz] (Kutsch Lojenga 2014 : 53)

à-mákù	'J'ai pris.'
à-máˀkú	'Je prends habituellement.'
á-màkù	'Je prendrai.'
á-ˀmáˀkú	'Je suis en train de prendre.'

(5) Ton grammatical en kenyang (notes de terrain personnelles)

bǎ-tè	'Vous êtes debout.'
bǎ-tê	'Vous vous êtes levés.'
bǎ-ˀté	'Vous vous êtes mis debout.'
bǎ-pá	'Vous avez craché.'
bá-pá	'Ils ont craché.'

Les exemples kenyang en (5) sont typiques de ce qu'on appelle communément le ton grammatical, car les oppositions grammaticales sont indiquées uniquement par le ton, et les oppositions tonales indiquent uniquement les différences grammaticales. En revanche, la différence du ton dans les données kenyang de l'exemple (6) qui aide à distinguer à la troisième personne le singulier du pluriel, n'est normalement pas attribuée au ton grammatical car, en plus de l'opposition tonale, il présente une différence segmentale. En effet, dans le langage de la plupart des linguistes, cet exemple est considéré comme un autre exemple d'opposition à ton lexical.

(6) Kenyang (Cameroun, notes de terrain personnelles)

à-pá	3SG	'Il/elle a craché.'
bá-pá	3PL	'Ils ont craché.'

Alors, comment détermine-t-on le rendement fonctionnel du ton ? Nous discuterons de trois approches que les élaborateurs d'orthographe peuvent utiliser. Il s'agit de comparer :
- le nombre de paires minimales de ton (ainsi que des triplets, des quadruplets...), avec le nombre total de mots ;
- la capacité des locuteurs natifs à lire avec et sans les marques orthographiques de ton ;
- le nombre d'oppositions tonales par morphème avec le nombre d'autres dispositifs par morphème que la langue utilise pour créer une opposition lexicale.

Nous aborderons ces trois approches, l'une après l'autre, dans ce qui suit.

4.1 Rendement fonctionnel

L'un des points de départ les plus faciles et les plus évidents consiste à parcourir une liste de mots et à compter le nombre de paires minimales de ton (ainsi que des triplets, des quadruplets...). En principe, plus la proportion des oppositions purement tonales est élevée par rapport à la taille du corpus, plus le rendement fonctionnel est considéré comme étant lourd. Cette méthode est une façon d'évaluer le rendement fonctionnel, mais ce n'en est qu'une. Dans la plupart des cas, si une orthographe ne différencie pas les paires minimales de ton dont les membres appartiennent à des catégories grammaticales différentes (p. ex., un nom et un verbe) ou des catégories sémantiques différentes (p. ex., une espèce d'animal et une masse d'eau), cette lacune ne pose aucun problème sérieux aux lecteurs. De même, si l'un ou l'autre membre d'une paire minimale de ton est colocalisé avec certains autres mots (p. ex., dans une expression idiomatique), ou s'il s'agit d'un mot à haut fréquence, ou s'il peut être distingué des autres mots par des contraintes syntaxiques, là encore, le fait de ne pas distinguer cette paire minimale de ton n'est normalement pas problématique. Ainsi, la simple identification des paires et des triplets minimaux de ton, sans tenir compte des autres facteurs qui affectent le rendement fonctionnel du ton, n'est pas suffisante.

Imaginons une langue possédant très peu ou pas de paires minimales de ton. Faudrait-il automatiquement considérer cette absence comme une indication qu'il n'est pas utile de représenter le ton dans l'orthographe ? Pas forcément. Dans une revue critique de l'article de Powlison (1968) qui constitue un essai de définition du rendement fonctionnel en termes d'un classement par rang orthographique des phonèmes, Gudschinsky (1970 : 21) souligne que le travail de Powlison néglige l'aspect psycholinguistique du rendement fonctionnel d'un phonème. En évoquant deux langues à tons, le terena [ter], une langue arawakienne du Brésil, et le huautla [mau], une langue mazatèque du Mexique, Gudschinsky (1970 : 22) démontre qu'en raison de facteurs psycholinguistiques, le ton porte un rendement fonctionnel beaucoup plus élevé que toute échelle mécanique ne l'aurait prédit. Indépendamment du nombre d'oppositions minimales de ton sur le plan lexical, si le rapport entre le nombre de schèmes tonals contrastifs et le nombre d'autres éléments phonologiques contrastifs (voir ci-dessous) est suffisamment élevé[3], une représentation orthographique du ton lexical pourrait être nécessaire dans tous les cas. En fin de compte, il convient de faire des tests approfondis d'orthographes alternatives avec des locuteurs natifs avant de tirer des conclusions définitives concernant le rendement fonctionnel du ton.

Ceci nous amène à la deuxième façon de déterminer le rendement fonctionnel du ton, et donc le degré de sous-représentation du ton permissible dans une orthographe, à savoir de tester la lecture de différents types de textes dépourvus de signes diacritiques tonals, afin de voir où se situent les éventuelles troubles de lecture. Il s'agit de tester des locuteurs natifs étant capable de lire couramment les consonnes et les voyelles, soit dans leur langue maternelle, soit dans une langue véhiculaire. Il faut que l'expérience porte sur la compréhension, ainsi que sur la fluidité et l'exactitude lors de la lecture orale. On peut effectuer une analyse des erreurs, du type de celle utilisée dans les recherches sur les troubles de lecture chez les enfants (voir Goodman et Goodman 1994). Pour cela, après avoir enregistré la lecture orale de multiples lecteurs, il faut relever et quantifier les difficultés rencontrées. Lorsque l'on fait une expérience de cette manière, il faut garder à l'esprit que toutes les erreurs ne sont pas forcément imputables à des lacunes au sein de l'orthographe. Dans certains cas, elles peuvent être dues à d'autres facteurs tels que des mots préalablement inconnus, le niveau de compétence du lecteur, la variation dialectale, etc.

La troisième et dernière façon de déterminer le rendement fonctionnel du ton dans une langue consiste à comparer la contribution, au sein du lexique et de la grammaire, des oppositions tonales, à celles des autres aspects de la langue. En plus d'utiliser des oppositions tonales,

---

[3] La meilleure façon de quantifier ces types d'opposition reste à déterminer, mais voir Clements (2003) sur la quantification du rendement fonctionnel des traits phonologiques pour avoir une idée de ce à quoi cette recherche pourrait ressembler.

les langues à tons utilisent également des voyelles, des consonnes et des profils syllabiques contrastifs afin de créer des oppositions lexicales et grammaticales. Quand tout moyen utilisé pour créer une opposition lexicale dans une langue donnée comporte moins de membres par rapport aux autres moyens, la charge de la création des oppositions lexicales augmente, en principe, pour chacune des autres catégories. Par exemple, les morphèmes dans les langues sans tons comme le français et l'anglais ont généralement un inventaire beaucoup plus riche de profils syllabiques que les morphèmes dans les langues à tons comme le chinois et le chumburung. En principe, et toutes choses égales par ailleurs, le ton dans les langues dont les racines présentent une grande variété de profils syllabiques (p. ex., CV, CCV, CVC, CCVC, CVCV et CVCVC) a un rendement fonctionnel moins élevé que dans les langues dont les racines ne présentent, par exemple, que des syllabes à structure CV. De même, le ton dans les langues ayant plus de syllabes ou d'UPT par morphème a généralement un rendement fonctionnel moins élevé que le ton dans les langues ayant moins de syllabes ou d'UPT par morphème. Enfin, toutes choses restant égales par ailleurs, le ton dans les langues présentant un plus grand nombre d'oppositions vocaliques sous-jacentes a en principe un rendement fonctionnel moins élevé que dans les langues présentant un plus petit nombre d'oppositions vocaliques sous-jacentes.

Ces notions s'intègrent parfaitement aux perspectives de Kutsch Lojenga (2014 : 59), qui divise les langues à tons africaines typologiquement en deux groupes : celles ayant des systèmes tonals dits « stables », où les tons ne sont pas modifiés par leur environnement tonal, et celles ayant des systèmes tonals dits « fluctuants », où divers processus tonals opèrent, de sorte que les tons peuvent changer en fonction de l'environnement tonal. Ces deux types de langues, à leur tour, tendent à présenter les caractéristiques énoncées dans le tableau récapitulatif suivant (7).

(7) Typologie des langues africaines (Kutsch Lojenga 2014 : 62)

Systèmes tonals « stables »	Systèmes tonals « fluctuants »
• plus de niveaux tonals opposés	• moins de niveaux tonals opposés
• mots plus courts	• mots plus longs
• rendement fonctionnel du ton élevé, aussi bien dans le lexique que dans la grammaire	• rendement fonctionnel du ton beaucoup moins élevé qu'un système tonal stable dans le lexique, mais souvent aussi élevé dans la grammaire

Lorsque l'on détermine le rendement fonctionnel du ton pour une catégorie de mots donnée, il est important de prendre en compte le nombre de profils syllabiques différents associés aux morphèmes de cette catégorie ; la proportion des UPT par rapport aux morphèmes ; le nombre d'oppositions vocaliques et consonantiques possibles pour un morphème donné (en tenant compte des contraintes phonotactiques de la langue) et, bien sûr, le nombre de schèmes tonals contrastifs.

Quelle que soit la façon dont on détermine le rendement fonctionnel du ton dans une langue donnée, l'essentiel est qu'il soit déterminé avant d'élaborer l'orthographe, et surtout avant de décider qu'il n'est pas nécessaire de représenter le ton.

4.2 Échec des représentations de surface

La plupart des chercheurs travaillant sur l'orthographe (p. ex., Pike 1947) s'accordent à dire que l'écriture phonétique (c.-à-d. la représentation du niveau de surface) des segments n'est pas idéale. Or, il semble que, dans la pratique, le ton est souvent considéré comme étant exempt de ce principe. En effet, il n'est pas rare de trouver des orthographes qui représentent les tons de surface et celles-ci ont tendance à refléter la prononciation du mot dans sa forme isolée. Vérifions maintenant si une orthographe qui représente les formes de surface des tons fonctionne mieux qu'une orthographe qui représente les formes de surface des segments.

La représentation des tons de surface consiste simplement à marquer la hauteur des énoncés tels qu'ils sont prononcés par les locuteurs natifs. En dehors du devoir de répertorier les détails phonétiques du système tonal, il n'implique aucune analyse phonologique ou grammaticale sérieuse. Comme l'a dit un élaborateur d'orthographe, « il y a trop de troubles de lecture si le ton n'est pas marqué. Cependant, comme le système tonal est trop difficile à analyser, on se contente d'écrire les tons de surface. »

Puisque le niveau de représentation de surface fonctionne bien dans le discours oral, nous pouvons nous demander pourquoi il ne peut pas aussi bien fonctionner à des fins orthographiques. La difficulté est que les locuteurs natifs ne sont pas pleinement conscients de tous les sons de surface, et cela s'applique aussi bien aux tons qu'aux consonnes et aux voyelles. Alors que le degré élevé de redondance phonologique encodée au niveau de la surface est utile dans les situations orales, comme expliqué ci-dessus, la redondance peut générer de sérieux problèmes lorsqu'elle est représentée dans l'orthographe.

L'écriture de surface, qui peut donner lieu à des mots uniques avec plusieurs orthographes selon l'environnement phonologique pose un problème majeur. Étant donné qu'une représentation de surface oblige le scripteur à prononcer tous les mots avant de les écrire, avoir plusieurs orthographes pour un seul mot est non seulement frustrant, mais ralentit également le processus d'écriture car le locuteur natif n'est pas conscient de tous les sons lors de la prononciation. De même, l'écriture de surface oblige le lecteur à prononcer tout ce qu'il lit avant de pouvoir comprendre le sens. Bien qu'utile pour le lecteur débutant, très souvent celui-ci ne peut pas lire suffisamment vite pour que toutes les représentations de surface aient un sens pour lui, en particulier lorsque les représentations impliquent des processus phonologiques qui se produisent au-delà des frontières des mots. D'ailleurs, même si le lecteur expérimenté est en capacité de lire assez vite pour que les représentations de surface aient un sens, le forcer à tout énoncer n'est pas utile car il lit généralement à vue (Katz et Frost 1992, Nida 1954, Venezky 1970, Voorhoeve 1962). Ce lecteur n'a pas besoin de prononcer un mot pour savoir ce qu'il signifie, la forme visuelle du mot entier évoquant immédiatement le sens correct dans son esprit.

Une variante moins problématique de la représentation de surface consiste à représenter les schèmes tonals de chaque mot tel qu'il est prononcé de manière isolée. La représentation visuelle unique et cohérente de chaque mot est un des avantages de cette stratégie. Puisqu'il est avantageux pour une orthographe de maintenir une image fixe pour chaque mot (Nida 1954, Voorhoeve 1962, et voir ci dessous), ce type de représentation est beaucoup plus utile que la représentation des phrases entières. Cependant, Bird (1999) souligne les problèmes suivants liés à la représentation du ton du mot isolé[4].

- a) Un mot peut avoir plus d'une forme d'isolement, et celles-ci peuvent être distinctes sur le plan tonal ; d'ailleurs les oppositions lexicales peuvent se perdre dans les formes d'isolement.
- b) La forme d'isolement peut contenir des informations prosodiques au niveau de la phrase, tels que les tons limitrophes[5], pour en faire un énoncé autonome bien formé (Pierrehumbert & Beckman 1988) ; cependant, il est possible que ces informations phrastiques non pertinentes aient toujours besoin d'être représentées, puisque le lecteur naïf n'est pas forcément capable de distinguer entre les tons lexicaux et phrastiques.
- c) Il est possible que le ton d'isolement ne soit pas distinctif (mais voir Voorhoeve 1962). Supposons par exemple qu'il existe deux mots monosyllabiques segmentalement

---

[4]Lorsque Bird (1999) dit que certains mots peuvent avoir plus d'une forme d'isolement, il fait référence aux langues dans lesquelles certains mots (p. ex., les verbes) peuvent avoir plus d'une forme qui se prononcent comme des mots uniques (p. ex., l'impératif, l'infinitif ...).

[5]Anglais : "boundary tones."

identiques, dont l'un porte un ton haut et l'autre un ton haut rabaissé. Ces mots ne peuvent pas être distingués en isolement, et ils seront donc orthographiquement identiques. Le même problème se pose pour les mots ayant des tons flottants lexicaux qui ne sont détectés qu'en contexte (Bird 1999 : 18)[6].

En dépit des problèmes associés à la réalisation d'une analyse linguistique correcte du système tonal, la représentation orthographique des tons de surface n'est pas une option plus valable que celle des consonnes et des voyelles de surface. Ces deux représentations sont à éviter car il existe de meilleures stratégies, qui nécessitent toutefois une analyse linguistique minutieuse. La section ci-dessous examine plusieurs d'entre elles, y compris la non représentation du ton.

4.3 Revue critique des stratégies pour représenter le ton

Cette section présente une revue critique de trois stratégies qui tentent de maintenir des orthographes aussi simples que possible, soit par la non représentation du ton, soit en distinguant, à l'aide des signes diacritiques[7], uniquement les mots et les fonctions grammaticales qui seraient autrement confondus. Nous passons en revue trois stratégies, à savoir : la non représentation du ton, la distinction des paires minimales, et la représentation au moyen des signes diacritiques des fonctions grammaticales qui sont distinguées uniquement par le ton. L'intention est de décrire des situations dans lesquelles l'emploi de ces stratégies peut fonctionner, mais aussi dans lesquelles elles ne sont pas satisfaisantes. Nous abordons chacune de ces stratégies tour à tour.

4.3.1 Non représentation du ton

La stratégie orthographique pour traiter les tons qui (du moins historiquement) semble avoir été la plus fréquemment employée est celle de la non représentation qui ne représente, de quelque manière que ce soit, ni les tons ni les fonctions que les tons encodent. Elle fournit uniquement des informations segmentales, ainsi que les informations suprasegmentales habituelles (généralement non tonales) qui sont transmises par des signes de ponctuation. C'est aussi, peut-être, la stratégie qui a reçu les critiques les plus sévères.

Les détracteurs de cette stratégie imputent souvent son utilisation à des attitudes ethnocentriques associées aux locuteurs natifs des langues sans tons. Voir Welmers (1973) et Cahill (2001) pour des discussions sur ce sujet. S'il est vrai que de nombreux élaborateurs d'orthographes dépourvues de marques de ton correspondent à ce profil, d'autres sont bel et bien des locuteurs natifs des langues à tons. Dans ces cas, le fait que ces chercheurs sont alphabétisés dans une ou plusieurs langues sans tons (anglais, français, espagnol [spa], arabe [ara]...) explique, peut-être, la réticence à admettre les marques de tons. À cet égard, il est à noter

---

[6] Anglais : "(a) A word may have more than one isolation form, and these can be tonally distinct; or lexical contrasts may be lost in isolation forms. (b) The isolation form may carry phrase-level prosodic information, such as boundary tones, to make it into a well-formed free-standing utterance (Pierrehumbert & Beckman 1988); yet this irrelevant phrasal information may still need to be represented, since linguistically naïve readers may not be able to distinguish lexical and phrasal tones. (c) The isolation tone may not be distinctive (contra Voorhoeve). For example, suppose we have two monosyllabic words which are segmentally identical, where one word had high tone and the other has downstepped high. These words cannot be distinguished in isolation, and therefore they will be orthographically identical. The same problem arises for words having lexical floating tones which are only detected in context."

[7] Anglais : "by diacritically distinguishing only those words and grammatical functions". Dans ce chapitre, l'auteur emploi l'adjectif « diacritique » dans le sens général de « qui sert à distinguer, à caractériser » (Petit Robert), ce qui ne suppose pas forcément l'utilisation des accents.

4.3 Revue critique des stratégies pour représenter le ton

que certains gouvernements interdisent la représentation du ton afin que les orthographes des langues autochtones ressemblent davantage à celle de la langue officielle.

La non représentation du ton peut être attrayante pour plusieurs raisons. Parmi toutes les stratégies possibles, non seulement elle présente le moins de difficultés pour les scripteurs, mais c'est aussi la stratégie la plus facile à enseigner aux lecteurs et aux scripteurs. Cependant, de nombreux élaborateurs d'orthographes sont relativement ignorants de la manière d'analyser les systèmes tonals ce qui est une autre raison (moins noble) de sa prévalence. Et même ceux qui sont moins ignorants à cet égard ne comprennent pas nécessairement les conséquences de leur analyse pour l'élaboration de l'orthographe ; d'où la raison d'être de ce chapitre.

Si l'on peut débattre des diverses raisons pour lesquelles de nombreuses orthographes de langues à tons sont dépourvues d'une représentation du ton, savoir s'il est absolument nécessaire que le ton soit représenté est une question plus fondamentale. À cet égard, les détracteurs de la non représentation du ton trouvent amplement de quoi étayer leurs positions dans des références anecdotiques au sein de la littérature. Par exemple, Gudschinsky (1970) raconte :

> On a demandé à un locuteur natif intelligent et instruit d'une langue à tons d'Afrique de l'Ouest de lire une page d'un abécédaire dans sa propre langue. Il est resté si longtemps à fixer la page sans parler que ceux qui l'entouraient ont été gênés. Finalement, ils lui ont dit : « Ce n'est pas grave si vous ne voulez pas le lire ». Mais l'Africain répondit : « Non, ce n'est pas ça. Je serai prêt d'ici peu. C'est juste que je n'ai pas encore compris ce que le texte veut dire, alors je ne sais pas sur quel ton le lire. » (Gudschinsky 1970 : 23)[8].

Dans une deuxième anecdote, Gudschinsky poursuit :

> En fait, c'est un locuteur d'une langue ouest-africaine étroitement apparentée qui a déclaré que, dans sa langue, il n'est pas possible de comprendre plus de 75 pour cent du Nouveau Testament en lecture silencieuse, et qu'en lecture publique, on n'en comprend probablement pas plus que 50 pour cent. Les locuteurs natifs de cette langue sont obligés de se référer à une version bilingue pour comprendre ce qui est dit dans leur propre langue (Gudschinsky 1970 : 24)[9].

Puis dans une troisième anecdote, Gudschinsky dit :

> Une autre illustration concerne un locuteur natif d'une langue bantoue de la Rhodésie[10]. On lui a demandé : « Le fait que le ton de votre langue ne soit pas représenté dans l'orthographe pose-t-il des problèmes lors de la lecture ? » La personne a toute de suite répondu : « Non, pas du tout. Tout le monde apprend à lire sans problème ». On a poursuivi en demandant : « Mais ne faut-il pas parfois que les gens lisent un texte deux fois, une fois pour savoir ce que ça veut dire et une autre fois pour le lire correctement ? » Avec un air surpris, la personne a répondu : « Tiens ! C'est pour ça donc que nous lisons notre langue d'avant en arrière et d'arrière en avant, mais que nous lisons l'anglais d'une seule traite ! Nous pouvons lire l'anglais en environ la moitié du temps qu'il

---

[8] Anglais : "An intelligent, educated native speaker of a tone language of West Africa was asked to read a page from a primer in his own language. He remained staring at the page without speaking for so long that the people around him became embarrassed. Finally, they said, 'Never mind. It's quite all right if you don't want to read it.' The African replied, 'Oh no, no. I'll be ready in a minute. It's just that I haven't figured out yet what it is supposed to say, so I don't know what tone to read it with.'"

[9] Anglais : "It was, in fact, a speaker of a closely related West African language who stated that in his language it is not possible in silent reading to understand more than 75 per cent of the New Testament, and that in public reading probably not more than 50 per cent is understood. Native speakers of that language use the English diglot in order to understand what is said in their own language."

[10] Note de l'éditeur : l'actuel Zimbabwé.

faut pour lire notre propre langue, mais jusqu'ici je n'avais pas compris pourquoi. »
(Gudschinsky 1970 : 24)[11].

Ces anecdotes, ainsi que d'autres, montrent effectivement la nécessité de représenter le ton d'une manière ou d'une autre dans les orthographes de certaines, voire peut-être de nombreuses, langues à tons. Ceci dit, on observe parfois une bonne compréhension et une lecture orale fluide dans certaines langues à tons dont l'orthographe ne représente pas le ton. En fin de compte, il faut que la décision de représenter ou non le ton dans une orthographe repose sur les résultats de tests de terrain approfondis.

Cependant, tester la représentation du ton dans une orthographe n'est pas sans difficulté. Par exemple, si la stratégie employée pour représenter le ton dans un test est inadéquate ou si les participants testés n'ont pas appris à bien interpréter les marques de tons, il se peut tout simplement qu'ils n'y prêtent pas attention lors de la lecture. Dans de tels cas, il est déconseillé de comparer les résultats de la lecture orale de textes marqués avec celle de textes non marqués, puisque les lecteurs ne regardent pas les marques du ton. Si les chercheurs ne sont pas conscients de ce problème potentiel, l'absence de différence statistique entre les deux conditions peut conduire à la conclusion erronée qu'il n'est pas nécessaire de marquer le ton dans l'orthographe.

Plutôt que de comparer les textes avec et sans marques de tons, une meilleure stratégie consiste, dans les textes dépourvus de marques de ton, à noter simplement où se situent les éventuelles erreurs de lecture. Si, après avoir testé divers genres littéraires, on constate que la non représentation du ton ne pose pas de problèmes, alors on peut sous-représenter le ton dans cette langue. Mais malheureusement, il persiste souvent des problèmes qu'il ne faut pas mettre de côté car de bonnes solutions existent.

4.3.2 Distinction des paires minimales de ton

Dans une langue dont le système tonal a un rendement fonctionnel faible, un certain nombre de mots se distinguent, parfois, les uns des autres uniquement par leurs tons. De telles paires minimales posent souvent des problèmes de compréhension lors de la lecture si le ton n'est pas représenté dans l'orthographe. Une stratégie pour traiter ce problème consiste à distinguer l'un ou l'autre membre de la paire minimale avec un signe diacritique, mais pas nécessairement pour représenter le ton lexical. Bird (1999) cite l'éwé [ewe], une langue kwa parlée au Togo et au Ghana, et le kasem [xsm], une langue gur parlée au Ghana, comme exemples d'orthographes qui ont adopté cette approche et fournit une discussion éclairante sur les avantages et les inconvénients qui y sont associés. De même, Mary Pearce (communication personnelle) rapporte que la distinction orthographique des paires minimales fonctionne bien pour un certain nombre de langues tchadiques.

Cependant, un nombre non négligeable de chercheurs expérimentés dans le domaine de l'alphabétisation des locuteurs de langues à tons ont critiqué cette stratégie, notamment Wiesemann (1989), Mfonyam (1990) et le présent auteur. Snider (2001) signale au moins trois problèmes liés à cette stratégie. Ils sont repris dans la liste récapitulative suivante (8).

---

[11] Anglais : "Another illustration involved a native speaker of a Bantu language of Rhodesia. He was asked, 'Does the fact that the tone in your language is not written make any problems when people read it?' He replied immediately, 'No, not at all. Everyone learns to read and has no problem.' He was then asked, 'But don't people sometimes have to read things twice? Once to know what it says and once to read it correctly?' With a look of shocked surprise, he said, 'Oh! Is that why we read our language back and forth and back and forth, but that we read English straight along. We can read English in about half the time it takes to read our own language, but I never knew before why.'"

(8) Trois problèmes liés au fait de ne distinguer que des paires minimales
   a. On ne peut pas s'attendre à ce que les scripteurs se rappellent quels mots font partie d'une paire minimale, ce qui peut laisser une incertitude quant au choix de marquer ou de ne pas marquer un signe diacritique.
   b. Les lecteurs ont parfois du mal à se rappeler quel membre d'une paire minimale est censé porter un signe diacritique.
   c. Inévitablement, d'autres paires minimales de ton apparaissent au fur et à mesure que la langue écrite se développe, et ne sont jamais enseignées.

Ces conclusions sont soutenues par l'observation de Mfonyam (1990 : 23), à savoir que le scripteur ne réfléchit pas toujours de façon contrastive. Lorsqu'il écrit, il n'est pas toujours conscient des ambiguïtés potentielles. En général, la stratégie qui consiste à ne marquer que les paires minimales fonctionne mieux quand les mots en question sont autres que des noms et des verbes. Ces derniers, bien sûr, constituent un nombre important de mots dont il est très facile d'oublier la minorité qui portent des signes diacritiques. En résumé, il est conseillé de ne pas marquer uniquement les paires minimales sauf si le ton comporte un rendement fonctionnel assez faible et si les tests indiquent que cette stratégie aide les apprenants à bien lire.

4.3.3 Représentation des constructions grammaticales au moyen des signes diacritiques

Considérons les langues qui ont à la fois le ton lexical et le ton grammatical tels que définis ci-dessus, et pour lesquelles des expériences de terrain ont déterminé qu'il n'est pas nécessaire de représenter le ton lexical mais qu'il faut en revanche représenter le ton grammatical. Si les oppositions tonales sont le seul moyen de distinguer certaines constructions grammaticales, il peut être efficace de les représenter au moyen de signes diacritiques, pourvu que les associations entre ces derniers et les significations grammaticales qu'ils représentent soient bien enseignées et maîtrisées par les apprenants. Cette stratégie a été employée avec succès dans les programmes de développement linguistique en Afrique, comme le démontre le tableau récapitulatif ci-dessous (9).

(9) Représentation orthographique du ton grammatical dans huit langues

Langue	Code ISO	Affiliation	Pays	Référence
budu	[buu]	bantoue	R.D. du Congo	Kutsch Lojenga (2014)
shimakonde	[kde]	bantoue	Mozambique	Leach (2010)
kako	[kkj]	bantoue	Cameroun	Ernst (1996)
chumburung	[ncu]	kwa	Ghana	Notes de terrain personnelles
engenni	[enn]	benoué-congo	Nigeria	Kutsch Lojenga (1993)
endo	[enb]	nilotique	Kenya	Kisang' & Larsen (n.d.)
sabaot	[spy]	nilotique	Kenya	Sabaot Bible Translation and Literacy Staff (1990)
maninkakan occidental	[mlq]	mandé	Mali, Sénégal	Kutsch Lojenga (2014)

En outre, il est utilisé avec succès au Mexique par un certain nombre de langues mixtèques pour marquer les significations grammaticales, telles que le négatif, le perfectif et l'imperfectif (Inga McKendry, communication personnelle). Enfin, bien que la représentation du ton grammatical au moyen des signes diacritiques n'ait pas été adoptée dans l'orthographe standard du kabiyè [kbp], une langue gur parlée dans le nord du Togo, une expérience formelle opposant une graphie grammaticale contre une graphie tonale a démontré que les scripteurs ont écrit plus rapidement et avec une plus grande précision dans le groupe grammatical que dans le groupe tonal (Roberts et Walter 2012).

Dans une langue donnée, le nombre d'oppositions grammaticales généralement peu élevé et fixe par rapport aux oppositions lexicales est une des raisons pour lesquelles la distinction des paires minimales de ton au moyen des signes diacritiques s'avère plus efficace pour le ton grammatical que pour le ton lexical. Il n'existe donc aucun risque de découvrir plus tard des paires minimales de ton jusqu'alors inconnues devant s'ajouter aux matériels pédagogiques. D'ailleurs, le nombre relativement peu élevé d'oppositions grammaticales permet que leur représentation au moyen des signes diacritiques soit plus facile à enseigner et à mémoriser que lorsqu'on distingue les paires minimales lexicales de ton par une stratégie similaire. En outre, la fréquence d'utilisation d'une construction grammaticale donnée est beaucoup plus élevée que celle d'une forme lexicale donnée, ce qui facilite la mémorisation.

Nous examinons tout d'abord un exemple tiré de l'orthographe chumburung dans lequel deux constructions grammaticales sont distinguées au moyen des signes diacritiques. Le fait que le ton lexical ne soit pas représenté ne s'est pas avéré rédhibitoire. Cependant, il existe une paire minimale de ton mú et mù, les pronoms indépendants des première et troisième personnes respectivement, au sein de la classe nominale singulière qui désigne les êtres humains. Comme l'absence de cette distinction dans l'orthographe est manifestement trop conséquente, un accent grave est placé sur le pronom de la troisième personne du singulier. Bien que la différence phonologique entre les pronoms soit tonale, l'accent grave n'est pas enseigné comme représentant le ton mais plutôt comme faisant partie intégrale de l'écriture du pronom de la troisième personne du singulier. Autrement dit, l'accent indique une différence de sens, et non une différence de prononciation, et à cet égard, il n'est pas très différent de la distinction dans l'orthographe française entre le verbe « avoir » à la troisième personne du singulier au temps présent <a> et la préposition <à>[12]. Cet aspect de l'orthographe chumburung est utilisé depuis plus de trente ans et fonctionne bien.

L'orthographe du sabaot utilise un large éventail de signes de ponctuation pour distinguer diverses constructions grammaticales qui ne se différencient que par le ton. Dans un livret destiné à ceux qui savent déjà lire et écrire l'anglais (Sabaot Bible Translation and Literacy Staff 1990), les auteurs identifient et illustrent l'utilisation de ces marques comme reproduit dans le tableau récapitulatif ci dessous (10).

(10) Représentation du ton grammatical au moyen des signes diacritiques en sabaot

:	Kumwoochi :choorweenyii	'Son ami lui a dit.'
	Kumwoochi choorweenyii	'Il l'a dit à son ami.'
/	/Kēēchāmē siruutēchu	'Ces écrits sont appréciés.'
	Kēēchāmē siruutēchu	'Nous aimons ces écrits.'
'	'Kēēsuus āmiik	'Tu as fait frire la nourriture.'
	Kēēsuus āmiik	'Il/elle a fait frire la nourriture.'
!	!Kaakas	'Je l'ai vraiment vu.'
	Kaakas	'Je l'ai vu.'
+	+Māāmwoowook	'Je te dirai.'
–	-Māāmwoowook	'Je ne te dirai pas.'

Enfin, voyons dans l'exemple (11) comment la représentation du ton grammatical au moyen des signes diacritiques pourrait hypothétiquement se faire dans les verbes en kenyang si le ton lexical n'est pas représenté.

---

[12] Notes des traducteurs : Ici, la version anglaise fait la comparaison avec le point d'interrogation dans l'orthographe anglaise pour signaler le syntagme interrogatif.

(11) Graphie hypothétique des morphèmes grammaticaux du kenyang

Préfixe sujet	Tréma sur la V du préfixe 2PL
2PL	bä-
3PL	ba-

Sens aspecto-temporel	Signe diacritique sur la V1 du radical verbal
Inaccompli	<ò> (accent grave)
Parfait	<ó> (accent aigu)
Accompli	<o> (sans accent)

On pourrait distinguer les deux préfixes sujets avec un tréma sur celui de la deuxième personne du pluriel (il s'agit du préfixe le moins fréquent des deux) et l'absence de signe diacritique sur celui de la troisième personne du pluriel. De même, on pourrait placer des accents grave et aigu, respectivement, sur la première voyelle des radicaux verbaux pour représenter l'inaccompli et le parfait, et l'absence d'un accent sur les radicaux verbaux à l'accompli (cette dernière étant la distinction aspecto-temporelle la plus fréquente). Voici comment les représentations du tableau (11) apparaissent lorsqu'elles sont appliquées aux exemples dans les tableaux (12a) et (12b).

(12) Représentation orthographique hypothétique des exemples du kenyang

a. Verbes de la 2ᵉ personne du pluriel

	Phonie	Graphie	Glose
Inaccompli	bä-tè	bä-tè	'tu étais debout.'
	bä-ꜜpá	bä-pà	'tu crachais.'
Parfait	bä-ꜜté	bä-té	'tu t'es tenu debout.'
	bä-pà	bä-pá	'tu as craché.'
Accompli	bä-tê	bä-te	'tu te tins debout.'
	bä-pá	bä-pa	'tu crachas.'

b. Verbes de la 3ᵉ personne du pluriel

	Phonie	Graphie	Glose
Inaccompli	bá-tè	ba-tè	'ils étaient debout.'
	bá-ꜜpá	ba-pà	'ils crachaient.'
Parfait	bá-ꜜté	ba-té	'ils sont restés debout.'
	bá-pà	ba-pá	'ils ont craché.'
Accompli	bá-tê	ba-te	'ils se tinrent debout.'
	bá-pá	ba-pa	'ils crachèrent.'

Dans ce cas, les signes diacritiques ne représentent pas les tons en soi, mais plutôt des distinctions grammaticales. Le préfixe verbal de la 2ᵉ personne du pluriel est systématiquement représenté par un tréma, tandis que celui de la 3ᵉ personne du pluriel est représenté par l'absence d'un signe diacritique. Indépendamment des schèmes tonals sous-jacents des verbes et de toute alternance tonale, les verbes à l'aspect imperfectif sont systématiquement représentés avec un accent grave, les verbes au parfait avec un accent aigu, et les verbes à l'aspect perfectif par l'absence d'un accent. Voir également Snider (1992) pour une discussion plus approfondie de cette stratégie.

Si dans certains cas il est possible d'employer avec succès des stratégies qui ne distinguent pas tous les schèmes tonals contrastifs telles que discutées ci-dessus, dans d'autres cas il est impossible de le faire. Dans certaines langues, il convient de distinguer toutes les oppositions tonales à l'écrit. Une fois que ce choix est établi, il faut examiner attentivement les conséquences de l'analyse linguistique. La section suivante propose une stratégie phonologiquement idéale pour représenter le ton orthographiquement lorsque les stratégies discutées ci-dessus ne sont pas réalisables.

4.4 Une orthographe phonologiquement idéale

Lors de l'élaboration d'une graphie tonale linguistiquement idéale, deux considérations principales doivent être gardées à l'esprit. Il faut identifier, dans un premier temps, l'entité tonale à représenter (à savoir, les tons ou les schèmes tonals) et, dans un deuxième temps, le niveau d'opacité phonologique qui correspond à la perception cognitive de cette entité par le locuteur natif (à savoir, opaque ou transparent ...).

En parcourant la littérature sur l'élaboration des orthographes, il est frappant de constater que peu de propositions récentes tirent profit des développements d'une théorie linguistique plus récente que celle de la phonologie générative (Chomsky et Halle 1968). Cependant, deux théories (discutées ci-dessous) ont émergé depuis lors ayant des conséquences significatives pour l'élaboration des graphies tonales. La première, la phonologie autosegmentale (Goldsmith 1976, Leben 1973), touche la première considération mentionnée ci-dessus (à savoir l'entité tonale à représenter ; section 4.4.1) et la seconde, la phonologie lexicale (Kiparsky 1982 et Mohanan 1982, 1986) – ainsi que son évolution plus récente vers la théorie stratifiée de l'optimalité (Kiparsky 2000, 2015 et Bermúdez-Otero 2011) – a des conséquences pour la seconde considération (à savoir le niveau d'opacité phonologique sur lequel il faut baser une orthographe ; voir section 4.4.2).

4.4.1 Entité tonale à représenter

Bien que la plupart des linguistes reconnaissent la valeur de la théorie autosegmentale pour l'analyse des systèmes tonals, son potentiel pour l'élaboration des orthographes est souvent négligé. Cela est peut-être dû, en partie, au fait que de nombreuses personnes ne reconnaissent pas la valeur de la représentation du schème tonal complet d'un mot dans l'orthographe. Revenons aux données du mendé du chapitre 1 repris dans l'exemple (13). Rappelons qu'il existe cinq schèmes tonals sous-jacents qui sont phonétiquement réalisés de différentes manières, en fonction du nombre de syllabes dans la racine nominale.

(13) Schèmes tonals contrastifs sur les noms monomorphémiques en mendé

	Monosyllabes		Bisyllabes		Trisyllabes	
/H/	[¯] kɔ	'guerre'	[¯ ¯] pɛlɛ	'maison'	[¯ ¯ ¯] hawama	'taille'
/B/	[_] k͡pa	'dette'	[_ _] bɛlɛ	'pantalon'	[_ _ _] k͡pakali	'chaise trépied'
/HB/	[⌐] m͡bu	'hibou'	[¯ _] ŋ͡gila	'chien'	[¯ _ _] felama	'jonction'
/BH/	[/] m͡ba	'riz'	[_ ¯] fande	'coton'	[_ ¯ ¯] n͡davula	'fronde'
/BHB/	[/\ ] m͡ba	'companion'	[_ \ ] nyaha	'femme'	[_ ¯ _] nikili	'arachide'

Ces données montrent que, quel que soit le nombre de syllabes de chaque racine nominale, il n'existe que cinq schèmes tonals possibles. Comme expliqué au chapitre 1, c'est le schème tonal sous-jacent complet (p. ex., H, BH, BHB) associé à un morphème plutôt que le ton individuel associé à une UPT qui constitue le phonème de ton. La façon dont le schème tonal sous-jacent se réalise phonétiquement est déterminée dans chaque langue par le nombre et les types de syllabes dans chaque morphème, ainsi que par tout processus phonologique qui peut s'y appliquer.

Il est donc important de reconnaître la nature unitaire du schème tonal, et de représenter orthographiquement les schèmes tonals associés aux mots, plutôt que les tons individuels associés aux UPT. La façon de représenter ces schèmes tonals est, bien sûr, une question à part entière. La représentation de la bonne entité (schèmes tonals versus tons individuels) est particulièrement importante si l'on considère le niveau d'opacité phonologique qui correspond à la perception cognitive de cette entité par le locuteur natif. C'est ce que nous allons examiner ci-dessous.

4.4.2 Aperçu historique des questions d'orthographe et d'opacité phonologique

L'histoire récente de la linguistique relative au développement des orthographes se divise grosso modo en deux périodes : l'ère structuraliste et l'ère générative. Cette dernière, à son tour, se divise également en deux périodes : l'ère SPE (*The Sound Pattern of English*, Chomsky et Halle 1968), et l'ère de la phonologie stratifiée, qui englobe la phonologie lexicale et son extension vers la théorie stratifiée de l'optimalité. Malheureusement, les conséquences de l'ère de la phonologie lexicale et stratifiée pour l'élaboration des orthographes sont restées largement inexplorées jusqu'à une date relativement récente.

En ce qui concerne le niveau de représentation phonologique sur lequel il faut baser la forme écrite, même si les élaborateurs d'orthographe de l'ère structuraliste disposaient en principe de deux options – à savoir le niveau phonétique (c.-à-d. de surface) et le niveau phonémique – dans la pratique, ils n'en avaient qu'une. Comme nous l'avons vu plus haut, la représentation du niveau phonétique n'est pas réaliste car les locuteurs natifs ne sont tout simplement pas conscients de nombreuses distinctions phonétiques[13] (p. ex., le dévoisement des occlusives

---

[13] Même s'il n'est pas toujours évident de savoir ce dont les locuteurs natifs sont ou ne sont pas conscients, l'expérience suggère qu'avec le temps, ces différences finissent par se révéler au chercheur de terrain. Toutefois, les tests formels (et la publication des résultats) visant à découvrir ou à confirmer les éléments de la conscience des locuteurs natifs sont toujours instructifs.

devant le phonème /s/ en français)[14]. Ainsi, comme le titre de l'ouvrage de Pike (1947) – "Phonemics: A technique for reducing languages to writing"[15] – le suggère, de nombreux structuralistes ont fortement recommandé de baser les orthographes sur le niveau phonémique (p. ex., Sapir 1933, 1949 ; Pike 1947 ; Nida 1954 ; Gudschinsky 1958, 1970, 1973).

Ce n'est qu'avec l'avènement de l'ère générative qu'un défi sérieux à la dominance du phonème a émergé, à savoir la forme sous-jacente, qui est une représentation morphophonémique. Les premiers générativistes avaient également le choix entre deux niveaux de représentation phonologique, en principe, le niveau sous-jacent et le niveau de surface. Cependant, pour les mêmes raisons que les structuralistes ont rejeté le niveau phonétique, les générativistes ont rejeté le niveau de surface, choisissant plutôt de baser les orthographes sur le niveau sous-jacent (Chomsky et Halle 1968[16], Newman 1968, Venezky 1970). Le choix du niveau sous-jacent a donné lieu à des représentations uniques pour chaque morphème, ce qui le rendait significativement différent à cet égard du niveau phonémique des structuralistes. Ainsi, alors que tout le monde était plus ou moins d'accord sur le fait que le niveau phonétique de surface n'était pas la base idéale pour une orthographe, grand était le désaccord entre les structuralistes qui plaidaient pour le niveau phonémique et les générativistes qui préconisaient le niveau morphophonémique (sous-jacent). Au seuil de l'ère générative, l'élaborateur d'orthographe s'est donc retrouvé face à deux options sérieuses : écrire de manière phonémique ou de manière morphophonémique.

Plus récemment, les discussions sur l'orthographe concernant l'opacité phonologique se sont poursuivies, bien qu'en des termes quelque peu différents (p. ex., Liberman et al. 1980 ; Katz et Feldman 1983 ; Frost, Katz, et Bentin 1987 ; Katz et Frost 1992). Aujourd'hui, les orthographes sont généralement décrites comme étant « transparentes » ou « opaques »[17]. Les orthographes transparentes sont essentiellement phonémiques, et les orthographes opaques sont essentiellement morphophonémiques, chaque type étant légèrement modifié d'une manière ou d'une autre pour s'adapter au mieux à la situation. Katz et Frost (1992 : 71) décrivent ainsi la différence entre les deux :

> « En résumé, toutes les orthographes alphabétiques peuvent être classées en fonction de la transparence de leurs correspondances entres lettres et phonèmes, un facteur qui est appelé opacité orthographique (Liberman, Liberman, Mattingly, et Shankweiler 1980). Une orthographe dans laquelle les lettres sont complètement et de manière cohérente isomorphes aux phonèmes du mot parlé, est considérée transparente. Une orthographe dans laquelle la relation lettre-phonème est substantiellement équivoque est dite opaque (p. ex., certaines lettres représentent plus d'un son et certains phonèmes peuvent s'écrire de plus d'une façon ou ne sont pas du tout représentés dans l'orthographe). »[18]

---

[14] Anglais : "(e.g., aspirated vs. non-aspirated stops in English)."

[15] Traduction : « La phonémique : une technique pour réduire les langues à l'écrit ».

[16] *The Sound Pattern of English* n'est pas un traité d'orthographe en soi, mais les auteurs font appel à plusieurs reprises à la proximité de l'orthographe anglaise avec ses représentations sous-jacentes pour les justifier. Le fait qu'ils considèrent la forme sous-jacente comme optimale pour le développement d'une orthographe peut être vu dans la citation suivante : « Dans ce cas, comme dans beaucoup d'autres, l'orthographe anglaise s'avère être plutôt proche d'un système optimal pour représenter cette langue à l'écrit. En d'autres termes, elle s'avère être assez proche de la véritable représentation phonologique, étant donné les contraintes non linguistiques que doit respecter un système orthographique » [Anglais : "In this case, as in many other cases, English orthography turns out to be rather close to an optimal system for spelling English. In other words, it turns out to be rather close to the true phonological representation, given the nonlinguistic constraints that must be met by a spelling system."] (Chomsky et Halle 1968 : 184n19).

[17] Anglais : "shallow, deep".

[18] Anglais : "In summary, all alphabetic orthographies can be classified according to the transparency of their letter-to-phoneme correspondence, a factor that has been referred to as orthographic depth

Les orthographes transparentes sont souvent considérées comme meilleures pour les lecteurs débutants car leur niveau de représentation est plus proche du langage parlé. Cependant, si une langue comporte beaucoup de phénomènes phrastiques qui entraînent des alternances phonémiques, le lecteur expérimenté peut parfois avoir des difficultés avec les orthographes transparentes parce que les images visuelles de nombreux mots changent en fonction de l'environnement phonologique. Le lecteur débutant peut aussi avoir des difficultés dans de tels cas, car le locuteur natif n'a pas forcément conscience de la sortie de la phonologie post-lexicale, même lorsque cette dernière correspond à un phonème dans la langue. Par exemple, le locuteur natif qui est conscient des oppositions phonémiques dans la plupart des environnements (p. ex., /b/ vs. /p/ en français *beau* vs. *pot*), n'est pas forcément conscient de cette opposition lorsque le phonème est le résultat d'un processus post-lexical, par exemple, *absurde* (où le phonème /b/ se prononce [p] devant une consonne dévoisée) vs. *abdiquer* (où il se prononce [b] devant une consonne voisée)[19]. Pour le préfixe *ab-* en français, on peut imaginer la difficulté d'enseigner aux enfants la différence entre les deux écritures <p-> et <b->[20]. De plus, l'histoire a démontré qu'il n'est pas nécessaire d'avoir plus d'une représentation morphophonémique unique et cohérente pour ce morphème. Une orthographe strictement phonémique n'est donc pas toujours optimale.

De même, on considère parfois que les orthographes opaques sont meilleurs pour le lecteur expérimenté parce qu'elles maintiennent des images visuelles fixes (puisque les images des morphèmes sont fixes et il s'ensuit logiquement que celles des mots le sont aussi). Les images visuelles fixes permettent au lecteur expérimenté de récupérer de sa mémoire des représentations graphiques correspondant à des significations particulières et ainsi de lire rapidement à vue. En revanche, pour le lecteur débutant, les représentations étant parfois très différentes de la façon dont les locuteurs natifs prononcent réellement les mots, ou pensent les prononcer, ces orthographes ne sont pas toujours utiles. Par exemple, une représentation morphophonémique du préfixe négatif français in- se traduirait par une seule représentation fixe (à savoir <in>) pour des mots tels que *intolérable, impossible, illogique, irrévérencieux*.... Cependant, les locuteurs natifs du français sont pour certains très conscients qu'ils prononcent ces allomorphes différemment, alors que beaucoup d'autres ne sont même pas conscients qu'ils représentent le même préfixe. Il n'est donc pas toujours optimal d'opter pour une orthographe opaque.

4.4.3 Hypothèse de l'orthographe lexicale

Puisque les orthographes transparentes et opaques posent toutes deux des problèmes lorsqu'elles sont appliquées universellement, il est préférable de choisir une orthographe qui inclut toutes les distinctions dont les locuteurs natifs sont conscients et qui exclut celles dont ils ne le sont pas. L'Hypothèse de l'Orthographe Lexicale (désormais appelée la HOL ; Snider 2014b), prétend faire exactement cela et offre un compromis prometteur entre les orthographes strictement

---

(Liberman, Liberman, Mattingly, and Shankweiler 1980). An orthography in which the letters are isomorphic to phonemes in the spoken word (completely and consistently), is orthographically shallow. An orthography in which the letter-phoneme relation is substantially equivocal is said to be deep (e.g., some letters have more than one sound and some phonemes can be written in more than one way or are not represented in the orthography)."

[19] Pour des discussions sur les processus de dévocalisation qui aboutissent à des sons phonémiques dont les locuteurs natifs ne sont pas pleinement conscients (y compris en anglais), voir Lombardi (1991, 1996, 1999), Torres (2001), et Van Oostendorp (2007).

[20] Anglais : "For example, although native speakers are aware of phonemic distinctions in most environments (e.g., /s/ vs. /z/ in English *sip* vs. *zip*), they are generally not aware of the distinction when the phoneme is the result of a post-lexical process (e.g., *cat-s* vs. *dog-z*). One could imagine that trying to teach children when to write <s> and when to write <z> for the English plural suffix would prove difficult."

phonémiques et celles qui sont strictement morphophonémiques[21]. La HOL propose que le niveau idéal d'opacité phonologique sur lequel il faut fonder une orthographe est la sortie de la phonologie lexicale, telle que définie dans la théorie de la phonologie lexicale[22] (Kiparsky 1982 ; Mohanan 1982, 1986) ainsi que dans son développement plus récent vers la théorie stratifiée de l'optimalité (Kiparsky 2000, 2015 ; Bermúdez-Otero 2011).

La théorie de la phonologie lexicale reconnaît deux grands types de processus, lexical et post-lexical, avec des règles lexicales sensibles aux environnement lexicaux, et des règles post-lexicales sensibles aux environnements phrastiques. Questions théoriques mises à part, d'un point de vue pratique, les locuteurs natifs semblent être beaucoup plus conscients des sons qui résultent de l'application des processus lexicaux que de ceux qui résultent des processus post-lexicaux. Snider (2014b) explique pourquoi dans les termes suivants :

> Les processus post-lexicaux, comme celui de l'anglais où les occlusives sourdes sont aspirées dans certains environnements, commencent souvent leur vie comme des tentatives inconscientes de la part des locuteurs natifs de rendre les sons ou les combinaisons de sons de leur langue plus faciles à prononcer dans certains environnements phonologiques. En d'autres termes, les processus ont un conditionnement phonologique, et les locuteurs natifs ne sont généralement même pas conscients qu'ils prononcent certains sons différemment. Ainsi, la plupart des anglophones ne sont pas conscients de la différence dans leur langue entre les consonnes /p/ aspirées (p. ex., [pʰɪt] 'fosse') et non aspirées (p. ex., [spɪt] 'crache').
>
> Plus tard, les contextes de conditionnement de certains de ces processus peuvent se perdre, ou devenir obscurs en raison de leurs interactions avec d'autres processus [...] Dans certains cas, le conditionnement grammatical remplace partiellement le conditionnement phonologique [...] Dans d'autres cas, des exceptions à certains processus post-lexicaux commencent à s'y glisser pour diverses raisons. Par conséquent, certains processus phonologiques commencent à manquer de motivation phonétique complète, d'autres processus ne s'appliquent que lorsque certaines conditions grammaticales sont remplies, et d'autres encore s'appliquent de manière particulière pour des raisons indéterminées. En conséquence, des oppositions [phonologiques] apparaissent entre les formes lexicales qui subissent les processus et celles qui ne les subissent pas. Lorsque les locuteurs natifs prennent conscience de ces oppositions, les formes qui subissent les processus sont lexicalisées dans leur esprit et les processus eux-mêmes deviennent des processus lexicaux (voir Hyman 1976 ; Zec 1993 ; Kiparsky 1995).
>
> Alors que les locuteurs natifs sont relativement peu conscients de la sortie des processus post-lexicaux, ils sont beaucoup plus conscients de la sortie des processus lexicaux, ce qui explique pourquoi les locuteurs natifs préfèrent souvent écrire les mots tels qu'ils sont réalisés après avoir subi des processus lexicaux et avant d'avoir subi des processus post-lexicaux (Mohanan 1982, 1986). La sortie de la phonologie lexicale, qu'il s'agisse de celle de la phonologie lexicale basée sur les règles ou de celle de la théorie stratifiée de l'optimalité basée sur les contraintes, promet donc d'être un excellent niveau de représentation sur lequel fonder une orthographe (Snider 2014b : 30-31).[23]

---

[21] Snider (2014b) n'est pas le premier à préconiser la HOL. D'autres travaux (p. ex., Snider 2001 ; Roberts 2011, 2013) explorent également les conséquences d'une mise en application de la phonologie lexicale à l'élaboration des orthographes, et l'auteur du présent livre la préconise également depuis de nombreuses années dans des ateliers, des séminaires et des cours de linguistique.

[22] Pour le lecteur intéressé, Kenstowicz (1994) fournit une bonne introduction à la théorie de la phonologie lexicale.

[23] Anglais: "Postlexical processes, such as the English one that aspirates voiceless stops in different environments, often begin their 'lives' as unconscious attempts on the part of native speakers to make the sounds or combinations of sounds in their languages easier to pronounce in different phonological environments. In other words, the processes have phonological conditioning, and native speakers are usually not even aware that they pronounce certain sounds differently. Thus, most English speakers

(Par la suite, bien sûr, il peut être nécessaire d'apporter des modifications motivées par divers facteurs, par exemple, politiques, sociaux ...)

En dépit du faible nombre de tests pour confirmer ou infirmer la HOL (mais voir Roberts et al. 2016)[24], des preuves anecdotiques pour la soutenir se trouvent dans la littérature au moins depuis Gudschinsky (1958). Dans cet article, Gudschinsky documente comment un locuteur du mazatèque de Soyaltepec [vmp] a démontré qu'il était conscient « des processus sandhi internes (c.-à-d. de changements automatiques du ton à l'intérieur du mot) »[25], mais n'était pas conscient « des processus sandhi externes (c.-à-d., des changements automatiques de ton entre les mots) »[26] (Gudschinsky 1958 : 342–343). Du point de vue de la théorie de la phonologie lexicale, les processus sandhi tonals internes et externes se produisent respectivement au niveau lexical et post-lexical.

Il est donc crucial de pouvoir distinguer les processus lexicaux et post-lexicaux. Heureusement, il n'est pas nécessaire d'avoir une maîtrise complète des théories de la phonologie lexicale et de la théorie stratifiée de l'optimalité pour le faire. Puisque les deux types de processus ont des caractéristiques différentes, la liste ci-dessous (14) récapitule, en un résumé simplifié, un certain nombre de critères de distinction, distillé à partir de la littérature (Mohanan 1982 ; Kiparsky 1982 ; Pulleyblank 1986).

(14) Critères de distinction des processus lexicaux et post-lexicaux

A. Processus lexicaux

1. S'il existe de véritables exceptions à un processus phonologique, celui-ci doit être lexical. Les exceptions peuvent être des morphèmes ou des mots uniques qui se situent hors du processus, ou des classes entières qui ne le subissent pas.
2. Si un processus n'a pas de motivation phonétique, il doit être lexical.
3. S'il est nécessaire de se référer à une frontière de morphème lors de sa description, le processus doit être lexical.

---

are unaware of the difference between the aspirated and unaspirated p's in English [pʰɪt] 'pit' and [spɪt] 'spit'."

Later, conditioning environments for some of these processes may become lost, or they become obscure due to their interactions with other processes. ... In some cases, grammatical conditioning partially replaces phonological conditioning. ... In other cases, exceptions to certain postlexical processes begin to creep in for various reasons. As a result, some phonological processes begin to lack complete phonetic motivation, other processes apply only when certain grammatical conditions are met, and still others apply idiosyncratically for undetermined reasons. As a result, [phonological] contrasts emerge between those lexical forms that undergo the processes and those forms that do not. As native speakers become aware of these contrasts, the forms that undergo the processes become lexicalized in their minds and the processes themselves become lexical processes (see Hyman 1976; Zec 1993; Kiparsky 1995).

Whereas native speakers are relatively unaware of the output of postlexical processes, they are much more aware of the output of lexical ones, and this explains why native speakers often prefer to write words as they are realized after they have undergone lexical processes and before they have undergone postlexical ones (Mohanan 1982, 1986). The output of the lexical phonology, whether that of the rule-based Lexical Phonology or that of the constraint-based Stratal OT, therefore promises to be an excellent level of representation upon which to base an orthography."

[24] La version prépubliée en ligne date de 2015. Cet article présente les résultats d'une expérience en orthographe effectuée auprès de 97 collégiens à Kara au Togo, tous des locuteurs natifs du kabiyè. Elle compare trois graphies tonales expérimentales, chacune représentant un niveau d'opacité phonologique différente, à savoir l'entrée du niveau lexical (c.-à-d. les formes sous-jacentes), la sortie de la phonologie lexicale, et les formes phonémiques. Les résultats d'une tâche de dictée montrent que l'orthographe représentant la sortie de la phonologie lexicale est plus performante que les autres orthographes dans trois des types d'erreurs associés à l'ajout de signes diacritiques, bien qu'elle soit moins performante dans un des types d'erreurs associés à l'écriture de la longueur vocalique au niveau segmental. Nous espérons que le présent travail encouragera des chercheurs à entreprendre d'autres expériences quantitatives du même genre.

[25] Anglais : "internal sandhi (mechanical tone changes within the word)".

[26] Anglais : "external sandhi (mechanical tone changes between words)".

4. Si des locuteurs linguistiquement naïfs sont pleinement conscients de la sortie ou de l'effet d'un processus, ceux-ci doivent être lexicaux

B. Processus post-lexicaux
1. Si la sortie d'un processus résulte en un son non-contrastif (c.-à-d. qui n'est pas phonémique), elle doit être post-lexicale.
2. Si un processus se produit à travers la frontière d'un mot, il doit être post-lexical.
3. Si un processus se produit uniquement au début ou à la fin d'une phrase (y compris au début ou à la fin des mots prononcés isolément), il doit être post-lexical.
4. Si la sortie d'un processus est gradiente (p. ex., partiellement voisée ou partiellement aspirée), elle doit être post-lexicale.
5. Si des locuteurs linguistiquement naïfs sont totalement ignorants de la sortie ou de l'effet d'un processus, ceux-ci doivent être post-lexicaux.

Malgré les critères fournis dans cette liste, déterminer si un processus donné est lexical ou post-lexical peut néanmoins être délicat. Imaginons un scénario dans lequel on est incapable de déterminer si des locuteurs linguistiquement naïfs sont conscients de la sortie ou de l'effet d'un processus. Et supposons qu'aucun des autres critères ne permette de poser un diagnostic. Comment décider dans de tels cas ? Le choix par défaut est de considérer le processus comme post-lexical en raison de la manière dont ces processus voient le jour. Historiquement, les processus post-lexicaux ne deviennent pas lexicaux sans raison. Si aucune raison ne se manifeste (p. ex., dans le cas des exceptions aux processus, ou l'absence de conditionnement phonologique des processus), alors il n'existe aucune raison particulière de supposer qu'un processus est lexical. Pour une discussion plus détaillée de ces questions, voir Snider (2014b).

Pour conclure cette section, examinons les types de processus qui sont responsables des différents niveaux d'opacité phonologique (c.-à-d., de surface, phonémique, lexical, et sous-jacent). Le tableau récapitulatif ci-dessous les résume (15).

(15) Processus phonologiques responsables des différents types d'orthographe

Type d'orthographe	Processus phonologique responsable
de surface	ont subi tous les processus lexicaux, et aussi tous les processus post-lexicaux.
phonémique	ont subi tous les processus lexicaux, et aussi les processus post-lexicaux qui aboutissent aux sons phonémiques.
lexicale	n'ont subi que des processus lexicaux.
sous-jacente	n'ont subi encore aucun processus phonologique.

Les représentations de surface résultent de l'application de tous les processus phonologiques qui s'appliquent aux formes sous-jacentes, y compris tous les processus allophoniques, dont les locuteurs natifs ne sont pas conscients. Les processus allophoniques, eux (p. ex., l'aspiration des occlusives en anglais), de par leur nature même, sont toujours post-lexicaux. L'inverse n'est cependant pas vrai : tous les processus post-lexicaux ne sont pas allophoniques.

Même si les représentations phonémiques sont souvent similaires aux représentations phonétiques, elles sont bien meilleures pour l'orthographe car elles excluent la sortie de tous les processus allophoniques, qui, bien sûr, sont post-lexicaux. Malheureusement, les représentations phonémiques peuvent également inclure la sortie de certains autres processus post-lexicaux (non allophoniques) dont les locuteurs natifs ne sont généralement pas conscients (p. ex., l'alternance entre les phonèmes /p/ et /b/ en français *absurde* et *abdiquer*)[27].

Les représentations lexicales, en revanche, incluent les sorties de tous les processus lexicaux, dont les locuteurs natifs sont conscients, et excluent les sorties de tous les processus post-lexicaux, dont ils ne le sont pas. Pour cette raison, les locuteurs natifs sont surtout conscients de ce niveau de représentation. Un autre facteur qui rend ce niveau de représentation idéal est le fait que, même si la sortie n'entraîne pas une image fixe des morphèmes, elle entraîne néanmoins une image fixe des mots, ce qui est préconisée pour une orthographe optimale.

En ce qui concerne les représentations sous-jacentes, elles ne sont que cela, à savoir des formes de base qui n'ont pas encore fait l'objet d'un quelconque processus. Un avantage des représentations sous-jacentes est qu'en fournissant des images fixes des morphèmes, elles fournissent aussi, logiquement, des images fixes des mots. Cependant, elles ne sont pas idéales pour l'orthographe, car elles excluent la sortie des processus lexicaux et ne correspondent donc pas forcément bien aux intuitions des locuteurs natifs.

Puisque l'exclusion des processus post-lexicaux est utile aux débutants comme aux lecteurs expérimentés, la sortie de la phonologie lexicale est proposée comme le niveau idéal de représentation phonologique sur lequel baser une orthographe[28]. A partir de là, l'orthographe peut et doit être ajustée si nécessaire après avoir été testée.

4.5 Problématique de la représentation des oppositions tonales

Des chercheurs de terrain posent souvent des questions telles que : « Dans une langue à deux tons, est-il nécessaire de marquer les deux, haut et bas, ou peut-on se contenter d'en marquer seulement un, et si oui, lequel ? » Les questions de ce genre se posent généralement en référence aux orthographes qui sont basées sur des représentations phonémiques, sans tenir compte, ou presque, de questions peut-être plus importantes. À certains égards, cela revient à demander si les voitures vertes sont meilleures que les voitures rouges. La couleur d'une voiture, bien sûr, a assez peu à voir avec sa qualité. De même, la façon dont on choisit de représenter une entité particulière est loin d'être aussi importante que, d'une part, déterminer si le ton doit être représenté ou non et s'il faut marquer les distinctions grammaticales au moyen des signes diacritiques et, d'autre part, représenter la bonne entité (c.-à-d. le schème tonal, plutôt que le ton individuel) et le niveau optimal d'opacité orthographique (c.-à-d. sous-jacent, phonémique, lexical, ou de surface) dont le locuteur natif est le plus conscient.

Ce n'est qu'une fois que l'on a répondu à ce genre de questions que l'on peut passer avec profit à la discussion sur la façon de mettre en œuvre les réponses. Autrement dit, pour poursuivre l'analogie de la voiture, ce n'est qu'après avoir déterminé la marque et le modèle de voiture qui conviennent le mieux à ses besoins particuliers qu'on peut discuter de sa couleur.

Bien entendu, il ne s'agit pas de minimiser la valeur de l'emploi d'une bonne stratégie pour marquer les oppositions que l'on juge bon de représenter. Pour bien faire, les élaborateurs d'orthographe doivent tenir compte des résultats des recherches sur la psychologie de la lecture. Roberts (2008a) suggère trois types d'études pertinentes pour l'élaboration des graphies tonales, à savoir celles sur les mouvements oculaires (p. ex., Rayner 1998, Van Gompel et al. 2007), sur l'encombrement visuel (p. ex., Pelli et al. 2007, Roberts 2009), et sur la saillance relative de la position des lettres (p. ex., Jordan et al. 2003).

En ce qui concerne les recherches pertinentes sur les mouvements oculaires, Roberts note que lorsque des informations saillantes sont placées au-delà de la vision parafovéale[29], elles

---

[27] Anglais : "(e.g., the difference between the phonemes /s/ and /z/ in English *cat-s* and *dog-z*)".

[28] Le lecteur doit garder à l'esprit que ce qui est préconisé ici concerne uniquement la mesure dans laquelle la phonologie devrait informer l'élaboration d'une orthographe. D'autres facteurs (politiques, sociaux...) doivent également être pris en considération.

[29] Alors que la vision fovéale (ce qui est perçu au centre du champ de vision, là où l'acuité visuelle est

peuvent provoquer un retour en arrière qui perturbe la fluidité de la lecture. Dans l'orthographe espagnole, le positionnement du point d'interrogation inversé en initiale de phrase est un exemple d'une stratégie utilisée pour fournir des informations saillantes à temps afin d'influencer l'intonation correcte de la question, puisque sa contrepartie en finale de phrase pourrait se situer hors de la vision parafovéale. En ce qui concerne les recherches pertinentes sur l'encombrement visuel, Roberts (2009) note que la perception de tout objet diminue si plusieurs objets similaires sont situés à proximité. Cela peut avoir des implications sur le nombre et l'emplacement des signes diacritiques tonals qui sont similaires les uns aux autres. Enfin, concernant les recherches pertinentes sur la saillance relative de la position des lettres, Roberts (2008a: 471-473) note que les symboles placés en position initiale du mot, tels que le symbole « addition » <+> pour signaler les pluriels des noms dans certaines langues plateau du Nigeria, jouent un rôle préférentiel dans la lecture. Les orthographes qui utilisent des signes diacritiques en position initiale du mot pour marquer les catégories grammaticales (voir section 4.3.3) reposent donc sur une base psychologique solide.

Kutsch Lojenga (2014 : 54-59) propose les stratégies suivantes qu'elle a vues employer pour représenter le ton : les accents, les signes de ponctuation, les chiffres et les lettres consonantiques inutilisées. Ci-dessous, nous examinons ces stratégies chacune à tour de rôle.

Tout d'abord, on peut simplement représenter les schèmes tonals comme cela a été fait tout au long de ce chapitre, c'est-à-dire en plaçant des accents au-dessus de chaque UPT pour représenter les différents tons au sein des schèmes tonals. Cette stratégie a l'avantage d'aider les lecteurs débutants à prononcer, pendant qu'ils lisent, les différents schèmes tonals d'une manière qui correspond à la façon dont ils perçoivent leur prononciation à condition que l'on représente la sortie du niveau lexical de la phonologie. Une variante tout aussi utile pourrait consister à omettre la représentation d'un ou de plusieurs tons au sein des schèmes tonals de manière à ne pas perdre l'opposition entre ceux-ci. Cela présente l'avantage de réduire considérablement la densité graphique au sein d'un texte, le rendant ainsi plus facile à écrire et moins redoutable pour les lecteurs débutants. D'un point de vue psycholinguistique, certaines représentations pourraient sans doute être plus avantageuses que d'autres, mais malheureusement ces considérations dépassent le cadre du présent travail. D'un point de vue purement linguistique, tant que chaque schème tonal est clairement distingué, cela ne cause aucun problème.

Une autre option, du moins théoriquement, serait d'attribuer un seul signe diacritique à chaque schème tonal au niveau du lexème, c'est-à-dire la sortie de la strate lexicale[30]. Ce qui est important, c'est que le schème tonal soit représenté au niveau du mot, plutôt qu'au niveau du morphème, puisque les lecteurs semblent être plus enclins à mémoriser les formes des lexèmes que ceux des morphèmes. Une telle stratégie entraînerait un certain nombre de représentations différentes (p. ex., le nombre de profils mots-syllabes multiplié par le nombre de schèmes tonals qui s'opposent lors de la sortie de la phonologie lexicale). Ce nombre serait néanmoins limité et, pour la plupart des langues à tons, il ne serait pas forcément très important.

L'avantage d'avoir un seul signe diacritique pour chaque profil syllabique et schème tonal est que, une fois que les associations entre signes diacritiques et schèmes tonals sont mémorisées, la reconnaissance des mots pour le lecteur expérimenté est, en principe, accélérée. Une orthographe conçue selon ces principes, utilisant des signes diacritiques uniques pour représenter des schèmes lexicaux complets (c.-à-d. des schèmes de mots complets tels qu'ils sont réalisés au niveau de la sortie de la phonologie lexicale) serait moins opaque qu'une orthographe représentant le schème tonal sous-jacent de chaque morphème, mais plus opaque qu'une orthographe représentant tous les tons de chaque schème lexical. Une telle orthographe

la plus élevée) communique aux lecteurs l'identité des symboles orthographiques, la vision parafovéale (ce qui est perçu au-delà de la vision fovéale) communique « des caractéristiques visuelles de plus bas niveau, comme la longueur et la forme visuelle des mots » [Anglais : "lower level visual features, such as the length and the visual shape of words"] (Hyönä 2012).

[30] À notre connaissance, cette stratégie n'a jamais été employée ni même testée, mais elle est soumise aux lecteurs pour nourrir la réflexion.

est, en principe, un peu mieux adaptée aux lecteurs avancés qu'aux débutants, mais elle est sans doute beaucoup plus difficile à enseigner.

Deuxièmement, il est possible d'utiliser, avant ou après les mots ou les syllabes, des signes de ponctuation afin d'indiquer les oppositions tonales, ce qui a été fait en Côte d'Ivoire pour un certain nombre de langues, dont l'attié [ati]. Selon Kutsch Lojenga (2014 : 58), cette stratégie fonctionne mieux pour les langues dont les mots sont principalement monosyllabiques. Cependant, cette tradition est actuellement en déclin en Côte d'Ivoire, plusieurs communautés linguistiques l'ayant abandonnée au profit des accents. En revanche, les signes de ponctuation sont utilisés avec succès en sabaot comme signes diacritiques pour encoder des distinctions grammaticales (voir ci-dessus).

Troisièmement, certaines langues du Mexique ont utilisé des chiffres placés en exposant après chaque syllabe pour représenter les hauteurs tonales (où le chiffre 1 indique le ton le plus haut, et le chiffre 4 le plus bas). Cette stratégie, tout comme celle de la ponctuation, est apparemment en train de céder la place à l'utilisation des accents (Kutsch Lojenga 2014 : 58-59).

Enfin, Kutsch Lojenga (2014 : 59) rapporte que certaines langues africaines ont tenté d'utiliser des consonnes autrement redondantes pour représenter le ton. L'auteur admet que cette stratégie n'a pas bien réussi, en partie parce que les africains ayant appris à lire des langues européennes attachent une certaine valeur sonore à ces consonnes et ont de la peine à les réinvestir d'une signification tonale.

En fin de compte, quelle que soit la stratégie adoptée, pour établir quel type d'orthographe est le mieux adapté aux besoins de la communauté linguistique, il est important de mener des tests approfondis, puis d'en publier les résultats[31].

4.6 Pédagogie du ton

Une des conséquences de la représentation de schèmes tonals complets tels qu'ils sont réalisés au niveau de la sortie de la phonologie lexicale concerne la façon dont le ton est enseigné. La plupart des abécédaires semblent se concentrer sur l'opposition entre les tons phonémiques individuels associés à des UPT individuels (ton haut vs ton moyen ; ton bas vs ton descendant ...). Cette manière d'enseigner pose au moins deux problèmes.

Tout d'abord, les locuteurs natifs des langues à tons ne sont pas très conscients des tons individuels dans les mots aux radicaux simples et encore moins dans les mots aux radicaux composés et complexes, il est donc difficile de leur apprendre à lire des schèmes tonals compliqués. Lorsqu'on leur demande d'identifier le ton d'une syllabe ou d'une UPT particulière au sein d'un mot ou d'une courte phrase, la plupart des locuteurs natifs entraînés commencent par dire l'énoncé ou par siffler le schème tonal, puis comptent le nombre de battements jusqu'à ce qu'ils arrivent à la partie du schème tonal associée à la syllabe ou à l'UPT en question. En revanche, lorsqu'on leur demande d'identifier le schème tonal complet d'un mot, ces mêmes locuteurs natifs peuvent généralement le faire sans réfléchir.

Le deuxième problème posé par le matériel pédagogique qui se concentre sur les tons individuels plutôt que sur les schèmes tonals des mots entiers est que le temps consacré à l'enseignement de la lecture des tons n'est pas suffisant. De nombreux abécédaires ne fournissent pas plus d'une ou deux leçons sur chaque ton, conformément à la manière dont les consonnes et les voyelles sont enseignées. Pour une orthographe conçue selon les lignes préconisées dans le présent ouvrage, une meilleure approche serait de se concentrer sur l'enseignement des oppositions entre les schèmes tonals des mots. Encore une fois, il s'agit des schèmes tonals tels qu'ils sont réalisés au niveau de la sortie de la phonologie lexicale. Rappelons les données en mendé dans le chapitre 1, reprises ci-dessus dans ce chapitre dans l'exemple (13). En mendé, une approche pédagogique traditionnelle de la graphie tonale consacrerait probablement cinq

---

[31] Pour un excellent survol de trente ans d'expériences sur la graphie tonale des langues d'Afrique de l'Ouest, voir Roberts (2008b).

leçons à l'enseignement des cinq tons contrastifs (à savoir, haut, bas, descendant, montant, et montant-descendant) trouvés sur les mots monosyllabiques (voir la première colonne de l'exemple [13] dans la sec. 4.4.1). L'approche préconisée ici, en revanche, comporterait au moins quinze leçons consacrées au ton, une pour chaque schème tonal de mots (cinq schèmes tonals lexicaux multipliés par trois profils syllabiques au niveau du mot). Non seulement cette approche correspondrait davantage à la perception des locuteurs natifs, mais elle augmenterait considérablement le nombre de leçons consacrées au ton, ce qui, naturellement, permettrait un meilleur renforcement de la matière enseignée.

4.7 Conclusion

De nombreuses personnes qui sont confrontées à la tâche d'élaborer une orthographe pour une langue à tons sont malheureusement intimidées par les tons, et dans de nombreux cas, ne comprennent pas comment analyser un système tonal. Le lecteur qui est arrivé à ce stade du présent chapitre se sentira, nous l'espérons, moins menacé. Afin de renforcer les concepts enseignés dans ce livre, voici un résumé point par point des étapes essentielles dans l'analyse d'une langue à tons (section 4.7.1) et dans l'élaboration d'une graphie tonale pour celle-ci (section 4.7.2).

4.7.1 Analyse linguistique

La liste récapitulative (16) résume les discussions du chapitre 2 concernant la meilleure façon d'effectuer l'analyse d'un système tonal.

(16) Étapes à suivre pour effectuer une analyse correcte d'un système tonal
   a) Éliciter une liste substantielle d'au moins 1.000 mots dans la langue.
   b) De préférence à l'aide d'une base de données numérique, classer les mots, comme indiqué au chapitre 2, afin que les facteurs ayant potentiellement une influence soient les mêmes pour tous les mots à l'intérieur de chaque groupe. Cela permet de s'assurer que toute différence tonale entre les mots de chaque groupe est due à des différences dans leurs schèmes tonals sous-jacents et non aux différences induites par des facteurs extérieurs.
   c) Pour chacun de ces groupes, identifier les schèmes tonals qui s'opposent au sein de chaque groupe et déterminer leurs formes sous-jacentes (/H, BH.../) au mieux de ses capacités. Si on ne parvient pas à attribuer une étiquette linguistiquement précise à chaque schème tonal contrastif, il convient de leur attribuer au moins des étiquettes abstraites (schème tonal A, schème tonal B ...).
   d) Éliciter les différents morphèmes au sein de la base de données dans autant d'environnements morphologiques et syntaxiques différents que possible (voir les discussions au chapitre 2) et observer les éventuelles alternances tonales qui se produisent. Cela inclut les environnements qui entraînent des distinctions que l'on appelle généralement le ton grammatical. À ce stade, il est plus important d'identifier les processus responsables des différentes alternances tonales que de les expliquer dans une analyse approfondie et complète.
   e) Enfin, en suivant les critères présentés dans la liste récapitulative (14) ci-dessus, identifier les processus qui sont lexicaux et ceux qui sont post-lexicaux.

En bref, il s'agit de déterminer les schèmes tonals contrastifs pour chaque catégorie de morphèmes dans la langue, en tenant compte de leurs différents environnements ; d'observer les alternances que ces schèmes tonals subissent dans les différents environnements dans lesquels ils se trouvent ; et d'identifier si les processus et/ou contraintes responsables de ces alternances sont de nature lexicale ou post-lexicale.

4.7.2 Elaboration de l'orthographe

La liste récapitulative (17) résume les discussions dans ce chapitre concernant la manière d'élaborer une orthographe.

(17) Étapes de l'élaboration d'une orthographe
   a) Effectuer des tests approfondis de lecture avec des textes de différents genres et de différents degrés de complexité. Afin de déterminer s'il existe des troubles de lecture orale et de compréhension, tester ces textes dépourvus de marques de ton. En l'absence de problème particulier, envisager de ne pas représenter le ton orthographiquement.
   b) Les tests peuvent révéler que les locuteurs natifs n'ont aucun problème avec le ton lexical mais ont des problèmes importants pour reconnaître certaines distinctions grammaticales (de personne, de temps, d'aspect...) indiquées uniquement par le ton. Dans ce cas, envisager de représenter uniquement les différentes distinctions grammaticales par des signes diacritiques ou par d'autres moyens. Une telle représentation doit se limiter à la distinction des morphèmes grammaticaux, et non aux éléments lexicaux des grandes catégories de mots.
   c) Si les tests effectués sur des textes dépourvus de marques de ton révèlent que les lecteurs manifestent un degré inacceptable de difficulté à distinguer des lexèmes ayant des schèmes tonals différents, essayer de déterminer la nature du ou des problème(s).
   d) Après avoir identifié les différents processus phonologiques de la langue, et après avoir distingué les processus lexicaux des processus post-lexicaux, élaborer une graphie tonale de manière à exclure les effets des processus post-lexicaux.
   e) Pour les langues faisant usage du ton grammatical, il est également important d'élaborer des graphies tonales pour les mots tels qu'ils sont réalisés dans différentes conjugaisons (p. ex., avec différents marqueurs sujet et objet et dans différents temps et aspects). Là encore, veiller à exclure tout effet des processus post-lexicaux.
   f) Enfin, il est important de tester des textes écrits avec l'orthographe proposée et des textes dépourvus de marques de ton afin de confirmer que les problèmes précédemment identifiés sont effectivement résolus. Ces tests doivent être effectués sur des échantillons de taille suffisamment importante pour révéler la significativité statistique d'une éventuelle différence. Et bien sûr, afin d'aider la discipline à affiner la conception de futurs tests, la publication des résultats de ses recherches est indispensable.

5

Analyse tonologique du chumburung

Les chapitres précédents ont présenté le double objectif de l'analyse du ton. Il s'agit, dans un premier temps, de découvrir les différents schèmes tonals sous-jacents possibles pour tout morphème donné et, dans un deuxième temps, de découvrir et expliquer les différentes manières dont ces schèmes s'associent aux UPT et se réalisent phonétiquement dans leurs divers environnements. Ce chapitre se propose de découvrir les schèmes tonals sous-jacents des racines nominales en chumburung, ainsi que d'identifier et d'expliquer leur comportement dans divers environnements, en suivant la méthode présentée au chapitre 2. En raison de la nature pédagogique de cet ouvrage, seront proposées des références détaillées pour les procédures d'analyse appliquées à chaque étape. Cependant, cet ouvrage n'est pas destiné à servir de référence sur la langue chumburung[1]. Un ouvrage de référence standard comprendrait beaucoup plus de détails, notamment à propos des verbes, ce qui n'apporterait pas un plus grand éclairage à la compréhension essentielle du système tonal. Il existe également un système de classes nominales dans lequel tous les préfixes se comportent de la même manière quant au ton. Cela signifie qu'une fois que l'on sait comment les préfixes nominaux se comportent dans deux ou trois classes, la répétition des procédures d'analyse pour les autres classes apporte un faible gain pédagogique. De plus, comme les processus phonologiques relatifs aux tons des noms sont essentiellement les mêmes que ceux des verbes, cette étude traite principalement des noms, afin d'éviter d'inutiles répétitions. L'attention n'est donc accordée au système verbal que dans la mesure où il permet d'améliorer notre compréhension du système nominal.

Comme c'est le cas pour toutes les langues naturelles, le chumburung présente un certain désordre, de sorte que certaines particularités ont été exclues si le fait de les prendre en compte pouvait nuire à l'objectif général qui est d'illustrer la méthode. Certaines idiosyncrasies sont incluses, mais seulement dans la mesure où elles contribuent à nos objectifs.

Le chumburung est une langue guang parlée au Ghana. Le groupe guang appartient à la famille kwa, qui fait partie du grand phylum nigéro-congolais. Afin de mieux comprendre la discussion du ton nominal, le lecteur trouvera utiles les informations pertinentes suivantes sur la phonologie et la morphologie de la langue.

Commençons avec l'inventaire des voyelles de surface (1) :

---

[1] Une description générale de la phonologie et de la morphosyntaxe du chumburung se trouve dans Hansford (1988).

(1) Inventaire des voyelles de surface du chumburung

	−ATR		+ATR	
+HAUTE	ɪ	ʊ	i	u
−HAUTE	ɛ	ɔ	e	o
	a		ə	

Bien qu'il y ait dix voyelles en surface, il n'y en a que neuf sur le plan sous-jacent, les voyelles [ə] et [a] étant en distribution complémentaire, en l'occurrence dans les mots phonologiques [ə] n'apparaît qu'à gauche des voyelles +ATR (c.-à-d. racine de la langue avancée), et [a] n'apparaît jamais à gauche des voyelles +ATR. Les voyelles d'un seul et même mot sont normalement soit toutes +ATR, soit toutes −ATR. Les seules exceptions sont les formes composées dans lesquelles deux racines sont issues de groupes harmoniques différents (p. ex., kìsárɪ́í-d͡ʒì 'doigt', wúrú-bʷárì 'Dieu'), ou lorsque la voyelle [a] se trouve à droite d'une voyelle +ATR (p. ex., kùrùmá 'âne'). Dans le cas de kìsárɪ́í-d͡ʒì, la qualité +ATR de la voyelle de la deuxième racine se propage sur la voyelle précédente, la rendant [i] au lieu de [ɪ] (p. ex., kìsárí? 'bras').

L'harmonie ATR existe également entre les voyelles des radicaux et des préfixes, ces derniers s'harmonisant toujours avec les premiers en ce qui concerne le trait ATR. De plus, le préfixe de classe kI- s'harmonise avec la spécification ARRONDIE (arrondissement des lèvres) de la première voyelle du radical, sauf si la première consonne du radical est LABIALE. Dans ce cas particulier, l'harmonie peut facultativement être bloquée. Les exemples (2) et (3) illustrent ces faits.

(2) Harmonie vocalique entre les radicaux et le préfixe kI- en chumburung

		−ATR		+ATR	
−Rd		kì-sìbɔ́	'oreille'	kí-jí?	'arbre'
		kí-kɛ́?	'coussin de tête'	kì-té?	'histoire, conte'
		kì-pá	'chapeau'	kì-jé?	'viande (morceau)'
+Rd		kù-kùtɔ̀	'griffe'	kù-ɲú	'tête'
		kù-kɔ́	'dette'	kú-d͡ʒó	'igname'

(3) Blocage facultatif de l'harmonie ARRONDIE en présence d'une consonne LABIALE en chumburung

	−ATR		+ATR	
kí-pú ~ kú-pú		'forêt'	kì-bú ~ kù-bú	'pierre'
kí-fúrî ~ kú-fúrî		'rocher'	kì-bòŋìráŋ ~ kù-bòŋìráŋ	'cloche'

Les processus d'assimilation des voyelles se produisent également à travers les frontières des mots au sein des phrases phonologiques, et le lecteur attentif remarquera que certains des résultats de ces processus sont représentés dans les transcriptions phonétiques des exemples et également dans les exercices chumburung en ligne (en français)[2]. Les processus en question sont uniquement ceux qui concernent les voyelles +HAUTE, qui sont les plus faciles à entendre. Voici les processus pertinents pour les représentations du présent chapitre[3]. Chaque

---

[2] Les exercices en français sont disponibles en bas du lien suivant : https://www.sil.org/resources/publications/toneanalysis_teachermaterials.

[3] L'examen approfondi de ces processus dépasse le cadre de cette brève introduction. Le lecteur intéressé trouvera une discussion plus complète dans Snider (1985, 1989).

Analyse tonologique du chumburung

fois qu'une voyelle +Haute, −ATR côtoie une syllabe avec une voyelle +ATR à travers une frontière de mot, la voyelle −ATR se réalise +ATR, indépendamment de l'ordre des syllabes. Par exemple, /dápú kíké/ → [dápú kíké] 'panier du milan' ([dápú] : 1e syllabe −ATR, 2ᵉ syllabe +ATR), et /bùnì kìpá/ → [bùnì kìpá] 'chapeau du papillon' ([kìpá] : 1e syllabe +ATR, 2ᵉ syllabe −ATR). De la même manière, lorsqu'une voyelle +Haute, −Arrondie se trouve à gauche d'une frontière de mot suivie d'une syllabe à voyelle +Arrondie, elle se réalise +Arrondie (p. ex., /bùnì kùkùt͡ʃé/ → [bùnù kùkùt͡ʃé] 'huître du papillon'). En revanche, si la consonne entre les deux voyelles est +Labiale, la propagation ne se produit que facultativement (p. ex., /kíd͡ʒí bùnì/ → [kíd͡ʒú búnì] ~ [kíd͡ʒí búnì] 'papillon de la semence'). À la différence de la situation avec l'assimilation +ATR, la propagation +Arrondie ne se produit que vers la gauche. Ainsi, si une voyelle +Haute, −Arrondie se trouve à droite d'une frontière de mot précédée d'une syllabe à voyelle +Arrondie, la propagation +Arrondie ne se produit pas (p. ex., /dápú kíd͡ʒá/ → [dápú kíd͡ʒá] 'marché du milan', *[dápú kúd͡ʒá]).

Lorsque deux voyelles se côtoient en chumburung, le hiatus se résout (Snider 1989). En substance, le noyau de la syllabe résultante est constitué de la seconde des deux voyelles, qui, avant la suppression de la première, subit potentiellement deux processus assimilatoires. Dans un premier temps, si la première voyelle est +ATR et la seconde est +Haute, la seconde voyelle se réalise +ATR, quelle que soit sa spécification sous-jacente quant au trait ATR. Dans un deuxième temps, si la première voyelle est −Haute, la seconde se réalise −Haute, quelle que soit sa spécification sous-jacente quant aux traits Haute et ATR. Enfin, si la voyelle supprimée est +Arrondie, la consonne précédente se réalise avec un relâchement arrondi. L'exemple (4) illustre la résolution de hiatus, avec les voyelles résultantes soulignées.

(4) Résolution de hiatus en chumburung

V1 +ATR +Haute V2 −ATR +Haute	V1 +ATR +Haute V2 −ATR −Haute
ìwú ìsá → [ìwí‘sá] 'trois épines' épines trois	ə̀ɲú àsá → [ə̀ɲʷá‘sá] 'trois têtes' têtes trois
V1 +ATR −Haute V2 −ATR +Haute	V1 +ATR −Haute V2 −ATR −Haute
íd͡ʒó ìsá → [ìd͡ʒʷè̱sá] 'trois ignames' ignames trois	ɔ́k͡pé àsá → [ə̀k͡pà̱sá] 'trois sorcières' sorcières trois
V1 −ATR +Haute V2 −ATR +Haute	V1 −ATR +Haute V2 −ATR −Haute
ìbúrí ìsá → [ìbúrí‘sá] 'trois voix' voix trois	àɲárí àsá → [àɲárá‘sá] 'trois noms' noms trois
V1 −ATR −Haute V2 −ATR +Haute	V1 −ATR −Haute V2 −ATR −Haute
ìk͡páŋŋá ìsá → [ìk͡páŋŋé‘sá] 'trois chevaux' chevaux trois	átɔ́ àsá → [àtʷà̱sá] 'trois choses' choses trois

La dernière information utile concerne le comportement de l'occlusive glottale. Celle-ci ne se produit que lorsqu'elle est suivie d'une pause (c.-à-d. en fin de phrase) et ce, uniquement dans deux environnements, en l'occurrence, à la fin de toutes les phrases négatives (exemple [5a]) et à la fin de certains mots en fin de phrase, y compris en isolation (exemple [5b]). Dans cette position, une more est attribuée à l'occlusive glottale, mais en position médiane de phrase, elle est attribuée à la voyelle précédente. En d'autres termes, la syllabe qui se réalise phonétiquement comme CVʔ en fin de phrase se prononce CVV au sein d'une phrase.

(5) Comportement de l'occlusive glottale en chumburung

    a.   nàná má nú dápú?   'le petit-fils n'entendra pas le milan'   cf. dápú 'milan'
        nàná má ŋú búnì?   'le petit-fils ne verra pas le papillon' cf. bùnì 'papillon'

    b.   kìsárí?   'bras, main'   cf. kìsáríi-d͡ʒì 'finger (litt. main-enfant)'
        kìd͡ʒàbú?   'boiteux'   cf. kìd͡ʒàbúʊ 'dápú 'milan du boiteux'

En ce qui concerne la morphologie, la plupart des noms comportent un préfixe segmental de classe nominale suivi d'un radical (p. ex., kí-pú 'forêt' á-pú 'forêts'). Il devient évident que les préfixes s'apposent aux radicaux et non aux racines lorsqu'on considère les radicaux non simples. Le terme ɔ̀-t͡ʃĩ́? 'femme' appartient à la classe O-, qui sert à désigner les êtres humains ainsi que certains animaux et oiseaux importants. La racine /t͡ʃĩ/ peut se combiner avec le verbe /kpá/ 'aimer, vouloir', pour former le radical composé [t͡ʃĩ-kpá]. Le terme complet, kà-t͡ʃĩ́-kpá signifie littéralement, 'amour-femme' ou 'adultère (avec une femme)'. Le préfixe de ce mot n'est pas O-, mais plutôt kA-, ce qui est pertinent pour le sujet qui nous occupe et peut être contraire aux attentes. Si le préfixe O- convient au terme ɔ̀-t͡ʃĩ́? parce que le référent est un être humain, il ne convient pas au concept d'adultère, qui lui, appartient à la classe kA-. Le choix du préfixe kA- plutôt que O- démontre clairement que le choix est sensible au radical, et non à la racine qui suit immédiatement.

La méthode proposée dans ce livre rend les phénomènes tonals plus transparents sans chercher à les expliquer. Tel est l'apport de la théorie linguistique. La théorie est quelque chose de fondamental : quiconque entreprend une analyse linguistique envisage nécessairement les faits au travers de tel prisme théorique ou tel autre. En revanche, le présent ouvrage ne vise pas à expliquer l'intégralité des faits tonals observés en chumburung. En effet, ce livre ne constitue pas un ouvrage de référence sur le ton chumburung : son but est d'enseigner une méthode générale d'analyse du ton, qui révèle les phénomènes et les rend accessibles à des explications théoriques.

Dans ce chapitre, la section 5.1 présente la liste de mots chumburung qui constitue la base de l'analyse et examine les différents champs pertinents de la base de données. La section 5.2 présente une analyse complète d'une première série de mots, constituée d'un sous-ensemble de noms. Elle prend en compte leurs formes en isolement et au pluriel, ainsi que leurs réalisations de surface dans différents environnements syntaxiques. Les trois sections suivantes traitent de tous les mots restants de la base de données. On trouve une analyse de ces mots dans leurs formes d'isolement (section 5.3), dans d'autres environnements morphologiques, à savoir les noms au pluriel et les formes nominalisées des verbes (section 5.4), ainsi que dans des environnements syntaxiques autres que l'isolement (section 5.5). Enfin, la section 5.6 présente un résumé de l'analyse et une discussion de certaines données qui m'ont longtemps laissé perplexe.

5.1 Configuration de la base de données et saisie

Cette section démontre, sous forme de tableau, comment saisir ce qui est pertinent pour l'analyse du ton dans une base de données.

Puisque les consonnes dans les langues guang ne sont pas connues pour avoir une influence sur le ton, la base de données ne comprend pas de champ désigné pour les consonnes des radicaux. Il faudra cependant prévoir un champ pour les schèmes tonals sous-jacents des racines, mais il n'apparaît pas dans le tableau 1 car à ce stade de l'analyse, cette information n'est pas encore connue. De plus, comme il n'y a pas de système de classes verbales en chumburung, le champ intitulé « classe » est vide pour les verbes. Les abréviations dans le tableau 1 sont les suivantes :

n.	Nom	RS	Radical simple	RX	Radical complexe
v.	Verbs	RC	Radical composé		

Cette base de données est constituée d'un ensemble de mots chumburung qui ont été soigneusement sélectionnés en vue de démontrer la méthode présentée au chapitre 2.

5.1 Configuration de la base de données et saisie

Tableau 1. Base de données chumburung

Réf.	Glose	Segments (SG)	Tons de surface (SG)	Classe (SG)	Segments (PL)	Tons de surface (PL)	Cat. Gram.	Classe (PL)	Structure syllabique du radical	Type de radical
001	'sein'	kɪ[ɲapʊ]	[- /]	kɪ-	a[ɲapʊ]	[- /]	n.	A-	CVCV	RS
002	'nez'	[mʊrɔbɔ]	[- - -]	Ø-	ɪ[mʊrɔbɔ]	[- - -]	n.	I-	CVCVCV	RC
003	'épaule'	kɪ[baʔ]	[- -]	kɪ-	a[baʔ]	[- -]	n.	A-	CVC	RS
004	'hanche'	kɪ[laŋ]	[- /]	kɪ-	a[laŋ]	[- /]	n.	A-	CVN	RS
005	'mollet'	[tʃipi]	[- -]	Ø-	i[tʃipi]	[- -]	n.	I-	CVCV	RS
006	'cœur'	[duŋ]	[/]	Ø-	i[duŋ]	[- -]	n.	I-	CVN	RS
007	'rein'	ki[tʃeʔ]	[- -]	kɪ-	ə[tʃeʔ]	[- /]	n.	A-	CVC	RS
008	'veine'	ki[tʃini]	[- /]	kɪ-	ə[tʃini]	[- /]	n.	A-	CVCV	RS
009	'salive' (gouttelette)	kʊ[tʃɔnɪ]	[- -]	kɪ-	a[tʃɔnɪ]	[- -]	n.	A-	CVCV	RS
010	'mucosité'	[weʔ]	[-]	Ø-	ɪ[weʔ]	[- -]	n.	I-	CVC	RS
011	'toux'	kʊ[wɔ]rɪ	[- - -]	kɪ-	a[wɔ]rɪ	[- - -]	n.	A-	CV]CV	RX
012	'plaie'	[ɔ]rɪ	[- -]	Ø-	ɪ[ɔ]rɪ	[- -]	n.	I-	CV	RS

013	'folie'	ɪ[bʊŋ]		I-		n.	--	CVN	RS
014	'plan'	kɪ[k͡pini]		kI-	ə[k͡pini]		n.	A-	CVCV	RS
015	'nom'	kɪ[ɲa]rɪ		kI-	a[ɲa]rɪ		n.	A-	CV]CV	RX
016	'coépouse'	[t͡ʃamʊna]		Ø-	a[t͡ʃamʊna]		n.	A-	CVCVCV	RC
017	'boucher (n.)'	[naakɔsɪ]		Ø-	a[naakɔsɪ]		n.	A-	CVVCVCV	RC
018	'proverbe'	kɪ[k͡pa]rɪ		kI-	a[k͡pa]rɪ		n.	A-	CV]CV	RX
019	'marché (n.)'	kɪ[d͡ʒa]		kI-	a[d͡ʒa]		n.	A-	CV	RS
020	'ferme (n.)'	kʊ[dɔʔ]		kI-	a[dɔʔ]		n.	A-	CVC	RS
021	'chapeau'	kɪ[pa]		kI-	a[pa]		n.	A-	CV	RS
022	'pagne'	[wad͡ʒa]		Ø-	a[wad͡ʒa]		n.	A-	CVCV	RS
023	'morceau'	kɪ[tiŋ]		kI-	ə[tiŋ]		n.	A-	CVN	RS
024	'viande (morceau)'	kɪ[jeʔ]		kI-	ə[jeʔ]		n.	A-	CVC	RS
025	'mortier'	kɪ[pɪnɪ]		kI-	a[pɪnɪ]		n.	A-	CVCV	RS
026	'bol en argile'	[d͡ʒa]rɪ		Ø-	ɪ[d͡ʒa]rɪ		n.	I-	CV]CV	RX

5.1 Configuration de la base de données et saisie

027	'sac'	[bɔtɪ]	[- -]	Ø-	ɪ[bɔtɪ]	[- / - -]	n.	I-	CVCV	RS
028	'panier'	ki[ke]	[- / -]	kɪ-	ə[ke]	[- -]	n.	A-	CV	RS
029	'cruche'	kɪ[laŋ]	[- -]	kɪ-	a[laŋ]	[- / -]	n.	A-	CVN	RS
030	'concession'	[lɔŋ]	[- / -]	Ø-	ɪ[lɔŋ]	[- / - -]	n.	I-	CVN	RS
031	'abri'	kɪ[dʒaŋ]	[- / -]	kɪ-	a[dʒaŋ]	[- / -]	n.	A-	CVN	RS
032	'chambre'	kɪ[tʃaŋ]	[- -]	kɪ-	a[tʃaŋ]	[- / -]	n.	A-	CVN	RS
033	'entrée'	[punɪ]	[- / -]	Ø-	ɪ[punɪ]	[- - -]	n.	I-	CVCV	RS
034	'couverture de porte'	ku[suŋ]	[- / -]	kɪ-	ə[suŋ]	[- / -]	n.	A-	CVN	RS
035	'travail'	ku[suŋ]	[- -]	kɪ-	ə[suŋ]	[- / -]	n.	A-	CVN	RS
036	'aiguille'	[basa]	[- -]	Ø-	ɪ[basa]	[- - -]	n.	I-	CVCV	RS
037	'machette'	kɪ[paŋ]	[- / -]	kɪ-	a[paŋ]	[- / -]	n.	A-	CVN	RS
038	'arc'	kɪ[ta]	[- -]	kɪ-	a[ta]	[- -]	n.	A-	CV	RS
039	'bâton de jet'	[k͡puraka]	[- / -]	Ø-	ɪ[k͡puraka]	[- - / - -]	n.	I-	CVCVCV	RC
040	'barrage à poissons'	[wuɟri]	[- -]	Ø-	i[wuɟri]	[- - -]	n.	I-	CV]CV	RX

#	gloss	form	tone	stem	pref	stem2	tone2		class	shape	type
041	'dette'	kʊ[kɔ]	[- -]	kʊ-	a[kɔ]	[- -]		n.	A-	CV	RS
042	'pagaie'	kɪ[baŋ]	[- /]	kɪ-	a[baŋ]	[- /]		n.	A-	CVN	RS
043	'coussin de tête'	kɪ[kɛʔ]	[- -]	kɪ-	a[kɛʔ]	[- -]		n.	A-	CVC	RS
044	'guerre'	kɪ[naʔ]	[- -]	kɪ-	a[naʔ]	[- -]		n.	A-	CVC	RS
045	'cimetière'	[purek͡pa]	[- - /]	Ø-	i[purek͡pa]	[- - /]		n.	I-	CVCVCV	RC
046	'singe'	[kɔtɪ]	[- -]	Ø-	a[kɔtɪ]	[- -]		n.	A-	CVCV	RS
047	'antilope'	[fʊ]rɪ	[- /]	Ø-	a[fʊ]rɪ	[- /]		n.	A-	CV]CV	RX
048	'pintade'	[t͡ʃaŋ]	[- -]	Ø-	a[t͡ʃaŋ]	[- -]		n.	A-	CVN	RS
049	'milan'	[dapʊ]	[- -]	Ø-	a[dapʊ]	[- -]		n.	A-	CVCV	RS
050	'serpent'	kʊ[wɔ]	[- -]	kʊ-	a[wɔ]	[- -]		n.	A-	CV	RS
051	'python'	kɪ[t͡ʃaʔ]	[- -]	kɪ-	a[t͡ʃaʔ]	[- -]		n.	A-	CVC	RS
052	'lézard'	[ke]ri	[- /]	Ø-	i[ke]ri	[- -]		n.	I-	CV]CV	RX
053	'huître'	kʊ[kut͡ʃe]	[- -]	kʊ-	ə[kut͡ʃe]	[- -]		n.	A-	CVCV	RS
054	'pou'	[k͡pabʊ]	[- -]	Ø-	i[k͡pabʊ]	[- -]		n.	I-	CVCV	RS

5.1 Configuration de la base de données et saisie

055	'papillon'	[buni]	[-´]	∅-	i[buni]	[-´]	n.	I-	CVCV	RS
056	'corne'	kʊ[t͡ʃ]rɪ	[-']	kɪ-	a[t͡ʃ]rɪ	[-']	n.	A-	CV]CV	RX
057	'bosse (de vache)'	kʊ[kɔŋ]	[-]	kɪ-	a[kɔŋ]	[-]	n.	A-	CVN	RS
058	'traces d'animal'	kɪ[bʊ]rɪ	[-´]	kɪ-	a[bʊ]rɪ	[-´]	n.	A-	CV]CV	RX
059	'plume'	ki[teʔ]	[-]	kɪ-	ə[teʔ]	[-]	n.	A-	CVC	RS
060	'coquille'	kɪ[d͡ʒafʊ]	[-]	kɪ-	a[d͡ʒafʊ]	[-]	n.	A-	CVCV	RS
061	'nid'	kɪ[saʔ]	[-]	kɪ-	a[saʔ]	[-]	n.	A-	CVC	RS
062	'cocotier'	[kube]	[-]	∅-	ə[kube]	[-]	n.	A-	CVCV	RS
063	'arbre épineux'	kʊ[wiʔ]	[-]	kɪ-	ə[wiʔ]	[-]	n.	A-	CVC	RS
064	'épine'	[wu]	[-]	∅-	i[wu]	[-]	n.	I-	CV	RS
065	'herbe'	ɪ[fa]	[-´]	I-	--	--	n.	--	CV	RS
066	'creux (d'arbre)'	kʊ[lɔŋ]	[-]	kɪ-	a[lɔŋ]	[-]	n.	A-	CVN	RS
067	'semence'	ki[d͡ʒi]	[-]	kɪ-	ə[d͡ʒi]	[-]	n.	A-	CV	RS
068	'bourgeon'	ki[fu]ri	[-]	kɪ-	ə[fu]ri	[-]	n.	A-	CV]CV	RX

069	'pousse d'igname'	[baʔ]		∅-	ɪ[baʔ]		n.	I-	CVC	RS
070	'orange'	ku[kuti]		kɪ-	ə[kuti]		n.	A-	CVCV	RS
071	'caoutchouc (gouttelette)'	kɪ[maʔ]		kɪ-	a[maʔ]		n.	A-	CVC	RS
072	'sentier'	[k͡pa]		∅-	ɪ[k͡pa]		n.	I-	CV	RS
073	'bord'	[kɛʔ]		∅-			n.	A-	CVC	RS
074	'forêt'	kɪ[pʊ]		kɪ-	a[pʊ]		n.	A-	CV	RS
075	'montagne'	kɪ[bɪʔ]		kɪ-	a[bɪʔ]		n.	A-	CVC	RS
076	'rocher'	kɪ[fʊ]rɪ		kɪ-	a[fʊ]rɪ		n.	A-	CV]CV	RX
077	'pierre'	ki[bu]		kɪ-	ə[bu]		n.	A-	CV	RS
078	'étang'	kɪ[pa]rɪ		kɪ-	a[pa]rɪ		n.	A-	CV]CV	RX
079	'rivière'	[buŋ]		∅-	ɪ[buŋ]		n.	I-	CVN	RS
080	'nuage'	kʊ[wʊ]rɪ		kɪ-	a[wʊ]rɪ		n.	A-	CV]CV	RX
081	'vois !'	[ɲu]					v.	--	CV	RS
082	'frappe !'	[da]					v.	--	CV	RS

5.1 Configuration de la base de données et saisie

083	'tords !'	[ki?]	⌐	⋮	⋮	⋮	v.	⋮	CVC	RS
084	'mange !'	[dʒi]	╱	⋮	⋮	⋮	v.	⋮	CV	RS
085	'mords !'	[duŋ]	╱	⋮	⋮	⋮	v.	⋮	CVN	RS
086	'coupe !'	[tɯŋ]	╱	⋮	⋮	⋮	v.	⋮	CVN	RS
087	'rôtis !'	[tɔ]	╱	⋮	⋮	⋮	v.	⋮	CV	RS
088	'fris !'	[kɪ?]	⌐	⋮	⋮	⋮	v.	⋮	CVC	RS
089	'veuille !'	[k͡pa]	╱	⋮	⋮	⋮	v.	⋮	CV	RS
090	'obtiens !'	[ɲa]	╱	⋮	⋮	⋮	v.	⋮	CV	RS
091	'perds !'	[paŋ]	╱	⋮	⋮	⋮	v.	⋮	CVN	RS
092	'envoie !'	[suŋ]	╱	⋮	⋮	⋮	v.	⋮	CVN	RS
093	'empêche !'	[kuŋ]	╱	⋮	⋮	⋮	v.	⋮	CVN	RS
094	'éclos !'	[bo]	╱	⋮	⋮	⋮	v.		CV	RS
095	'poursuis !'	[dʒa]	╱	⋮	⋮	⋮	v.	⋮	CV	RS
096	'donne !'	[sa]	╱	⋮	⋮	⋮	v.	⋮	CV	RS

097	'prends !'	[ta?]	[−]	¦	¦	¦	v.	CVC	RS
098	'achète !'	[sɔ?]	[−]	¦	¦	¦	v.	CVC	RS
099	'ensorcelle !'	[t͡ʃɔ]	[´]	¦	¦	¦	v.	CV	RS
100	'chavire !'	[buŋ]	[´]	¦	¦	¦	v.	CVN	RS

5.1 Configuration de la base de données et saisie

Bien que la plupart des informations du tableau 1 ne nécessitent pas d'explications, le lecteur appréciera l'utilité de la discussion suivante.

Les radicaux nominaux en chumburung s'identifient par la comparaison des noms singuliers avec leurs homologues pluriels. Par exemple, dans le cas de l'entrée n° 001 kí[ɲápû] 'sein', puisque la forme plurielle est á[ɲápû] 'seins' (voir section 5.4), la division en morphèmes est relativement simple. Il en va de même pour l'entrée n° 002 múrɔ́bɔ́ 'nez', étant donné que la forme plurielle est ɩ̀[múrɔ́bɔ́] 'des nez'. Il y a deux noms indénombrables dans la liste des singuliers, il s'agit des entrées n°s 013 ì[búŋ] 'folie' et 065 í[fá] 'herbe', et tous deux ont une voyelle initiale. Comme tous les radicaux nominaux en chumburung commencent par des consonnes, nous pouvons dire sans risque que ces noms appartiennent à la classe I- (cf. la classe plurielle de mots tels que múrɔ́bɔ́/ ì[múrɔ́bɔ́]). Il est plus compliqué de décider ce qui constitue une racine, par opposition à un radical ; nous traitons cela ci-dessous. En outre, il existe un autre mot, l'entrée n° 073 kɛ́ʔ 'bord', qui n'a pas de correspondant pluriel. La raison de cette absence est jusqu'à présent inconnue.

Dans le champ « type de radical » on trouve l'étiquette « RC » pour les cinq noms reproduits dans l'exemple (6), indiquant un radical composé.

(6) Radicaux composés en chumburung

002	'nez'	[mʊrɔbɔ]	[- - -]
016	'coépouse'	[t͡ʃamʊna]	[- - ¯]
017	'boucher (n.)'	[naakɔsɪ]	[- - ¯]
039	'bâton de jet'	[k͡pʊraka]	[- ¯ \ ]
045	'cimetière'	[purek͡pa]	[- - \ ]

Comme il a été dit au chapitre 2 à propos de la plupart des langues nigéro-congolaises, tout radical comportant trois syllabes ou plus est très certainement composé ou complexe, même s'il n'est pas possible de reconnaître les différentes composantes du radical. Parmi les données dans l'exemple (6), quatre radicaux ont le profil syllabique CVCVCV et pour l'un d'entre eux, nààkɔ̀sí 'boucher', c'est CVVCVCV. Le fait que ce profil soit complètement différent de celui de tous les autres radicaux de la base de données est une forte indication que ce radical est composé de deux ou de plusieurs racines. Il en va de même pour les quatre autres noms, qui présentent tous des schèmes tonals de surface différents. Une fois de plus, la nature particulière de ces structures syllabiques et schèmes tonals de surface indique fortement que l'on a affaire ici à des radicaux composés. Parmi ceux-ci, faute de preuve définitive, la syllabe bɔ́ de múrɔ́bɔ́ 'nez' est sans doute le nom bɔ́ 'trou' (qui ne figure pas dans la présente base de données). Le terme púrékpâ 'cimetière' est très certainement composé du verbe pùré 'enterrer' et de la racine nominale /k͡pà/ 'lieu' (cf. dùk͡pà 'lieu de feu', d͡ʒéek͡pâ 'lieu de bain' ; aucun de ces termes n'est présent dans la base de données). Même si les éléments constitutifs des deux noms restants, t͡ʃàmɔ̀ná 'coépouse' et k͡pʊ̀ráká 'bâton de jet', sont inconnus, nous supposerons catégoriquement, en raison de la nature trisyllabique de leurs radicaux, de la faibl fréquence du profil syllabique CVCVCV et de la nature particulière de leurs schèmes tonals, que ces radicaux ne sont pas simples non plus. Davantage d'informations seraient nécessaires pour effectuer une analyse plus fine de ces noms, mais ces informations étant difficilement disponibles, nous n'examinerons plus ces mots.

Les données dans l'exemple (7) portent l'étiquette « RX » dans le champ intitulé « type de radical », indiquant un radical complexe. Dans le champ intitulé « segments », les racines sont encadrées par des crochets pour faciliter leur identification par l'utilisateur (et par l'ordinateur).

(7) Radical complexe

011	'toux'	kʊ[wɔ]rɪ	-[-]-
015	'nom'	kɪ[ɲa]rɪ	-[-]-
018	'proverbe'	kɪ[k͡pa]rɪ	-[-]\
026	'bol en argile'	[d͡ʒa]rɪ	[-]-
040	'barrage à poissons'	[wu]ri	[-]-
047	'antilope'	[fʊ]rɪ	[-]-
052	'lézard'	[ke]ri	[-]\
056	'corne'	kʊ[t͡ʃɔ]rɪ	-[-]-
058	'traces d'animal'	kɪ[bʊ]rɪ	[-]\
068	'bourgeon'	ki[fu]ri	[-]-
078	'étang'	kɪ[pa]rɪ	[-]-
080	'nuage'	kʊ[wʊ]rɪ	-[-]\
091	'rocher'	kɪ[fʊ]rɪ	-[-]\

Ces mots sont considérés comme complexes car ils se terminent tous par un suffixe présumé *-rI*, réalisé comme *-rɪ* ou *-ri*, selon la qualité ATR des voyelles de la racine. Bien qu'il s'agisse d'un suffixe, il est difficile de lui donner un sens. Mais étant donné que sur les 30 radicaux CVCV parmi les noms il y en a 13 (43%) dont la deuxième syllabe est soit *rɪ* soit *ri*, cela suggère fortement que nous avons affaire à au moins un ancien suffixe (puisque nous ne pouvons pas exclure la possibilité qu'il y en ait plus d'un), même si nous ne pouvons pas lui/ leur attribuer de signification[4]. Comme pour les composés, le présent ouvrage ne discutera pas de ces termes. Ici aussi, une analyse plus approfondie nécessiterait davantage d'informations, et celles-ci ne sont pas non plus facilement disponibles.

---

[4] Ce pourcentage est similaire à celui de ma base de données personnelle chumburung au moment de la rédaction de ce livre. Dans cette base de données, sur les 203 noms de radical CVCV, il y en a 79 (39%) dont la deuxième syllabe est soit *rɪ* soit *ri*.

5.2 Analyse complète des mots préliminaires

L'application des principes du chapitre 2 aux données du tableau 1 nous permet d'identifier le premier groupe de mots à analyser. En ce qui concerne la catégorie grammaticale initiale, les noms chumburung sont généralement de structure [Préfixe de classe [Radical]], tandis que les verbes sont typiquement plus complexes, ayant au moins la structure [Préfixe-sujet [Marqueur aspectuel [Radical]]]. Comme les noms à analyser présentent moins d'éléments inconnus que les verbes, nous commencerons par les noms.

Mais comment savoir par quelle classe nominale commencer ? La plus grande est la classe *kI-*, avec ses quatre allomorphes segmentaux, à savoir *ki-*, *kɪ-*, *ku-*, et *kʊ-*. Cela suppose pourtant que le préfixe *kI-* ne se divise pas en deux au niveau sous-jacent, l'un à ton haut et l'autre à ton bas. D'autre part, la classe avec la morphologie flexionnelle la plus simple semble être la classe ∅-, qui n'a pas de préfixe segmental, même si, comme mentionné ailleurs, la possibilité d'un affixe tonal flottant est toujours présente. Il est vrai que nous ne pouvons pas encore être certains que la classe ∅- soit effectivement morphologiquement simple, mais nous la choisissons pour commencer, car à ce stade, il n'y a encore aucune preuve qu'elle ne soit pas simple ; il s'agit de la deuxième classe la plus importante. Pour progresser dans notre analyse, nous choisirons donc les radicaux simples (ceux avec une seule racine), tels qu'ils sont identifiés à ce jour.

Il y a trois possibilités pour le profil syllabique des radicaux le plus long en chumburung, chacune d'entre elles étant composée de deux mores, à savoir les bisyllabes simples à structure CVCV, des monosyllabes simples à structure CVN, et les monosyllabes simples à structure CV?. Nous privilégions les deux premiers par rapport au dernier car, si la coda de structure CV? est bien moraïque, elle n'est pas sonante et elle est donc moins susceptible de révéler des schèmes tonals sous-jacents. Pour décider entre les deux premiers, toutes choses égales par ailleurs, nous préférerions la structure CVN (monosyllabique) à CVCV (bisyllabique) afin de minimiser le risque que le radical soit morphologiquement complexe. Cependant, dans la classe nominale choisie, il y a trois schèmes tonals représentés par dix noms dans le groupe CVCV, mais seulement deux schèmes tonals et quatre noms dans le groupe CVN. Par conséquent, nous opterons pour le profil CVCV malgré le risque plus élevé de complexité morphologique, car il y a plus de noms dans ce groupe et donc une meilleure chance de trouver tous les schèmes tonals sous-jacents disponibles.

Comme noté ci-dessus, puisqu'il n'y a aucune raison de soupçonner que les consonnes des radicaux jouent un rôle dans l'analyse du ton au-delà de ce qui vient d'être dit, notre base de données n'inclut pas ce champ. En résumé, le premier groupe de mots que nous examinerons sera constitué de noms à radicaux simples de classe ∅-, en commençant par ceux de profil CVCV.

5.2.1 Mots préliminaires prononcés en isolement

Nous commençons l'analyse proprement dite du ton chumburung en examinant les schèmes tonals de surface dans l'exemple (8), le premier groupe de mots identifiés ci-dessus.

(8) Noms, radicaux simples, classe ∅-, structure CVCV en chumburung

Schème tonal 1		Schème tonal 2		Schème tonal 3	
[⁻ ⁻]		[⁻ ˍ]		[⁻ ˎ]	
pʊnɪ	'entrée'	tʃipi	'mollet'	wad͡ʒa	'pagne'
dapʊ	'milan'	bɔtɪ	'sac'	basa	'aiguille'
k͡pabʊ	'pou'	kɔtɪ	'singe'	buni	'papillon'
		kube	'cocotier'		

L'exemple (8) comporte trois schèmes tonals contrastifs. Puisque nous avons soigneusement contrôlé tous les facteurs qui peuvent affecter le ton, toute différence de ton en surface entre ces mots ne peut être due qu'à des différences dans les schèmes tonals sous-jacents de leurs racines. Il est possible qu'il y ait des tons flottants et que, par conséquent, les schèmes tonals de certains de ces mots soient différents de ceux qui leur ressemblent dans leurs formes en isolement. Cependant, rien ne l'indique dans l'état actuel de la recherche faute de preuves. Nous émettons donc l'hypothèse que ce n'est pas le cas. Ce qui est clair, c'est qu'il y a au moins trois schèmes tonals sous-jacents. Comme nous l'avons vu au chapitre 2, on s'attend à trouver au moins les schèmes tonals sous-jacents /H/ et /B/ en opposition.

Le schème tonal 1 [¯ ¯] semble être une bonne possibilité pour le ton /H/ sous-jacent, et le schème tonal 3 [_ ˰] pour le ton /B/ sous-jacent, même si la descente finale laisse penser à une modulation potentielle plutôt qu'à un seul ton ponctuel. Ici, il faut tenir compte de ce que l'on sait des langues africaines en général : dans beaucoup d'entre elles, si ce n'est toutes, les tons bas descendent d'un niveau bas à un niveau encore plus bas avant une pause. Ainsi, il ne serait pas du tout inhabituel que des mots potentiellement bas en chumburung montrent une descente finale dans leurs formes d'isolement. De plus, nous disposons de plus de données pour vérifier cette hypothèse. Un examen rapide de tous les mots de notre base de données révèle qu'en fait, tous les tons bas descendent à la fin des mots, à l'exception de ceux qui se terminent par d'occlusive glottale. La nature non sonante de ces dernières fournit une explication naturelle au fait qu'un ton bas ne descend pas avant une pause, à savoir que le manque de voisement dans l'UPT finale du ton bas empêche la descente. Compte tenu de ces faits, nous n'avons aucune bonne raison de ne pas proposer le schème tonal sous-jacent /B/ pour les mots dans la 3e colonne de l'exemple (8).

Le schème tonal 2 [_ ¯] se prête soit à /BH/ soit à /BM/ (mais pas à /HB/). Bien qu'il se termine à un niveau phonétique moyen plutôt que haut, ce fait n'est pas pertinent puisque les deux (moyen et haut) ne s'opposent pas dans cet environnement. Un examen rapide des mots du tableau 1 révèle que seuls les niveaux bas et moyens suivent un niveau bas ; on ne trouve jamais un ton haut de surface dans cette position. Ainsi, puisqu'il n'y a aucune opposition phonologique entre les niveaux moyen et haut (voir la discussion sur l'opposition phonologique dans le chapitre 1), nous donnons l'étiquette « haut » à tout ce qui s'oppose au bas dans cet environnement. Nous attribuons donc provisoirement le schème tonal sous-jacent /BH/ au schème tonal 2.

Ensuite, examinons les schèmes tonals de surface des autres noms de classe ∅-. Dans notre base de données, il n'y a que quatre mots de cette classe ayant le profil CVN comme le démontre l'exemple (9).

(9) Classe ∅-, radical CVN en chumburung

Schème tonal 1		Schème tonal 2	
[ˋ]		[\ ]	
duŋ	'cœur'	tʃaŋ	'pintade'
lɔŋ	'concession'	buŋ	'rivière'

Pour les raisons déjà présentées ci-dessus, nous attribuerons provisoirement le schème tonal sous-jacent /B/ aux mots de la première colonne de l'exemple (9). Bien qu'il n'ait pas encore été question d'un schème tonal sous-jacent /HB/, pour des raisons évidentes, le schème tonal dans la deuxième colonne de ce tableau semble très bien y correspondre.

Les deux autres profils syllabiques de classe ∅- dans la base de données sont CVʔ et CV. Ils figurent dans les exemples (10) et (11) respectivement.

5.2 *Analyse complète des mots préliminaires*   123

(10) Classe ∅-, radicaux CV? en chumburung

Schème tonal 1

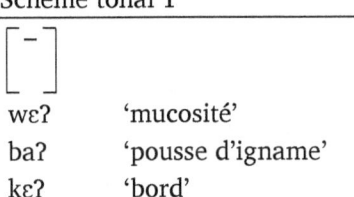

wɛ?	'mucosité'
ba?	'pousse d'igname'
kɛ?	'bord'

(11) Classe ∅-, radicaux CV en chumburung

Schème tonal 1

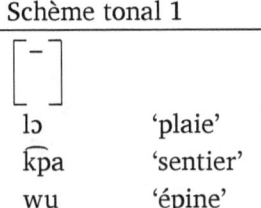

lɔ	'plaie'
k͡pa	'sentier'
wu	'épine'

Sans preuve du contraire, nous attribuerons provisoirement le schème tonal sous-jacent /H/ aux trois mots à radical CV?, ainsi qu'aux trois mots à radical CV.

Voici un résumé de notre analyse jusqu'à présent des formes d'isolement des noms de classe ∅- (12).

(12) Schèmes tonals sous-jacents provisoires pour les noms de classe ∅- en chumburung

CVCV	/B/	/H/	/BH/	--
CVN	/B/	--	--	/HB/
CV?	--	/H/	--	--
CV	--	/H/	--	--

Il y a effectivement un certain nombre de lacunes non encore expliquées parmi ces schèmes tonals, mais ce n'est pas une préoccupation majeure pour le moment. La classe ∅- n'est pas la plus importante, et on ne s'attendrait pas nécessairement à ce qu'elle révèle tous les schèmes tonals représentés par tous les profils syllabiques.

5.2.2 Pluriels des mots préliminaires

Les données dans l'exemple (13) permettent de comparer les noms de la classe singulière ∅- dont les radicaux simples sont à structure CVCV avec leurs formes plurielles.

(13) Noms de la classe singulière ∅- à structure CVCV et leurs formes plurielles en chumburung

Schème tonal sous-jacent provisoire	Singulier		Pluriel	
/H/	[¯ ¯]		[_ ¯ ¯]	
	pʊnɪ	'entrée'	ɪ-pʊnɪ	'entrées'
	dapʊ	'milan'	a-dapʊ	'milans'
	k͡pabʊ	'pou'	ɪ-k͡pabʊ	'poux'
/BH/	[_ ¯]		[_ _ ¯]	
	t͡ʃipi	'mollet'	i-t͡ʃipi	'mollets'
	kɔtɪ	'singe'	a-kɔtɪ	'singes'
	kube	'cocotier'	ə-kube	'cocotiers'
	bɔtɪ	'sac'	ɪ-bɔtɪ	'sacs'
/B/	[_ \ ]		[¯ ¯ \ ]	
	wad͡ʒa	'pagne'	a-wad͡ʒa	'pagnes'
	basa	'aiguille'	ɪ-basa	'aiguilles'
	buni	'papillon'	i-buni	'papillons'

Dans la section 5.2.1, on a provisoirement attribué les schèmes tonals sous-jacents /H/, /BH/ et /B/ aux schèmes tonals singuliers 1, 2 et 3, respectivement, des noms de structure CVCV et de classe ∅-. Les données dans l'exemple (13) montrent que deux des schèmes tonals de surface des formes plurielles (à savoir [_ ¯ ¯] et [¯ ¯ \]) sont en fait différents de leurs homologues singuliers. A ce stade, il convient de noter que le ton des pluriels de la classe *A*- ne diffère jamais de celui des pluriels de la classe *I*- en conjonction avec des radicaux ayant les mêmes schèmes singuliers. Cela suggère fortement que les préfixes *A*- et *I*- ont les mêmes schèmes tonals sous-jacents, et ce sera donc notre hypothèse dans le reste de cette étude, en l'absence de preuve du contraire. Sur la base des schèmes tonals sous-jacents provisoires de ces exemples (dans la colonne de gauche de l'exemple [13]), les alternances phonologiques ci-dessous ressortent d'une comparaison des formes singulières et plurielles (14).

(14) Alternances des schèmes tonals en chumburung

Schème tonal	Réalisation
/préfixe/ →	[B] devant /H/ et /BH/
	[H] devant /B/
radical /H/ →	[M] après préfixe à ton bas de surface
	[H] ailleurs
radical /BH/ →	[BM] partout
radical /B/ →	[HH-B] après préfixe à ton haut de surface
	[B] ailleurs

Cela nous ramène à la question de savoir s'il existe deux groupes de préfixes identiques quant aux segments : l'un à ton haut, et l'autre à ton bas au niveau sous-jacent. D'après les observations dans le tableau récapitulatif (14), il est clair que pour ces données au moins, les variantes haute et basse ne s'opposent pas, mais sont plutôt en distribution complémentaire : le ton du préfixe est haut lorsque le schème tonal sous-jacent du radical est /B/ (p. ex., í-básâ 'aiguilles', cf. bàsà 'aiguille'), et bas ailleurs, c'est-à-dire lorsqu'il y a un ton haut n'importe où dans le schème tonal sous-jacent du radical (p. ex., à kɔ̀tí 'singes' cf. kɔ̀tí 'singe' et à-dápú 'milans' cf. dápú 'milan'). On verra si les données restantes soutiennent cette conclusion.

Au vu des observations faites sur les alternances de schèmes tonals (14), il est clair que la présence ou l'absence d'un préfixe conduit à une alternance des schèmes tonals des radicaux eux-mêmes : /H/ se réalise [M] lorsque le préfixe est phonétiquement bas (p. ex., ɪ-pʊnɪ [- - -] 'entrées' cf. pʊnɪ [¯ ¯] 'entrée'), et /B/ se réalise [H] lorsque le préfixe est phonétiquement haut (p ex. a-wad͡ʒa [¯ ¯ \] 'pagnes' cf. wad͡ʒa [- ˎ] 'pagne').

Ces deux faits considérés ensemble apportent une forte confirmation que la forme sous-jacente est /H/, et que le rabaissement à un niveau moyen est une assimilation au ton bas précédent (il s'agit en fait d'un haut avec downstep). L'hypothèse alternative, c'est-à-dire que le ton sous-jacent soit /M/ élevé à un niveau haut ailleurs, sous l'influence d'un facteur inconnu, est beaucoup moins probable.

Résumons l'analyse faite jusqu'à présent pour les noms de classe ∅- aux radicaux simples de structure CVCV. Quand le schème tonal sous-jacent du radical est /H/ ou /BH/, le préfixe se réalise bas. Un ton haut qui suit un ton bas se réalise à un niveau moyen. Lorsque le schème tonal sous-jacent du radical est /B/, en revanche, le préfixe se réalise haut, et le schème tonal du radical lui-même se réalise haut, haut-descendant, c.-à-d. [¯ \].

Comparons maintenant les schèmes tonals en isolement des noms restants de la classe singulière ∅- (c.-à-d. ceux qui ont les profils CVN, CV? et CV) avec leurs formes plurielles. Commençons avec les données dans l'exemple (15), à savoir celles de profil CVN.

(15) Noms de la classe singulière ∅- à structure CVN et leurs formes plurielles en chumburung

Schème tonal sous-jacent provisoire	Singulier		Pluriel	
/B/	[ˎ]		[¯ \ ]	
	lɔŋ	'concession'	ɪ-lɔŋ	'concessions'
	dʊŋ	'cœur'	i-dʊŋ	'cœurs'
/HB/	[\ ]		[- \ ]	
	t͡ʃaŋ	'pintade'	a-t͡ʃaŋ	'pintades'
	bʊŋ	'rivière'	ɪ-bʊŋ	'rivières'

Dans la section 5.2.1, nous avons provisoirement attribué les schèmes tonals sous-jacents /B/ et /HB/ aux radicaux de ces termes. Quant aux radicaux à ton bas, si nous comparons les singuliers et les pluriels avec leurs homologues à structure CVCV dans l'exemple (13), notre analyse précédente se trouve confirmée selon laquelle le schème tonal sous-jacent est /B/. Cela renforce également une découverte de plus, à savoir que lorsque le schème tonal sous-jacent du radical est /B/, le préfixe se réalise haut. Ce ton haut se propage ensuite vers la droite, ce qui fait que le ton bas du radical se réalise avec une modulation haut-descendant. En ce qui concerne les radicaux à ton /HB/ sous-jacents, leur comportement tonal est conforme à ce que nous avons déjà vu, à savoir, s'il y a un ton haut n'importe où dans le radical, le préfixe sera bas, et si le préfixe est bas, le ton haut du radical sera rabaissé à un niveau moyen. Cela soutient l'analyse de ce schème tonal comme /HB/ au niveau sous-jacent.

Considérons l'exemple (16). Il s'agit des formes plurielles des radicaux simples de classe ∅- et de profil CV?.

(16) Noms de classe singulière ∅- à structure CV? et leurs formes plurielles correspondantes en chumburung

Schème tonal sous-jacent provisoire	Singulier		Pluriel	
/H/	$\begin{bmatrix} - \end{bmatrix}$		$\begin{bmatrix} - & - \end{bmatrix}$	
	ba?	'pousse d'igname'	ɪ-ba?	'pousses d'igname'
	kɛ?	'bord'	--	--
	wɛ?	'mucosité'	ɪ-la?	'mucosités'

Le comportement des schèmes tonals de surface singuliers et pluriels de ces mots est conforme aux attentes, étant donné celui qui apparaît dans les autres groupements. Même s'il n'y a pas de forme plurielle pour le terme kɛ́?, il n'y a aucune raison, à ce stade, de supposer que sa racine est autre que /H/.

Examinons enfin l'exemple (17).

(17) Noms de la classe singulière ∅- à structure CV et leurs formes plurielles correspondantes en chumburung

Schème tonal sous-jacent provisoire	Singulier		Pluriel	
/H/	$\begin{bmatrix} - \end{bmatrix}$		$\begin{bmatrix} - & - \end{bmatrix}$	
	lɔ	'plaie'	ɪ-lɔ	'plaies'
	k͡pa	'sentier'	ɪ-k͡pa	'sentiers'
	wu	'épine'	i-wu	'épines'

Une comparaison des schèmes tonals de surface singuliers et pluriels dans l'exemple (17) est à nouveau conforme aux attentes, étant donné le comportement tonal dans les autres groupements. De plus, il n'y a aucune preuve, jusqu'à présent, d'un préfixe du singulier à ton flottant pour des noms de la classe singulière ∅-. Il reste néanmoins à examiner, dans différents environnements syntaxiques, si de l'analyse de ces mots émerge une telle preuve.

Les premières conclusions concernant les schèmes tonals des formes plurielles des noms de la classe singulière ∅- à structure CVCV se trouvent confirmées par l'examen des autres profils syllabiques de cette même classe. Ainsi, à partir de ces données, nous concluons que le ton sous-jacent des préfixes des classes plurielles *A-* et *I-* est identique, car ils se comportent toujours de la même manière lorsqu'ils sont apposés à des radicaux ayant des schèmes tonals singuliers identiques. En outre, les variantes hautes et basses des préfixes ne s'opposent pas, mais sont plutôt en distribution complémentaire.

5.2.3 Environnements syntaxiques des mots préliminaires

Les formes de noms en isolement étant étudiées, nous examinons maintenant leur comportement dans des environnements syntaxiques. La construction génitivale en chumburung nous offre le plus de possibilités de varier l'environnement tonal des noms. La possession s'exprime de deux manières différentes selon que l'objet possédé est un terme de parenté ou non. Si l'objet possédé n'est pas un terme de parenté, la possession s'exprime par simple contiguïté, avec l'ordre des mots « Nom$_1$ (possesseur) Nom$_2$ (possédé) », à la différence des langues bantoues, par exemple, où l'ordre des noms est inversé et où ils sont reliés par un connectif. Ainsi, alors que dans les langues bantoues, une traduction littérale serait « maison de Kofi », en chumburung, ce serait simplement « Kofi maison ». En revanche, si l'élément possédé est un terme de parenté, alors la possession s'exprime comme suit : « Nom$_1$ PP Nom$_2$ », dans lequel PP est un pronom possessif (p. ex., *mì* 'son/sa'). Ainsi, « la femme de Kofi » se dit « Kofi sa femme ».

La première forme de la construction génitivale permet donc la juxtaposition de la grande majorité des noms, ce qui en fait une construction grammaticale idéale pour observer le comportement tonal dans les syntagmes nominaux ; n'importe quel schème tonal nominal peut être juxtaposé à n'importe quel autre. En suivant les suggestions du chapitre 2 pour élargir les environnements syntaxiques, et en employant la construction génitivale, l'exemple (18) fournit quatre combinaisons pour comparer des mots.

(18) Quatre combinaisons avec la construction génitivale en chumburung

    a. ____ dápú   'milan du/de la ____'
    b. ____ bùnì   'papillon du/de la ____'
    c. dápú ____   '____ du milan'
    d. bùnì ____   '____ du papillon'

Bien qu'il ne soit pas irréfutable que les schèmes tonals sous-jacents de *dápú* et *bùnì* soient, respectivement, /H/ et /B/, ce sont les meilleures options parmi nos données, et il n'y a aucune bonne raison à ce stade de supposer qu'il en soit autrement. Notons que, d'après ce que nous pouvons établir, chacun de ces termes comporte un schème tonal à ton unique et est monomorphématique. Autrement dit, il a un radical simple sans préfixe ou suffixe connu. Les deux termes promettent également de s'adapter raisonnablement sur le plan sémantique, en tant que possesseur et possédé. En supposant que le schème tonal de chaque combinaison soit tel qu'il est donné, les schèmes tonals inconnus dans chaque phrase sont donc réduits à ce qui apparaît dans les espaces vides qui précèdent ou suivent les mots de la combinaison.

Les données dans le tableau 2 présentent les quatre combinaisons de l'exemple (18) pour établir un paradigme complet de la classe singulière ∅-. Les schèmes tonals en isolement apparaissent dans la première colonne, et les mots inserés sont soulignés. En plus des processus tonals, un certain nombre de processus segmentaux se déclenchent à travers les frontières des mots (voir la discussion dans l'introduction de ce chapitre). Pour une discussion plus approfondie de ces processus, le lecteur intéressé est invité à consulter Snider (1989).

Tableau 2. Classe singulière ∅-, CVCV, /H/ provisoire en chumburung

Radical à schème tonal provisoire /H/	___ dápʊ́ 'milan du/ de la ___'	___ bùnì 'papillon du/ de la ___'	dápʊ́ ___ '___ du milan'	bùnì ___ '___ du papillon'
[‾ ‾] pʊnɪ 'entrée'	[‾ ‾ ‾ ‾] pʊnɪ dapʊ	[‾ ‾ ↘] pʊnɪ buni	[‾ ‾ ‾ ‾] dapʊ pʊnɪ	[‾ ‾ ‾ ‾] buni pʊnɪ
[‾ ‾] dapʊ 'milan'	[‾ ‾ ‾ ‾] dapʊ dapʊ	[‾ ‾ ↘] dapʊ buni	[‾ ‾ ‾ ‾] dapʊ dapʊ	[‾ ‾ ‾ ‾] buni dapʊ
[‾ ‾] kpabʊ 'pou'	[‾ ‾ ‾ ‾] kpabʊ dapʊ	[‾ ‾ ↘] kpabʊ buni	[‾ ‾ ‾ ‾] dapʊ kpabʊ	[‾ ‾ ‾ ‾] buni kpabʊ

L'observation la plus immédiate est que les trois mots cibles se comportent de la même manière dans les quatre combinaisons différentes, ce qui laisse à penser que ces mots partagent tous le même schème tonal sous-jacent. Cela est également le cas dans les tableaux 3 et 4. Sur la base de leur comportement dans les environnements lexicaux, nous pouvons provisoirement donner aux mots du tableau 2 le schème tonal sous-jacent /H/. En partant de la gauche du paradigme, lorsque ces mots apparaissent à gauche de *dápʊ́* dans la première combinaison, ils se réalisent tous au même niveau phonétique. À la lumière de ce constat, rien ne vient infirmer notre hypothèse selon laquelle ces radicaux ont un ton haut sous-jacent.

La deuxième combinaison montre ces noms hauts suivis de *bùnì* 'papillon' à ton bas, et le ton haut du premier mot se propage à travers la frontière du mot sur la première UPT du deuxième mot. Ici aussi, l'hypothèse d'un ton haut sous-jacent se maintient. De plus, nous apprenons quelque chose de nouveau concernant la portée des processus de propagation dans cette langue.

La troisième combinaison ne nous livre pas de nouvelle information, puisque tous les mots insérés ont le même ton que le mot avec lequel ils sont mis. La quatrième combinaison, en revanche, apporte une nouvelle information à savoir que lorsqu'un ton haut suit un ton bas à la frontière d'un mot, le haut est toujours rabaissé. Ceci est conforme à ce que nous avons constaté dans toutes les données jusqu'à présent à savoir que le schème tonal de surface BH n'apparaît nulle part. Dans chaque cas où un ton haut sous-jacent suit un ton bas, le haut est rabaissé, comme le suggère notre hypothèse initiale dans la section 5.2.2.

Considérons ensuite les noms de classe singulière ∅- dont les radicaux sont à structure CVCV et de schème tonal sous-jacent provisoire /B/ (Tableau 3).

5.2 Analyse complète des mots préliminaires

Tableau 3. Classe singulière ∅-, CVCV, /B/ provisoire en chumburung

Radical à schème tonal provisoire /B/	___ dápú 'milan du/ de la ___'	___ bùnì 'papillon du/ de la ___'	dápú ___ '___ du milan'	bùnì ___ '___ du papillon'
[- ˋ] wadʒa 'pagne'	[- - - -] wadʒa dapʊ	[- - - ˋ] wadʒa buni	[- - - ˋ] dapʊ wadʒa	[- - - ˋ] buni wadʒa
[- ˋ] basa 'aiguille'	[- - - -] basa dapʊ	[- - - ˋ] basa buni	[- - - ˋ] dapʊ basa	[- - - ˋ] buni basa
[- ˋ] buni 'papillon'	[- - - -] buni dapʊ	[- - - ˋ] buni buni	[- - - ˋ] dapu buni	[- - - ˋ] buni buni

Comme dans le tableau 2, nous remarquons ici que les trois mots cibles se comportent de manière identique dans les quatre environnements, ce qui confirme que le schème tonal sous-jacent est le même dans chaque cas. En parcourant les combinaisons de gauche à droite, nous constatons que le comportement tonal est tout à fait conforme à nos attentes. Dans la première combinaison, dápú à ton haut est rabaissé après les mots cibles à ton bas. Dans les deuxième et quatrième combinaisons, nous apprenons que le ton bas descendant à la fin des mots n'est, en fait, qu'un phénomène de fin de phrase : les mots à ton bas ailleurs qu'avant une pause n'ont pas de bas descendant final. La troisième combinaison confirme à nouveau qu'un ton haut se propage vers la droite au-delà des frontières du mot sur la première UPT seulement du deuxième mot.

Passons maintenant à l'étude du schème tonal provisoire /BH/ (tableau 4).

Tableau 4. Classe singulière ∅-, CVCV, /BH/ provisoire en chumburung

Radical à schème tonal provisoire /BH/	___ dápú 'milan du/ de la ___'	___ bùnì 'papillon du/ de la ___'	dápú ___ '___ du milan'	bùnì ___ '___ du papillon'
[- -] tʃipi 'mollet'	[- - -] tʃipi dapʊ	[- - ˋ] tʃipi buni	[- - -] dapu tʃipi	[- - - -] buni tʃipi
[- -] bɔtɪ 'sac'	[- - -] bɔtɪ dapʊ	[- - ˋ] bɔtɪ buni	[- - -] dapʊ bɔtɪ	[- - - -] buni bɔtɪ
[- -] kɔtɪ 'singe'	[- - -] kɔtɪ dapʊ	[- - ˋ] kɔtɪ buni	[- - -] dapʊ kɔtɪ	[- - - -] bunu kɔtɪ
[- -] kube 'cocotier'	[- - - -] kube dapʊ	[- - ˋ] kube buni	[- - -] dapu kube	[- - - -] bunu kube

Dans la première combinaison, lorsque *dápú* suit *kɔ̀tí*, il se prononce au même niveau (c.-à-d. à ton moyen) que la deuxième UPT de *kɔ̀tí*. Ceci n'a rien de surprenant, étant donné l'hypothèse que le schème tonal sous-jacent de chacune de ces trois UPT est /H/. Nous découvrons cependant un fait supplémentaire, à savoir que le rabaissement observé ci-dessus d'un ton haut suivant un ton bas est probablement dû au « downstep automatique », un phénomène tonal courant parmi les langues africaines (Stewart 1965, 1983, 1993). Ce terme décrit le rabaissement du niveau phonétique d'un ton haut qui suit un ton bas (généralement à un niveau moyen), et ce rabaissement s'applique également à tous les tons hauts qui suivent immédiatement le premier ton haut rabaissé. Il semble que nous ayons effectivement affaire au downstep automatique en chumburung car un examen rapide de toutes les données présentées jusqu'à présent ne montre aucun cas d'un ton haut rabaissé suivi d'un ton haut non rabaissé.

En ce qui concerne les données de la deuxième combinaison, le ton haut (rabaissé) à la fin du premier mot se propage vers la droite sur la première syllabe de *bùnì*, conformément au processus de propagation du ton haut syntaxique observé précédemment. Cela confirme que la deuxième UPT de *kɔ̀tí* est à ton haut de manière sous-jacente. Cela confirme également que le rabaissement qui se produit à la suite d'un ton bas est bien un downstep automatique car non seulement le niveau du ton haut a été rabaissé à la suite du bas, mais le niveau du ton bas de l'UPT finale de *bùnì* a également été rabaissé, comme l'indique le fait qu'il est plus bas que celui du ton bas précédent de *kɔ̀tí*. Il en ressort que le rabaissement qui suit ce ton bas initial ne se limite pas au ton haut qui le suit immédiatement, mais affecte plutôt le registre tonal de tous les tons suivants. Le downstep automatique produit exactement cet effet, en rabaissant non seulement les hauts qui suivent un bas, mais en affectant tous les tons suivants dans l'énoncé, y compris les bas. En d'autres termes, le ton bas rabaisse le registre tonal de tous les tons suivants.

La troisième combinaison démontre le phénomène appelé « downstep non automatique », c'est-à-dire le downstep déclenché par un ton bas flottant (Stewart 1965, 1983). Dans ce cas, le ton haut de *dápú* se propage vers la droite à travers la frontière du mot sur la première UPT du mot cible, faisant flotter son ton bas sous-jacent. On remarque sa présence uniquement par son effet de rabaissement, ou de downstep, sur le ton haut suivant de *kɔ̀tí*.

Dans la quatrième combinaison, nous observons que le ton bas sous-jacent de la première UPT du mot cible se réalise au même niveau phonétique bas que le mot précédent, *bùnì*. Cela confirme que la première UPT de ces mots cibles est à ton bas, et que leur schème tonal sous-jacent est effectivement /BH/.

Alors que le corpus semble contenir un nombre raisonnable de mots de la classe singulière ∅- à profil CVCV, il y a des lacunes parmi les schèmes tonals des autres profils. Le tableau 5 présente la manière dont les deux noms à ton bas du corpus avec le profil CVN se comportent dans les différents environnements syntaxiques.

Tableau 5. Classe singulière ∅-, CVN, /B/ provisoire en chumburung

Radical à schème tonal provisoire /B/	____ dápú 'milan du/ de la ____'	____ bùnì 'papillon du/ de la ____'	dápú ____ '____ du milan'	bùnì ____ '____ du papillon'
[ˋ] duŋ 'cœur"	[- - -] duŋ dapʊ	[- - ˋ] dum buni	[- - ˎ] dapʊ duŋ	[- - ˋ] bunu duŋ
[ˋ] lɔŋ 'concession'	[- - -] lɔŋ dapʊ	[- - ˋ] lɔm buni	[- - ˎ] dapʊ lɔŋ	[- - ˋ] bunu lɔŋ

5.2 Analyse complète des mots préliminaires

Le comportement tonal de ces deux mots dans les quatre combinaisons est conforme à celui des mots à ton bas du tableau 3, et nous concluons donc que leur schème tonal sous-jacent est effectivement /B/.

Pour ce qui est des noms CVN de la classe ∅- à schème tonal sous-jacent provisoire /HB/, nous constatons que les deux mots du tableau 6 se comportent de manière identique, ce qui nous permet de conclure qu'ils ont le même schème tonal sous-jacent.

Tableau 6. Classe singulière ∅-, CVN, /HB/ provisoire en chumburung

Radical à schème tonal provisoire /HB/	___ dápú 'milan du/ de la ___'	___ bùnì 'papillon du/ de la ___'	dápú ___ '___ du milan'	bùnì ___ '___ du papillon'
[\ ] t͡ʃaŋ 'pintade'	[‾ ‾ ‾] t͡ʃan dapʊ	[‾ ˗ ˎ] t͡ʃam buni	[‾ ‾ \ ] dapʊ t͡ʃaŋ	[‾ ‾ \ ] buni t͡ʃaŋ
[\ ] bʊŋ 'rivière'	[‾ ˗ ˗] bʊn dapʊ	[‾ ˗ ˎ] bʊm buni	[‾ ‾ \ ] dapʊ bʊŋ	[‾ ‾ \ ] bunu bʊŋ

Nous avons provisoirement attribué le schème tonal sous-jacent /HB/ aux radicaux de t͡ʃâŋ et de bôŋ en raison de la modulation de haut en bas à travers la longueur d'une syllabe complètement sonante. Dans la première combinaison, ces mots se trouvent en position initiale de phrase. Le fait qu'ils se réalisent avec un niveau phonétique haut dans cet environnement permet de confirmer que le premier ton de leur schème tonal est effectivement haut. De plus, le fait que dápú soit rabaissé après ces mots confirme que leur dernier ton est effectivement bas.

Dans la deuxième combinaison, bùnì ne subit pas de propagation de ton haut, comme il le ferait si le ton immédiatement à sa gauche était haut (cf. dápú búnì 'papillon du milan' dans le tableau 2). Cela suggère fortement que le ton à sa gauche est effectivement bas, ce qui renforce encore l'hypothèse selon laquelle les schèmes sous-jacents de t͡ʃâŋ et bôŋ sont bel et bien /HB/.

Enfin, dans les troisième et quatrième combinaisons, la réalisation phonétique d'un haut descendant après un ton haut, et d'une même modulation rabaissée après un ton bas, sont des confirmations supplémentaires que le schème tonal sous-jacent de ces mots est effectivement /HB/.

Examinons ci-dessous les noms de la classe ∅- singulière à profil CVʔ et à schème sous-jacent provisoire /H/ (tableau 7 ; cf. discussion de l'exemple [10] ci-dessus).

Tableau 7. Classe singulière ∅-, CVʔ, /H/ provisoire en chumburung

Radical à schème tonal provisoire /H/	___ dápú 'milan du/ de la ___'	___ bùnì 'papillon du/ de la ___'	dápú ___ '___ du milan'	bùnì ___ '___ du papillon'
[‾] wɛʔ 'mucosité'	[‾ ‾ ‾] wɛɛ dapʊ	[‾ ˗ ˎ] wɛɛ buni	[‾ ‾ ‾] dapʊ wɛʔ	[‾ ‾ ‾] buni wɛʔ
[‾] baʔ 'pousse d'igname'	[‾ ˗ ˗] baa dapʊ	[‾ ˗ ˎ] baa buni	[‾ ‾ ‾] dapʊ baʔ	[‾ ‾ ‾] buni baʔ
[‾] kɛʔ 'bord'	[‾ ˗ ˗] kɛɛ dapʊ	[‾ ˗ ˎ] kɛɛ buni	[‾ ‾ ‾] dapʊ kɛʔ	[‾ ‾ ‾] buni kɛʔ

En ce qui concerne l'occlusive glottale dans ces exemples, le lecteur se souviendra de la discussion ci-dessus selon laquelle l'occlusive glottale n'apparaît qu'en fin de phrase. Ailleurs elle se réalise comme un allongement de la voyelle précédente. L'une des premières choses frappantes dans le tableau 7 est que ces noms ne se comportent pas de manière identique dans tous les environnements : le terme kɛ́ʔ 'bord' se présente différemment de wɛ́ʔ et báʔ dans les premières et deuxième combinaisons. On constate que le comportement de kɛ́ʔ ressemble à celui des noms du tableau 2 que l'on a analysés comme étant /H/ au niveau sous-jacent (p. ex., dápú et k͡pábú). Comme c'est le cas pour ces deux termes, kɛ́ʔ déclenche la propagation du ton haut à travers une frontière de mot sur un mot suivant à ton bas (deuxième combinaison), il subit un rabaissement après un ton bas (quatrième combinaison), et il se réalise ailleurs avec un ton haut. En bref, ces faits confirment notre décision provisoire selon laquelle le schème tonal sous-jacent de kɛ́ʔ est /H/.

Quant à wɛ́ʔ et báʔ, ils se comportent comme kɛ́ʔ en se réalisant tous deux à un niveau haut dans leurs formes d'isolation. Cependant, contrairement à kɛ́ʔ, ils provoquent un downstep du mot à ton haut dápú qui suit dans la première combinaison. Il est également vrai que le ton haut de ces mots ne se propage pas vers la droite à travers la frontière du mot dans la deuxième combinaison, lorsqu'il est suivi de bùnì à ton bas. En ce sens, leur comportement ressemble à celui de t͡ʃâŋ et bôŋ du tableau 6, identifiés là comme /HB/ au niveau sous-jacent. En conséquence, nous donnerons également à ces radicaux l'étiquette /HB/.

C'est là que la sonorité de la coda entre en jeu. Les termes t͡ʃâŋ 'pintade' et báʔ 'pousse d'igname' appartiennent tous deux à la même classe nominale (à savoir ∅-), leur racine est CVC, et ils sont analysés comme ayant un schème tonal sous-jacent /HB/. Or, ils se réalisent différemment en isolation (c.-à-d., haut descendant vs haut ponctuel) parce que la coda de t͡ʃâŋ est sonante et celle de báʔ ne l'est pas. Une façon d'expliquer ces différences de hauteur est de penser que les deux mores de chaque racine portent chacune l'un des deux tons du schème tonal /HB/, le ton H s'associant au noyau, et le ton B à la coda. Dans le cas de t͡ʃâŋ, puisque les deux mores sont sonantes, on entend les deux tons. Pour ce qui est de báʔ, le ton H s'associe au noyau et se fait donc entendre, mais comme l'élément auquel le ton B s'associe est une coda non sonante, on ne l'entend pas. Il se manifeste toutefois clairement par son effet sur les tons suivants, comme démontré ci-dessus dans le tableau 7.

Le tableau 8 présente les noms de la classe singulière ∅- à profil CV et à schème tonal sous-jacent provisoire /H/ dans les différents environnements syntaxiques.

Tableau 8. Classe singulière ∅-, CV, /H/ provisoire en chumburung

Radical à schème tonal provisoire /H/	____ dápú 'milan du/ de la ____'	____ bùnì 'papillon du/ de la ____'	dápú ____ '____ du milan'	bùnì ____ '____ du papillon'
[⁻] lɔ 'plaie'	[⁻ ⁻ ⁻] lɔ dapʊ	[⁻ ╲] lɔ buni	[⁻ ⁻ ⁻] dapʊ lɔ	[⁻ ⁻ ⁻] bunu lɔ
[⁻] k͡pa 'sentier'	[⁻ ⁻ ⁻] k͡pa dapʊ	[⁻ ╲] k͡pa buni	[⁻ ⁻ ⁻] dapʊ k͡pa	[⁻ ⁻ ⁻] buni k͡pa
[⁻] wu 'épine'	[⁻ ⁻ ⁻] wu dapʊ	[⁻ ╲] wu buni	[⁻ ⁻ ⁻] dapʊ wu	[⁻ ⁻ ⁻] bunu wu

Les noms du tableau 8 se sont vu attribuer provisoirement le schème tonal sous-jacent /H/ dans la section 5.2.1 ci-dessus, et il n'y a rien ici qui remette en cause cette hypothèse : le ton haut se propage vers la droite à travers la frontière du mot sur un mot suivant à ton bas initial, et ils subissent un downstep en présence d'un ton bas précédent. Il n'y a aucun indice de la présence d'un ton flottant. On en conclut donc qu'il s'agit bien d'un schème tonal /H/ au niveau sous-jacent.

Le paradigme dans l'exemple (19) fournit des noms de classe singulière ∅- dans la base de données représentant chaque schème tonal sous-jacent et chaque profil syllabique. Remarquons que *ba?* [⁻] 'pousse d'igname', précédemment analysé comme /H/ sous-jacent, est réanalysé comme étant /HB/.

(19) Oppositions tonales dans les noms de la classe singulière ∅- en chumburung

Schème tonal sous-jacent	CV	CV?	CVN	CVCV
/B/			[＼] lɔŋ 'concession'	[⁻ ＼] wad͡ʒa 'pagne'
/H/	[⁻] lɔ 'plaie'	[⁻] kɛ? 'bord'		[⁻ ⁻] dapʊ 'milan'
/HB/		[⁻] ba? 'pousse d'igname'	[＼] t͡ʃaŋ 'pintade'	
/BH/				[⁻ ⁻] kɔtɪ 'singe'

Il suffit d'un coup d'œil sur les schèmes tonals de ce résumé pour constater un certain nombre de lacunes. Si certaines d'entre elles sont sans doute accidentelles, peut-être dues au fait que la classe singulière ∅- n'est pas la plus importante en taille, d'autres peuvent être systématiques, dues à des facteurs encore inconnus à ce stade.

5.3 Analyse des mots restants prononcés en isolement

5.3.1 Noms de la classe singulière *kI-* prononcés en isolement

Après avoir étudié les schèmes tonals des noms dépourvus de préfixes, l'analyse se poursuit avec les formes en isolement des noms avec un préfixe à la fois au singulier et au pluriel. Encore une fois, nous commençons par ceux dont le profil syllabique est CVCV, présentés dans l'exemple (20).

(20) Noms de la classe singulière *kI-*, à structure CVCV isolément en chumburung

Schème tonal 1 $\begin{bmatrix} - & -- \end{bmatrix}$		Schème tonal 2 $\begin{bmatrix} - & -\overline{} \end{bmatrix}$		Schème tonal 3 $\begin{bmatrix} \overline{} & \overline{}\backslash \end{bmatrix}$	
ki-k͡pini	'plan'	kɪ-d͡ʒafʊ	'coquille'	kɪ-ɲapʊ	'sein'
kʊ-t͡ʃɔnɪ	'salive (gouttelette)'	kʊ-kut͡ʃe	'huître'	kɪ-pɪnɪ	'mortier'
		kʊ-kuti	'orange'	ki-t͡ʃini	'veine'

Il est intéressant de noter que ce profil syllabique ne s'associe qu'à trois schèmes de surface contrastifs, comme pour son homologue de la classe singulière ∅-. Comme pour cette dernière, nous avons pris en compte tous les facteurs qui affectent le ton en chumburung et nous concluons donc que les différences observées dans les schèmes tonals de surface doivent être dues à des différences dans les schèmes tonals sous-jacents des différentes racines. Cela dit, il est également possible qu'il y ait deux variantes sous-jacentes du préfixe singulier *kI-*, une à ton haut et l'autre à ton bas. Puisqu'il y a au moins trois schèmes tonals sous-jacents, nous posons l'hypothèse que l'un d'entre eux soit /B/, un autre /H/, et le dernier /BH/ ou /HB/ (voir la discussion au chapitre 2). Il n'est pas encore clair quel schème tonal sous-jacent correspond à quel schème tonal de surface, car en plus d'un radical simple, ces mots comportent aussi un préfixe. Cela signifie qu'il y a deux schèmes tonals inconnus dans chaque mot, contrairement à la situation avec les noms correspondants de la classe singulière ∅-.

Tout comme les préfixes pluriels *A-* et *I-*, le préfixe singulier *kI-* se réalise parfois bas (p. ex., *kì-k͡pínì* 'plan') et parfois haut (p. ex., *kí-ɲápû* 'sein'). Comme déjà mentionné, il est possible qu'il y ait deux préfixes singuliers *kI-* identiques quant aux segments mais différents sur le plan tonal. Il est nécessaire d'avoir plus d'informations avant de pousser la réflexion plus avant.

L'exemple (21) présente des noms de la classe singulière *kI-* avec des radicaux simples à structure CVN.

(21) Noms de la classe singulière *kI-*, radicaux à structure CVN isolément en chumburung

Schème tonal 1 $\begin{bmatrix} - & - \end{bmatrix}$		Schème tonal 2 $\begin{bmatrix} - & \overline{}\backslash \end{bmatrix}$	
kʊ-kɔŋ	'bosse'	kɪ-baŋ	'pagaie'
ku-suŋ	'travail'	kʊ-suŋ	'porte'
kɪ-laŋ	'cruche'	ki-tiŋ	'morceau'

Schème tonal 3 $\begin{bmatrix} \overline{}\backslash \end{bmatrix}$		Schème tonal 4 $\begin{bmatrix} - & \diagdown \end{bmatrix}$	
kɪ-laŋ	'hanche'	kɪ-d͡ʒaŋ	'abri'
kɪ-t͡ʃaŋ	'chambre'	kɪ-paŋ	'machette'
kʊ-lɔŋ	'creux (d'arbre)'		

Contrairement au cas des noms comparables de la classe singulière ∅-, on observe ici quatre schèmes tonals contrastifs. En suivant la logique présentée au chapitre 2, on émet l'hypothèse que ces quatre schèmes tonals auront les représentations sous-jacentes /B/, /H/, /BH/, et /HB/, en supposant toujours qu'il n'y ait pas deux préfixes. Comme précédemment, la relation

5.3 Analyse des mots restants prononcés en isolement

entre les schèmes tonals sous-jacents et de surface reste à déterminer. Les autres groupes de noms à radicaux simples de la classe singulière *kI-* figurent dans les exemples (22) et (23).

(22) Noms de la classe singulière *kI-*, structure CV? en chumburung

Schème tonal 1 $\begin{bmatrix} \ \ - \\ - \ \ \end{bmatrix}$		Schème tonal 2 $\begin{bmatrix} \ \ \ \ \\ - \ - \end{bmatrix}$		Schème tonal 3 $\begin{bmatrix} - \ - \\ \ \ \ \ \end{bmatrix}$	
kɪ-ba?	'épaule'	kɪ-sa?	'nid'	ki-t͡ʃe?	'rein'
ki-je?	'viande (morceau)'	kɪ-ma?	'caoutchouc (gouttelette)'	kɪ-kɛ?	'coussin de tête'
ki-te?	'plume'			kɪ-na?	'guerre'
kɪ-t͡ʃa?	'python'			kʊ-dɔ?	'ferme'
kɪ-bɪ?	'montagne'				
kʊ-wi?	'arbre épineux'				

(23) Noms de la classe singulière *kI-*, structure CV en chumburung

Schème tonal 1 $\begin{bmatrix} \ \ - \\ - \ \ \end{bmatrix}$		Schème tonal 2 $\begin{bmatrix} - \ - \\ \ \ \ \ \end{bmatrix}$	
kɪ-pa	'chapeau'	kɪ-d͡ʒa	'marché'
kɪ-ta	'arc'	ki-ke	'panier'
kʊ-kɔ	'dette'	kɪ-pɔ	'forêt'
kʊ-wɔ	'serpent'	ki-d͡ʒi	'semence'
ki-bu	'pierre'		

En considérant les schèmes tonals sous-jacents ci-dessus, nous supposons qu'il en existe au moins trois de structure CVC et deux de structure CV. D'ailleurs, il n'est pas encore certain qu'il y ait un ou deux préfixes singuliers *kI-*. L'hypothèse est que, pour chacune des profils syllabiques, l'un des schèmes tonals sous-jacents soit /B/ et l'autre /H/, sans toutefois préciser lequel est lequel.

5.3.2 Noms de classe *I-* des indénombrables prononcés en isolement

La dernière classe nominale non plurielle à considérer est la petite classe *I-*. Les deux mots de notre base de données présentent deux profils syllabiques différents, à savoir CVN et CV (exemple 24).

(24) Noms de classe *I-* des indénombrables en chumburung

Schème tonal 1 $\begin{bmatrix} \ \ - \\ - \ \ \end{bmatrix}$	Schème tonal 2 $\begin{bmatrix} - \ - \\ \ \ \ \ \end{bmatrix}$
ɪ-bʊŋ	ɪ-fa
'folie'	'herbe'

On ne peut pas dire grand-chose à ce stade sur leurs schèmes tonals sous-jacents, si ce n'est que le terme *ì-búŋ* 'folie' ressemble à des mots comme *kì-láŋ* 'cruche', affectés au schème tonal

1 dans l'exemple (21), et que le terme í-fá 'herbe' correspond aux mots comme kí-d͡ʒí 'semence', affectés au schème tonal 2 dans l'exemple (23).

À ce stade de l'analyse, nous avons examiné les schèmes tonals en isolement de tous les noms non pluriels à radical simple. L'analyse des cinq noms restants (c.-à-d. ceux à radicaux composés) n'est pas une préoccupation majeure à ce stade, en l'absence de plus d'informations sur le comportement tonal des radicaux simples.

5.3.3 Verbes prononcés en isolement

Les termes restants dans la base de données sont des verbes, et comme le chumburung ne comporte pas de classes verbales, il est possible de dire que tous les verbes appartiennent à la même classe. Dans les données dont nous disposons, cependant, les verbes à radicaux simples présentent trois profils syllabiques différents, à savoir CVN, CVʔ, et CV. Ceux-ci figurent dans l'exemple (25) à la forme impérative, prononcés en isolement.

(25) Verbes à l'impératif (schèmes tonals d'isolement) en chumburung

Radical CVN		Radical CVʔ		Radical CV	
[`]		[-]		[`]	
kuŋ	'empêche !'	taʔ	'prends !'	ŋu	'vois !'
suŋ	'envoie !'	kɪʔ	'fris !'	d͡ʒi	'mange !'
tıŋ	'coupe !'	sɔʔ	'achète !'	tɔ	'rôtis !'
buŋ	'chavire !'	kiʔ	'tords !'	ɲa	'obtiens !'
duŋ	'mords !'			da	'frappe !'
paŋ	'perds !'			k͡pa	'veuille !'
				bo	'éclos !'
				d͡ʒa	'chasse !'
				sa	'donne !'
				t͡ʃɔ	'ensorcèle !'

Ces données démontrent clairement qu'il n'existe aucune opposition tonale entre les verbes d'un même profil syllabique. Deux conclusions possibles se présentent donc : soit les verbes ne s'opposent pas tonalement les uns aux autres (c.-à-d. qu'ils sont dépourvus de ton au niveau sous-jacent), soit l'environnement d'isolement (en l'occurrence l'impératif) neutralise toute opposition sous-jacente. Dans ce dernier cas, on s'attendrait à ce que ces oppositions se manifestent lorsque ces verbes se trouvent dans d'autres environnements, mais pour le moment, sans données supplémentaires, il n'est pas possible de savoir quelle est la bonne analyse.

Ceci met fin à l'étude des schèmes tonals de surface des mots du chumburung prononcés en isolement. Leurs schèmes tonals sous-jacents restent à confirmer, mais l'étude des radicaux simples de la classe singulière kI- (la classe nominale la plus importante) révèle qu'il existe au moins quatre schèmes tonals sous-jacents différents pour les noms à structure CVN, au moins trois pour les noms à structure CVCV et CVʔ, et au moins deux pour les noms à structure CV, et tout cela en supposant, bien sûr, qu'il n'y ait qu'un seul préfixe sous-jacent. En ce qui concerne les verbes, aucune opposition tonale n'est apparue lors de l'analyse de leurs formes en isolement.

5.4 Analyse des mots restants dans d'autres environnements morphologiques

5.4.1 Formes plurielles correspondantes des noms de la classe singulière *kI-*

Tous les noms de la classe singulière *kI-* dans la base de données forment leurs pluriels avec le préfixe *A-*, tout comme certains noms de classe singulière ∅-. L'exemple (26) présente les formes singulières de ces noms de la classe singulière *kI-* de structure CVCV, ainsi que leurs formes correspondantes plurielles.

(26) Noms de la classe singulière *kI* de structure CVCV et leurs formes plurielles correspondantes en chumburung

Schème tonal singulier 1		Schème tonal pluriel 1	
$\begin{bmatrix} \text{-} & \text{-} & \text{-} \end{bmatrix}$		$\begin{bmatrix} \text{-} & \text{-} & \text{-} \end{bmatrix}$	
ki-k͡pini	'plan'	ə-k͡pini	'plans'
kʊ-t͡ʃɔnɪ	'salive (gouttelette)'	a-t͡ʃɔnɪ	'salive (gouttelettes)'

Schème tonal singulier 2		Schème tonal pluriel 2	
$\begin{bmatrix} \text{-} & \text{-} \text{-} \end{bmatrix}$		$\begin{bmatrix} \text{-} & \text{-} \text{-} \end{bmatrix}$	
kɪ-d͡ʒafʊ	'coquille'	a-d͡ʒafʊ	'coquilles'
ku-kuti	'orange'	ə-kuti	'oranges'
ku-kut͡ʃe	'huître'	ə-kut͡ʃe	'huîtres'

Schème tonal singulier 3		Schème tonal pluriel 3	
$\begin{bmatrix} \text{-} \text{-} \text{\textbackslash} \end{bmatrix}$		$\begin{bmatrix} \text{-} \text{-} \text{\textbackslash} \end{bmatrix}$	
kɪ-ɲapʊ	'sein'	a-ɲapʊ	'seins'
kɪ-pɪnɪ	'mortier'	a-pɪnɪ	'mortiers'
ki-t͡ʃini	'veine'	ə-t͡ʃini	'veines'

Il apparaît clairement que les schèmes tonals de surface des formes plurielles sont identiques à ceux des formes singulières correspondantes. De plus, cela est vrai pour tous les préfixes nominaux de la langue, quelle que soit leur classe, pourvu que le nom en question comporte des préfixes singulier et pluriel. On trouve d'autres preuves de cela dans les exemples (27) à (29) qui répertorient les données restantes de classe *kI-*.

(27) Noms de la classe singulière *kI-* de structure CVN et leurs formes plurielles correspondantes en chumburung

Schème tonal singulier 1		Schème tonal pluriel 1	
$[\,-\ -\,]$		$[\,-\ -\,]$	
kʊ-kɔŋ	'bosse'	a-kɔŋ	'bosses'
ku-suŋ	'travail'	ə-suŋ	'travaux'
kɪ-laŋ	'cruche'	a-laŋ	'cruches'

Schème tonal singulier 2		Schème tonal pluriel 2	
$[\,-\ \backslash\,]$		$[\,-\ \backslash\,]$	
kɪ-baŋ	'pagaie'	a-baŋ	'pagaies'
ku-suŋ	'porte'	ə-suŋ	'portes'
ki-tiŋ	'morceau'	ə-tiŋ	'morceaux'

Schème tonal singulier 3		Schème tonal pluriel 3	
$[\,^-\ \backslash\,]$		$[\,^-\ \backslash\,]$	
kɪ-laŋ	'hanche'	a-laŋ	'hanches'
kɪ-t͡ʃaŋ	'chambre'	a-t͡ʃaŋ	'chambres'
kʊ-lɔŋ	'creux (d'arbre)'	a-lɔŋ	'creux (d'arbre)' (pl)

Schème tonal singulier 4		Schème tonal pluriel 4	
$[\,-\ \diagdown\,]$		$[\,-\ \diagdown\,]$	
kɪ-d͡ʒaŋ	'abri'	a-d͡ʒaŋ	'abris'
kɪ-paŋ	'machette'	a-paŋ	'machettes'

5.4 *Analyse des mots restants dans d'autres environnements morphologiques*

(28) Noms de la classe singulière *kI-* de structure CVʔ et leurs formes plurielles correspondantes en chumburung

Schème tonal singulier 1		Schème tonal pluriel 1	
$\begin{bmatrix} - & - \end{bmatrix}$		$\begin{bmatrix} - & - \end{bmatrix}$	
kɪ-baʔ	'épaule'	a-baʔ	'épaules'
ki-jeʔ	'viande (morceau)'	ə-jeʔ	'viande (morceaux)'
ki-teʔ	'plume'	ə-teʔ	'plumes'
kɪ-t͡ʃaʔ	'python'	a-t͡ʃaʔ	'pythons'
kɪ-bɪʔ	'montagne'	a-bɪʔ	'montagnes'
ku-wiʔ	'arbre épineux'	ə-wiʔ	'arbres épineux'

Schème tonal singulier 2		Schème tonal pluriel 2	
$\begin{bmatrix} - & - \end{bmatrix}$		$\begin{bmatrix} - & - \end{bmatrix}$	
kɪ-saʔ	'nid'	a-saʔ	'nids'
kɪ-maʔ	'caoutchouc (gouttelette)'	a-maʔ	'gouttelettes de caoutchouc'

Schème tonal singulier 3		Schème tonal pluriel 3	
$\begin{bmatrix} - & - \end{bmatrix}$		$\begin{bmatrix} - & - \end{bmatrix}$	
ki-t͡ʃeʔ	'rein'	ə-t͡ʃeʔ	'reins'
kɪ-kɛʔ	'coussin de tête'	a-kɛʔ	'coussins de tête'
kɪ-naʔ	'guerre'	a-naʔ	'guerres'
kʊ-dɔʔ	'ferme'	a-dɔʔ	'fermes'

(29) Noms de la classe singulière *kI-* de structure CV et leurs formes plurielles correspondantes en chumburung

Schème tonal singulier 1		Schème tonal pluriel 1	
$\begin{bmatrix} - & - \end{bmatrix}$		$\begin{bmatrix} - & - \end{bmatrix}$	
kɪ-pa	'chapeau'	a-pa	'chapeaux'
kɪ-ta	'arc'	a-ta	'arcs'
kʊ-kɔ	'dette'	a-kɔ	'dettes'
kʊ-wɔ	'serpent'	a-wɔ	'serpents'
ki-bu	'pierre'	ə-bu	'pierres'

Schème tonal singulier 2		Schème tonal pluriel 2	
$\begin{bmatrix} - & - \end{bmatrix}$		$\begin{bmatrix} - & - \end{bmatrix}$	
kɪ-d͡ʒa	'marché'	a-d͡ʒa	'marchés'
ki-ke	'panier'	ə-ke	'paniers'
kɪ-pɔ	'forêt'	a-pɔ	'forêts'
ki-d͡ʒi	'semence'	ə-d͡ʒi	'semences'

Le principal problème auquel nous sommes confronté en essayant d'analyser des noms avec préfixes est qu'il y a toujours deux schèmes tonals inconnus, jusqu'à ce qu'au moins un des schèmes tonals ne devienne clair (que ce soit le préfixe ou le radical). De plus, comme il n'y a aucune alternance entre les schèmes tonals singuliers et pluriels, on ne peut pas savoir dans quelle mesure les schèmes tonals des préfixes influencent ceux des radicaux et/ou vice versa. Et le fait que les schèmes tonals de surface des préfixes alternent entre bas et haut rend l'analyse encore plus difficile car on aimerait savoir s'il s'agit d'un seul préfixe ou de deux.

Dans une telle situation, il serait fortement utile de pouvoir comparer les schèmes tonals de surface des radicaux préfixés et dépourvus de préfixe. Cela permettrait de déterminer l'influence éventuelle des préfixes sur les radicaux, ce qui faciliterait l'analyse des deux formes. Heureusement, la classe singulière ∅- fournit exactement ce scénario (voir l'analyse dans la section 5.2). Il reste bien sûr la question de savoir si le préfixe singulier kI- est vraiment unique, comparable tonalement aux préfixes pluriels I- et A- qui correspondent aux noms de la classe singulière ∅-.

Dans l'exemple (30) figurent, parmi les radicaux à profil CVCV, les trois schèmes tonals contrastifs des noms de la classe singulière ∅- comparés aux trois schèmes tonals contrastifs des noms de la classe singulière kI- ainsi que leurs formes plurielles correspondantes.

(30) Schèmes tonals des classes singulières ∅- et kI- (radicaux à structure CVCV) et leurs formes plurielles correspondantes en chumburung

	Classe SG ∅-	Classe PL A-	Classe SG kI-	Classe PL A-
/H/	dapʊ 'milan'	a-dapʊ 'milans'	ki-k͡pini 'plan (n.)'	ə-k͡pini 'plans (n.)'
/BH/	kɔtɪ 'singe'	a-kɔtɪ 'singes'	ku-kuti 'orange (n.)'	ə-kuti 'oranges'
/B/	buni 'papillon'	ə-buni 'papillons'	kɪ-ɲapʊ 'sein'	a-ɲapʊ 'seins'

Les exemples démontrent que ces noms des classes singulières ∅- et kI- forment leurs pluriels avec le même préfixe de classe A- et de plus, on retrouve les trois mêmes schèmes tonals de surface en opposition partout où un préfixe est présent. Tout porte donc à croire que les schèmes tonals sous-jacents sont /H/, /BH/ et /B/.

Il semble que les schèmes tonals sous-jacents ne comportent que deux tons, H et B. On s'attend donc à trouver au moins quatre schèmes tonals sous-jacents associés aux radicaux bisyllabiques : /H/, /BH/, /HB/, et /B/ (voir la discussion au chapitre 2). Or, ce n'est pas le cas : il n'y a jusqu'à présent aucune preuve de la présence d'un schème tonal /HB/. Étant donné la taille importante des classes singulières kI- et ∅- combinées, de telles lacunes ne sont certainement pas dues au hasard. Nous revenons sur cette question ci-dessous.

L'étape suivante consiste à comparer les deux schèmes tonals contrastifs des noms des classes singulières kI- et ∅- à profil CVN ainsi que leurs formes plurielles correspondantes (31).

5.4 Analyse des mots restants dans d'autres environnements morphologiques

(31) Schèmes tonals des noms des classes singulières ∅- et kI- et leurs formes plurielles correspondantes (radicaux à structure CVN) en chumburung

	Classe SG ∅	Classes PL I-/A	Classe SG kI-	Classe PL A-
/B/	[ˋ] lɔŋ 'concession	[⁻ \ ] ɪ-lɔŋ 'concessions'	[⁻ \ ] kɪ-laŋ 'hanche'	[⁻ \ ] a-laŋ 'hanches'
/HB/	[\ ] t͡ʃaŋ 'pintade'	[⁻ \ ] a-t͡ʃaŋ 'pintades'	[- \ ] kɪ-baŋ 'pagaie'	[- \ ] a-baŋ 'pagaies'

En appliquant le raisonnement de la discussion des exemples (15) ci-dessus aux données ici, il devient clair que les schèmes tonals sous-jacents des radicaux nominaux de classe kI- comme kɪ-laŋ [⁻ \] 'hanche' et kɪ-baŋ [-\] 'pagaie' doivent respectivement être /B/ et /HB/. De plus, il a été possible d'analyser toutes les modulations de haut en bas jusqu'à ce point comme une cohabitation des tons ponctuels sur une seule UPT, donc il est très raisonnable de proposer le schème tonal sous-jacent /HB/ pour rendre compte de la modulation sur l'UPT finale du terme kì-bâŋ.

Les exemples (32) et (33) comparent les schèmes tonals contrastifs des noms de classes singulières ∅- et kI- à profil CVʔ et CV ainsi que leurs formes plurielles correspondantes.

(32) Schèmes tonals des noms de classes singulières ∅- et kI- et leurs formes plurielles correspondantes (radicaux à structure CVʔ) en chumburung

	Classe SG ∅-	Classe PL I-	Classe SG kI-	Classe PL A-
/H/	[⁻] baʔ 'pousse d'igname'	[- -] ɪ-baʔ 'pousses d'igname'	[- -] ki-jeʔ 'viande (morceau)'	[- -] ə-jeʔ 'viande (morceaux)'

(33) Schèmes tonals des noms des classes singulières ∅- et kI- et leurs formes plurielles correspondantes (radicaux à structure CV) en chumburung

	Classe SG ∅-	Classe PL I-	Classe SG kI-	Classe PL A-
/H/	[⁻] lɔ 'plaie'	[- -] ɪ-lɔ 'plaies'	[- -] kʊ-wɔ 'serpent'	[- -] a-wɔ 'serpents'

En comparant ces schèmes tonals singuliers et pluriels de surface, il est clair que ces mots se comportent comme prévu, étant donné le comportement tonal dans les autres groupements.

Pour en revenir aux variantes tonales du préfixe kI-, une étude attentive des exemples (30) à (33) révèle deux faits. Dans un premier temps, les schèmes tonals des formes singulières et plurielles sont toujours identiques (p. ex., kɪ-ɲapʊ [⁻ ⁻ \] 'sein', a-ɲapʊ [⁻ ⁻ \] 'seins'). Comme ces paires singulière et plurielle comportent le même radical, cela signifie que leurs préfixes (à savoir kI- et A-) sont également identiques.

Dans un deuxième temps, étant donné que les schèmes tonals des préfixes *kI*- et *A*- sont identiques au niveau sous-jacent, si le radical de *buni* [‾ ˎ] papillon' (pl. *ə-buni* [‾ ‾ ˎ] 'papillons') est effectivement à schème tonal sous-jacent /B/, alors le radical de *kɪ-ɲapʊ* [‾ ‾ ˎ] 'sein' (pl. *a-ɲapʊ* [‾ ‾ ˎ] 'seins') dans (30) doit également être /B/, puisque leurs schèmes tonals pluriels sont identiques.

Ayant conclu précédemment que les deux variantes tonales des préfixes pluriels *I*- et *A*- sont en distribution complémentaire (c.-à-d., elles ne s'opposent pas), on peut également en déduire pour la même raison que les variantes haute et basse de la classe singulière *kI*- ne sont pas non plus en opposition. Un autre argument en faveur d'un préfixe singulier *kI*- unique vient du fait que, lorsque l'on compare les différents ensembles de données de la classe *kI*-, il n'y a jamais plus d'un schème tonal avec un préfixe haut pour un profil syllabique donnée. S'il y avait vraiment deux préfixes à tons sous-jacents différents, on s'attendrait à trouver chaque préfixe accompagné de plus d'un schème tonal de radical (c.-à-d. qu'il y aurait opposition). Au lieu de cela, il y a distribution complémentaire complète entre les schèmes tonals des radicaux. Il n'y a donc aucune raison de continuer à supposer qu'il existe deux préfixes *kI*-, et cette conclusion sera davantage renforcée par des données supplémentaires telles que les verbes nominalisés (voir ci-dessous). Puisque l'étude des formes plurielles correspondantes de la classe singulière ∅- révèle que les tons des préfixes pluriels *I*- et *A*- sont identiques, on peut maintenant conclure que tous les préfixes de classe nominale étudiés jusqu'à présent portent le même schème tonal sous-jacent, même sans connaître son identité.

Le paradigme dans l'exemple (34) illustre chaque schème tonal provisoire et chaque profil syllabique, offrant un résumé de la manière dont les schèmes tonals sous-jacents se réalisent au sein de la classe singulière *kI*- des radicaux simples.

(34) Oppositions tonales provisoires des noms de la classe singulière *kI*- à radicaux simples en chumburung

Schème tonal sous-jacent	CV	CV?	CVN	CVCV
/B/	[‾ ‾] kɪ-d͡ʒa 'marché'	[‾ ‾] ki-t͡ʃe? 'rein'	[‾ ˎ] kɪ-laŋ 'hanche'	[‾ ‾ ˎ] kɪ-pɪnɪ 'mortier'
/H/	[_ ‾] kɪ-pa 'chapeau'	[_ ‾] kɪ-ba? 'épaule'	[_ ‾] kʊ-kɔŋ 'bosse'	[_ ‾ ‾] ki-k͡pini 'plan'
/HB/	--	--	[‾ ˎ] kɪ-baŋ 'pagaie'	--
/BH/	--	--	--	[_ _ ‾] kʊ-kuti 'orange'
/?/	--	[‾ ‾] kɪ-sa? 'nid'	[‾ ˎ] kɪ-paŋ 'machette'	--

5.4 Analyse des mots restants dans d'autres environnements morphologiques 143

Dans certains cas, le schème tonal sous-jacent est assez sûr, mais dans d'autres il l'est moins. Il reste de plus de nombreuses lacunes à expliquer.

5.4.2 Verbes nominalisés

La dernière étape de cette partie de l'analyse consiste à élargir les environnements lexicaux des racines verbales dans nos données. Il existe deux processus productifs de nominalisation en chumburung qui permettent cela, à savoir la gérondivisation et l'agentivisation. Dans le premier, le préfixe singulier *kI-* s'ajoute au radical verbal. Du point de vue grammatical, le verbe nominalisé qui en résulte fonctionne tout à fait comme un gérondif en français et se traduit aisément par '_-ant' (p. ex., *sùŋ* 'envoie !' / *kù-súŋ* 'envoyant'). Concernant l'agentivisation, deux actions morphologiques distinctes y contribuent. La première consiste à ajouter le suffixe *-pʊ* à la racine verbale. Contrairement aux autres affixes du chumburung, celui-ci ne s'harmonise pas avec le trait ATR de la racine, mais conserve toujours sa propre valeur -ATR. La deuxième action morphologique ajoute le préfixe de classe singulière *O-* au radical dérivé. Ce préfixe s'ajoute normalement aux noms qui désignent les êtres humains, les divinités ainsi que certains animaux et oiseaux importants (p. ex., *ɔ-ɲárí* 'homme', *ɔ-fáasé* 'léopard' et *ò-lùŋ* 'aigle'). Ce deuxième type de verbe nominalisé se traduit par un agent, 'celui/celle qui fait_' (p. ex., *sùŋ* 'envoie !' / *ò-súm-pú* 'celui/celle qui envoie'). Les formes nominalisées des vingt verbes de notre base de données figurent dans les exemples de (35) à (37).

(35) Verbes nominalisés à structure CVN en chumburung

	Impératif		Gérondif		Agentif	
/H/	$\begin{bmatrix} \diagdown \end{bmatrix}$		$\begin{bmatrix} - & - \end{bmatrix}$		$\begin{bmatrix} - & - & - \end{bmatrix}$	
	suŋ	'envoie !'	ku-suŋ	'envoyant'	o-sum-pʊ	'celui/celle qui envoie'
	paŋ	'perds !'	kɪ-paŋ	'perdant'	ɔ-pam-pʊ	'celui/celle qui perd'
/B/	$\begin{bmatrix} \diagdown \end{bmatrix}$		$\begin{bmatrix} - & \diagdown \end{bmatrix}$		$\begin{bmatrix} - & - & \diagdown \end{bmatrix}$	
	kuŋ	'empêche !'	ku-kuŋ	'empêchant'	o-kum-pʊ	'celui/celle qui empêche'
	tɪŋ	'coupe !'	kɪ-tɪŋ	'coupant'	ɔ-tɪm-pʊ	'celui/celle qui coupe'
	buŋ	'chavire !'	ku-buŋ	'chavirant'	o-bum-pʊ	'celui/celle qui chavire'
	duŋ	'mords !'	ku-duŋ	'mordant'	o-dum-pʊ	'celui/celle qui mord'

(36) Verbes nominalisés à structure CVʔ en chumburung

	Impératif		Gérondif		Agentif	
/B/	$\begin{bmatrix} - \end{bmatrix}$		$\begin{bmatrix} - & - \end{bmatrix}$		$\begin{bmatrix} - & - & \diagdown \end{bmatrix}$	
	kɪʔ	'fris !'	kɪ-kɪʔ	'frisant'	ɔ-kɪɪ-pʊ	'celui/celle qui frit'
	sɔʔ	'achète !'	kʊ-sɔʔ	'achetant'	ɔ-sɔɔ-pʊ	'celui/celle qui achète'
	kiʔ	'tords !'	ki-kiʔ	'tordant'	o-kii-pʊ	'celui/celle qui tord'
	taʔ	'prends !'	kɪ-taʔ	'prenant'	ɔ-taa-pʊ	'celui/celle qui prend'

(37) Verbes nominalisés à structure CV en chumburung

	Impératif		Gérondif		Agentif	
/H/	[ˋ]		[‾ ‾]		[‾ ‾ ‾]	
	da	'frappe !'	kɪ-da	'frappant'	o-da-pʊ	'celui/celle qui frappe'
	k͡pa	'veuille !'	ɔ-k͡pa	'voulant'	ɔ-k͡pa-pʊ	'celui/celle qui veut'
	sa	'donne !'	kɪ-sa	'donnant'	ɔ-sa-pʊ	'celui/celle qui donne'
	tɔ	'rôtis !'	kʊ-tɔ	'rôtissant'	ɔ-tɔ-pʊ	'celui/celle qui rôtit'
	ɲa	'obtiens !'	kɪ-ɲa	'obtenant'	ɔ-ɲa-pʊ	'celui/celle qui obtient'
/B/	[ˋ]		[‾ ‾]		[‾ ‾ ˎ]	
	ŋu	'vois !'	ku-ŋu	'voyant (v.)'	o-ŋu-pʊ	'celui/celle qui voit'
	d͡ʒi	'mange !'	ki-d͡ʒi	'mangeant'	o-d͡ʒi-pʊ	'celui/celle qui mange'
	d͡ʒa	'chasse !'	kɪ-d͡ʒa	'chassant'	ɔ-d͡ʒa-pʊ	'celui/celle qui chasse'
	t͡ʃɔ	'ensorcèle !'	kʊ-t͡ʃɔ	'ensorcelant'	ɔ-t͡ʃɔ-pʊ	'celui/celle qui ensorcelle'
	bo	'éclos !'	ku-bo	'éclosant'	o-bo-pʊ	'celui/celle qui éclot'

Rappelons que, dans l'exemple (25) ci-dessus où figurent les verbes en isolement, tous les impératifs ayant une sonante finale (c.-à-d. une voyelle ou une nasale) portent un ton bas descendant, et ceux ayant une obstruante finale (c.-à-d. une occlusive glottale) portent un ton bas ponctuel. Un premier regard sur les exemples (35) à (37) révèle cependant que les groupes à structures CVN et CV se divisent chacun en deux si l'on tient compte des schèmes tonals de surface des gérondifs et agentifs corrrespondants. Un examen plus approfondi permet de constater que les schèmes tonals de surface de ces noms dérivés sont identiques à bon nombre de ceux des données nominales qui ont été analysées précédemment. A la lumière des découvertes concernant l'interaction des tons des préfixes nominaux et des radicaux, il est clair que les données jusqu'à présent ne révèlent qu'une distinction à deux sens, /H/ et /B/, entre les verbes d'un même profil syllabique. Il est particulièrement intéressant à ce stade de constater la ressemblance entre les gérondifs à structure CV et à ton présumé bas (p. ex., kú-ŋú 'voyant (v.)') et les noms à structure CV de classe singulière kI- aussi à ton présumé bas (p. ex., kí-pú 'forêt'). Bien que les termes de ces deux groupes aient une sonante finale et soient provisoirement à ton /B/ sous-jacent, aucun ne montre une descente finale, comme on pourrait s'y attendre dans de tels cas (p. ex., kí ɲápô 'sein', kí-t͡ʃâŋ 'chambre'). Nous y revenons plus en détail ci-dessous.

A ce stade, l'attribution des schèmes tonals sous-jacents à chaque groupe de verbes se fait entièrement sur la base de la similarité entre les formes nominalisées des verbes et les formes des noms auxquels ils correspondent sur le plan tonal. Pour poursuivre l'analyse, il est au préalable nécessaire d'avoir une bonne compréhension des systèmes tonals des noms et des verbes. La meilleure façon d'y parvenir est d'étudier les environnements syntaxiques.

5.5 Analyse des environnements syntaxiques des mots restants

Grâce aux connaissances acquises par l'examen de noms morphologiquement simples, dans différents environnements syntaxiques, nous sommes en mesure d'examiner des noms morphologiquement plus complexes dans ces mêmes environnements.

5.5 Analyse des environnements syntaxiques des mots restants

5.5.1 Environnements syntaxiques des noms de la classe singulière *kI-*

Le tableau 9 présente les noms de la classe singulière *kI-* à structure CVCV et provisoirement à ton sous-jacent /H/ dans les environnements précédemment examinés pour les noms de la classe singulière ∅- de cette même structure. Les mots cibles sont soulignés, comme dans les tableaux précédents.

Tableau 9. Classe singulière *kI-*, CVCV, /H/ provisoire en chumburung

Radical à schème tonal provisoire /H/	____ dápú 'milan du/ de la ___'	____ bùnì 'papillon du/ de la ___'	dápú ____ '___ du milan'	bùnì ____ '___ du papillon'
[- − −] ki-k͡pini 'plan'	[- − − − −] kik͡pini dapʊ	[- − − − ̖] kik͡pini buni	[− − − − −] dapu kik͡pini	[− − − − −] buni kik͡pini
[- − −] kʊ-t͡ʃɔnɪ 'salive (gouttelette)'	[- − − − −] kʊt͡ʃɔnɪ dapʊ	[- − − − ̖] kʊt͡ʃɔnɪ buni	[− − − − −] dapʊ kʊt͡ʃɔnɪ	[− − − − −] bunu kʊt͡ʃɔnɪ

Il ressort clairement du tableau 9 que les deux noms se comportent de la même manière dans les différentes combinaisons syntaxiques. Cela permet de confirmer que les schèmes tonals sous-jacents de ces termes sont les mêmes. Le comportement tonal de ces mots est tout à fait cohérent avec un schème tonal sous-jacent /H/, étant donné le comportement de noms similaires de la classe singulière ∅-.

Le tableau 10 présente les noms de la classe singulière *kI-* à structure CVCV et provisoirement à schème tonal sous-jacent /BH/.

Tableau 10. Classe singulière kI-, CVCV, /BH/ provisoire en chumburung

Radical à schème tonal provisoire /BH/	____ dápú 'milan du/ de la ___'	____ bùnì 'papillon du/ de la ___'	dápú ____ '___ du milan'	bùnì ____ '___ du papillon'
[- − −] kɪ-d͡ʒafʊ 'coquille'	[- − − − −] kɪd͡ʒafʊ dapʊ	[- − − − ̖] kɪd͡ʒafʊ buni	[− − − − −] dapʊ kɪd͡ʒafʊ	[− − − − −] buni kɪd͡ʒafʊ
[- − −] ku-kut͡ʃe 'huître'	[- − ̌ −] kukut͡ʃe dapʊ	[- − − − ̖] kukut͡ʃe buni	[− − − − −] dapu kukut͡ʃe	[− − − − −] bunu kukut͡ʃe
[- − −] ku-kuti 'orange'	[- − − − −] kukuti dapu	[- − − −] kukuti buni	[− − − − −] dapu kukuti	[− − − − −] bunu kukuti

Comme pour les noms correspondants de la classe singulière ∅-, le comportement est exactement celui attendu pour les radicaux à structure CVCV et à schème tonal /BH/. La première syllabe du radical est à ton bas partout, ce qui confirme qu'elle est effectivement à ton bas au niveau sous-jacent. Lorsque le nom suivant est *dápú* à ton haut, les syllabes finales se réalisent au même niveau que *dápú*, et lorsque le terme suivant est *bùnì* à ton bas, la première syllabe de celui-ci subit une propagation du ton haut à partir des syllabes finales hautes. Ces faits confirment que le ton final de ces radicaux est effectivement haut.

Le tableau 11 présente le dernier schème tonal contrastif pour les noms de la classe singulière *kI-* à structure CVCV, à savoir /B/.

Tableau 11. Classe singulière *kI-*, CVCV, /B/ provisoire en chumburung

Radical à schème tonal provisoire /B/	___ dápú 'milan du/ de la ___'	___ bùnì 'papillon du/ de la ___'	dápú ___ '___ du milan'	bùnì ___ '___ du papillon'
[⁻ ⁻ \] kɪ-ɲapʊ 'sein'	[⁻ ⁻ ⁻ ⁻ ⁻] kɪɲapʊ dapʊ	[⁻ ⁻ ⁻ ⁻ \] kɪɲapʊ buni	[⁻ ⁻ ⁻ \] dapʊ kɪɲapʊ	[⁻ ⁻ ⁻ ⁻ \] buni kɪɲapʊ
[⁻ ⁻ \] kɪ-pɪnɪ 'mortier'	[⁻ ⁻ ⁻ ⁻ ⁻] kɪpɪnɪ dapʊ	[⁻ ⁻ ⁻ ⁻ \] kɪpɪnɪ buni	[⁻ ⁻ ⁻ \] dapʊ kɪpɪnɪ	[⁻ ⁻ ⁻ ⁻ \] buni kɪpɪnɪ
[⁻ ⁻ \] ki-tʃini 'veine'	[⁻ ⁻ ⁻ ⁻ ⁻] kitʃini dapʊ	[⁻ ⁻ ⁻ ⁻ \] kitʃini buni	[⁻ ⁻ ⁻ \] dapʊ kitʃini	[⁻ ⁻ ⁻ ⁻ \] buni kitʃini

La section 5.2.2 ci-dessus fournit des indications concernant le niveau haut initial de ces radicaux en présence d'un préfixe. Dans cette discussion, la modulation haut-bas de la syllabe finale des formes en isolation a été attribuée au ton haut du préfixe qui se propage vers la droite sur le radical et se combine avec le ton bas de la syllabe finale. Dans les exemples du tableau 11, ce ton bas final du radical se confirme par le downstep sur *dápú* (p. ex., *kíɲápú ꜜdápú*) et par le blocage de la propagation du haut sur *bùnì* (p. ex., *kíɲápú bùnì*).

Le groupe suivant à examiner est celui des noms de classe singulière *kI-* et de radical à structure CVN. Ces noms figurent dans les tableaux (12) à (15), en commençant par le schème tonal sous-jacent provisoire /H/.

Tableau 12. Classe singulière *kI-*, CVN, /H/ provisoire en chumburung

Radical à schème tonal provisoire /H/	___ dápú 'milan du/ de la ___'	___ bùnì 'papillon du/ de la ___'	dápú ___ '___ du milan'	bùnì ___ '___ du papillon'
[⁻ ⁻] kʊ-kɔŋ 'bosse'	[⁻ ⁻ ⁻ ⁻] kʊkɔŋ dapʊ	[⁻ ⁻ ⁻ \] kʊkɔm buni	[⁻ ⁻ ⁻ ⁻] dapʊ kʊkɔŋ	[⁻ ⁻ ⁻ ⁻] bunu kʊkɔŋ
[⁻ ⁻] kɪ-laŋ 'cruche'	[⁻ ⁻ ⁻ ⁻] kɪlan dapʊ	[⁻ ⁻ ⁻ \] kɪlam buni	[⁻ ⁻ ⁻ ⁻] dapʊ kɪlaŋ	[⁻ ⁻ ⁻ ⁻] buni kɪlaŋ
[⁻ ⁻] ku-suŋ 'travail'	[⁻ ⁻ ⁻ ⁻] kusun dapʊ	[⁻ ⁻ ⁻ \] kusum buni	[⁻ ⁻ ⁻ ⁻] dapʊ kusuŋ	[⁻ ⁻ ⁻ ⁻] bunu kusuŋ

5.5 Analyse des environnements syntaxiques des mots restants

Rien dans le comportement tonal observé dans le tableau 12 ne laisse penser que le schème tonal sous-jacent puisse être autre que /H/. En fait, les informations fournies ici n'apportent rien de nouveau, étant donné les connaissances déjà acquises à partir d'autres paradigmes syntaxiques.

Le tableau 13 comporte des radicaux à structure CVN dont les tons de surface nous laissaient perplexes initialement en isolement, mais le schème tonal sous-jacent provisoire /BH/ est maintenant convenable.

Tableau 13. Classe singulière *kI-*, CVN, /BH/ provisoire en chumburung

Radical à schème tonal provisoire /BH/	____ dápʊ́ 'milan du/ de la ___'	____ bùnì 'papillon du/ de la ___'	dápʊ́ ____ '___ du milan'	bùnì ____ '___ du papillon'
[- ˋ] kɪ-d͡ʒaŋ 'abri'	[- - - -] kɪd͡ʒan dapʊ	[- - - ˋ] kɪd͡ʒam buni	[- - - ˋ] dapʊ kɪd͡ʒaŋ	[- - - ˋ] buni kɪd͡ʒaŋ
[- ˋ] kɪ-paŋ 'machette'	[- - - -] kɪpan dapʊ	[- - - ˋ] kɪpam buni	[- - - ˋ] dapʊ kɪpaŋ	[- - - ˋ] buni kɪpaŋ

Les formes en isolement de ces radicaux semblent à tous égards être simplement basses au niveau sous-jacent. En effet, il n'y a toujours aucune raison de supposer un ton haut où que ce soit, flottant ou non, dans un quelconque environnement syntaxique. Ces mots se comportent exactement comme ceux de la classe singulière ∅- à profil CVCV et à ton bas sous-jacent (cf. tableau 3). On leur attribue néanmoins le schème tonal sous-jacent /BH/ pour deux raisons. Dans un premier temps, il est difficile de trouver une meilleure solution pour ce schème tonal, d'autant plus que l'on a déjà attribué le schème tonal /B/ à un groupe différent pour de bonnes raisons. De plus, il existe déjà d'excellents arguments pour soutenir l'existence des autres schèmes tonals sous-jacents /H/ et /HB/. En outre, le schème tonal /BH/ est déjà connu chez les radicaux à structure CVCV (p. ex., *kù-kùt͡ʃé* 'huître'), mais il est absent chez ceux de structure CVN. L'attribution du schème tonal /BH/ comble donc une lacune existante. Dans un deuxième temps, ailleurs dans la langue, le préfixe ne se réalise comme bas que s'il y a un ton haut quelque part dans le radical. Cela est valable même lorsque le ton haut appartient au deuxième élément d'un radical composé (voir la section 5.6.2). Lorsque tous les morphèmes d'un radical sont bas, le préfixe est toujours haut.

Viennent ensuite les radicaux de la classe singulière *kI-* à structure CVN et à schème tonal sous-jacent /HB/ (Tableau 14).

Tableau 14. Classe singulière *kI-*, CVN, /HB/ provisoire en chumburung

Radical à schème tonal provisoire /HB/	____ dápú 'milan du/ de la ___'	____ bùnì 'papillon du/ de la ___'	dápú ____ '___ du milan'	bùnì ____ '___ du papillon'
[⁻ \] kɪ-baŋ 'pagaie'	[⁻ ⁻ ⁻ ⁻] kɪban dapʊ	[⁻ ⁻ ⁻ ↘] kɪbam buni	[⁻ ⁻ ⁻ \] dapʊ kɪbaŋ	[⁻ ⁻ ⁻ \] buni kɪbaŋ
[⁻ \] ku-suŋ 'porte'	[⁻ ⁻ ⁻ ⁻] kusun dapʊ	[⁻ ⁻ ↘] kusum buni	[⁻ ⁻ ⁻ \] dapʊ kusuŋ	[⁻ ⁻ ⁻ \] bunu kusuŋ
[⁻ \] ki-tiŋ 'morceau'	[⁻ ⁻ ⁻ ⁻] kitin dapʊ	[⁻ ⁻ ↘] kitim buni	[⁻ ⁻ ⁻ \] dapʊ kitiŋ	[⁻ ⁻ ⁻ \] buni kitiŋ

Dans le cas de la première combinaison, *kɪ́bán ꜝdápú* 'milan de la pagaie', le bas final du premier élément se révèle présent mais flottant dans le downstep non automatique de *dápú*. En ce qui concerne la deuxième combinaison, *kɪ́bám bùnì* 'papillon de la pagaie', le ton bas flottant bloque la propagation du ton haut du premier élément sur la première UPT de *bùnì*. Dans les deux cas, le ton bas n'est pas présent dans les formes de surface mais il se fait remarquer, néanmoins, par son effet sur les tons qui le suivent.

Le dernier groupe des radicaux de la classe singulière *kI-* à structure CVN à examiner est celui à schème tonal sous-jacent /B/ (Tableau 15).

Tableau 15. Classe singulière *kI-*, CVN, /B/ provisoire en chumburung

Radical à schème tonal provisoire /B/	____ dápú 'milan du/ de la ___'	____ bùnì 'papillon du/ de la ___'	dápú ____ '___ du milan'	bùnì ____ '___ du papillon'
[⁻ \] kɪ-laŋ 'hanche'	[⁻ ⁻ ⁻ ⁻] kɪlan dapʊ	[⁻ ⁻ ↘] kɪlam buni	[⁻ ⁻ ⁻ \] dapʊ kɪlaŋ	[⁻ ⁻ ⁻ \] buni kɪlaŋ
[⁻ \] kɪ-tʃaŋ 'chambre'	[⁻ ⁻ ⁻ ⁻] kɪtʃan dapʊ	[⁻ ⁻ ↘] kɪtʃam buni	[⁻ ⁻ ⁻ \] dapʊ kɪtʃaŋ	[⁻ ⁻ ⁻ \] buni kɪtʃaŋ
[⁻ \] kʊ-lɔŋ 'creux (d'arbre)'	[⁻ ⁻ ⁻ ⁻] kʊlɔn dapʊ	[⁻ ⁻ ↘] kʊlɔm buni	[⁻ ⁻ ⁻ \] dapʊ kʊlɔŋ	[⁻ ⁻ ⁻ \] bunu kʊlɔŋ

Dans les formes en isolement, le ton haut du préfixe se propage lexicalement sur le radical et crée une modulation haut-bas. Il est important de noter que ces formes sont suivies d'une pause (c.-à-d. en fin de phrase). On pourrait aussi dire que la propagation lexicale crée un ton bas flottant qui se manifeste de plusieurs façons : en déclenchant le downstep d'un ton haut suivant, en bloquant la propagation du ton haut sur un ton bas suivant, et en créant une modulation descendante devant une pause.

Considérons maintenant les noms de la classe singulière *kI-* à radicaux de profil CV? dans les trois tableaux de (16) à (18).

Le tableau 16 comporte les radicaux avec le schème tonal sous-jacent /H/ provisoire.

5.5 Analyse des environnements syntaxiques des mots restants

Tableau 16. Classe singulière kI-, CVʔ, /H/ provisoire en chumburung

Radical à schème tonal provisoire /H/	___ dápʊ́ 'milan du/ de la ___'	___ bùnì 'papillon du/ de la ___'	dápʊ́ ___ '___ du milan'	bùnì ___ '___ du papillon'
[⁻ ⁻] ki-jeʔ 'viande (morceau)'	[⁻ ⁻ ⁻ ⁻] kijee dapʊ	[⁻ ⁻ ⁻ ⁻↘] kijee buni	[⁻ ⁻ ⁻ ⁻] dapu kijeʔ	[⁻ ⁻ ⁻ ⁻] buni kijeʔ
[⁻ ⁻] ki-teʔ 'plume'	[⁻ ⁻ ⁻ ⁻] kitee dapʊ	[⁻ ⁻ ⁻ ⁻↘] kitee buni	[⁻ ⁻ ⁻ ⁻] dapu kiteʔ	[⁻ ⁻ ⁻ ⁻] buni kiteʔ
[⁻ ⁻] kɪ-tʃaʔ 'python'	[⁻ ⁻ ⁻ ⁻] kɪtʃaa dapʊ	[⁻ ⁻ ⁻ ⁻↘] kɪtʃaa buni	[⁻ ⁻ ⁻ ⁻] dapu kɪtʃaʔ	[⁻ ⁻ ⁻ ⁻] buni kɪtʃaʔ
[⁻ ⁻] ku-wiʔ 'arbre épineux'	[⁻ ⁻ ⁻ ⁻] kuwii dapʊ	[⁻ ⁻ ⁻ ⁻↘] kuwii buni	[⁻ ⁻ ⁻ ⁻] dapu kuwiʔ	[⁻ ⁻ ⁻ ⁻] bunu kuwiʔ
[⁻ ⁻] kɪ-bɪʔ 'montagne'	[⁻ ⁻ ⁻ ⁻] kɪbɪɪ dapʊ	[⁻ ⁻ ⁻ ⁻↘] kɪbii buni	[⁻ ⁻ ⁻ ⁻] dapu kɪbɪʔ	[⁻ ⁻ ⁻ ⁻] buni kɪbɪʔ
[⁻ ⁻] kɪ-baʔ 'épaule'	[⁻ ⁻ ⁻ ⁻] kɪbaa dapʊ	[⁻ ⁻ ⁻ ⁻↘] kɪbaa buni	[⁻ ⁻ ⁻ ⁻] dapʊ kɪbaʔ	[⁻ ⁻ ⁻ ⁻] buni kibaʔ

Dans la plupart des paradigmes syntaxiques ci-dessus, les mots ayant des schèmes tonals de surface identiques en isolement présentent les mêmes schèmes dans les différents environnements syntaxiques. Les seules exceptions sont les noms de la classe singulière ∅- qui présentent cette même structure CVʔ (voir tableau 7). De même, les noms du tableau 16 se divisent également en deux groupes, en fonction de leur comportement tonal. Les deux derniers noms, kì-bíʔ 'montagne' et kì-báʔ 'épaule', présentent des comportements cohérents avec un schème tonal sous-jacent /H/ provisoire ; c'est-à-dire qu'il n'y a pas de downstep des tons hauts suivants, et le ton haut final se propage sur les UPT suivantes à ton bas. Les quatre premiers noms, cependant, se comportent différemment.

À la lumière du comportement de ces noms, il y a deux indices qui laissent à penser que leurs schèmes tonals sous-jacents sont autre que /H/. Premièrement, lorsque dápʊ́ (H) 'milan' les suit, il subit un downstep par rapport à la hauteur immédiatement précédente. Si les schèmes tonals sous-jacents de ces mots étaient effectivement /H/, on s'attendrait à ce que dápʊ́ soit à la même hauteur, comme c'est le cas pour kì-bíʔ 'montagne' et kì-báʔ 'épaule'. Le fait qu'il soit plus bas semble indiquer que le schème tonal sous-jacent de kì-jéʔ, kì-téʔ, kì-t͡ʃáʔ et kù-wíʔ est en fait /HB/ plutôt que /H/, et que le ton bas du schème tonal provoque le downstep, comme cela se fait ailleurs dans la langue.

Deuxièmement, lorsque bùnì 'papillon' suit kì-jéʔ, kì-téʔ, kì-t͡ʃáʔ, et kù-wíʔ le ton haut ne se propage pas à travers la frontière du mot, comme c'est le cas lorsqu'il suit kì-bíʔ et kì-báʔ. Cette absence de propagation confirme que ces mots n'ont pas de ton haut final. Prises ensemble, ces données suggèrent qu'il serait préférable d'analyser les schèmes tonals sous-jacents de ces noms comme /HB/ plutôt que /H/.

Le groupe suivant à examiner se trouve dans le tableau 17.

Tableau 17. Classe singulière kI-, CVʔ, /BH/ provisoire en chumburung

Radical à schème tonal provisoire /BH/	___ dápú 'milan du/ de la ___'	___ bùnì 'papillon du/ de la ___'	dápú ___ '___ du milan'	bùnì ___ '___ du papillon'
[⁻ ⁻] kɪ-saʔ 'nid'	[⁻ ⁻ ⁻ ⁻] kɪsaa dapʊ	[⁻ ⁻ ⁻ ↘] kɪsaa buni	[⁻ ⁻ ⁻] dapʊ kɪsaʔ	[⁻ ⁻ ⁻ ⁻] buni kisaʔ
[⁻ ⁻] kɪ-maʔ 'caoutchouc (gouttelette)'	[⁻ ⁻ ⁻ ⁻] kɪmaa dapʊ	[⁻ ⁻ ⁻ ↘] kɪmaa buni	[⁻ ⁻ ⁻] dapʊ kɪmaʔ	[⁻ ⁻ ⁻ ⁻] buni kimaʔ

Dans la discussion du comportement tonal de kì-d͡ʒàŋ 'abri' et kì-pàŋ 'machette' (voir tableau 13, ci-dessus), on a conclu que le schème tonal sous-jacent dans ces cas était /BH/. Le même type de comportement est évident ici, et donc la conclusion est que le schème tonal sous-jacent de ces noms est également /BH/.

Le tableau 18 présente des noms de la classe singulière kI- à radical simple CVʔ auxquels on a provisoirement attribué le schème tonal sous-jacent /B/.

Tableau 18. Classe singulière kI-, CVʔ, /B/ provisoire en chumburung

Radical à schème tonal provisoire /B/	___ dápú 'milan du/ de la ___'	___ bùnì 'papillon du/ de la ___'	dápú ___ '___ du milan'	bùnì ___ '___ du papillon'
[⁻ ⁻] ki-t͡ʃeʔ 'rein'	[⁻ ⁻ ⁻ ⁻] kit͡ʃee dapʊ	[⁻ ⁻ ⁻ ↘] kit͡ʃee buni	[⁻ ⁻ ⁻] dapu kit͡ʃeʔ	[⁻ ⁻ ⁻ ⁻] buni kit͡ʃeʔ
[⁻ ⁻] kɪ-kɛʔ 'coussin de tête'	[⁻ ⁻ ⁻ ⁻] kɪkɛɛ dapʊ	[⁻ ⁻ ⁻ ↘] kɪkɛɛ buni	[⁻ ⁻ ⁻] dapʊ kɪkɛʔ	[⁻ ⁻ ⁻ ⁻] buni kikɛʔ
[⁻ ⁻] kɪ-naʔ 'guerre'	[⁻ ⁻ ⁻ ⁻] kɪnaa dapʊ	[⁻ ⁻ ⁻ ↘] kɪnaa buni	[⁻ ⁻ ⁻] dapʊ kɪnaʔ	[⁻ ⁻ ⁻ ⁻] buni kinaʔ
[⁻ ⁻] kʊ-dɔʔ 'ferme'	[⁻ ⁻ ⁻ ⁻] kʊdɔɔ dapʊ	[⁻ ⁻ ⁻ ↘] kʊdɔɔ buni	[⁻ ⁻ ⁻] dapʊ kʊdɔʔ	[⁻ ⁻ ⁻ ⁻] bunu kudɔʔ

Le ton haut du préfixe conduit à la conclusion provisoire que le schème tonal sous-jacent des radicaux du tableau 18 est /B/. Le ton du radical est également haut en raison de la propagation lexicale du ton haut, par laquelle le ton du préfixe se propage vers la droite sur le radical. Même si le schème tonal sous-jacent de ces mots semble haut dans leurs formes en isolation, il y a une confirmation supplémentaire qu'il s'agit bel et bien de /B/ en raison de la présence d'un downstep sur des mots suivants à ton haut tels que dápú. Ce rabaissement est dû à la présence du ton bas flottant intermédiaire. Le fait que le ton haut final ne se propage pas sur les mots suivants à ton bas (p. ex., kúdɔ́ɔ bùnì 'papillon de la ferme', cf. dápú búnì 'papillon du milan') fournit une preuve supplémentaire de la présence de ce ton flottant. On a déjà observé

5.5 Analyse des environnements syntaxiques des mots restants

ce comportement avec d'autres noms à schème tonal sous-jacent /B/ provisoire, par exemple dans le tableau 15.

Les deux derniers groupes de la classe singulière *kI-* comportent des noms à profil CV. Sont d'abord explorés les noms à schème tonal sous-jacent /H/ provisoire (tableau [19]).

Tableau 19. Classe singulière *kI-*, CV, /H/ provisoire en chumburung

Radical à schème tonal provisoire /H/	____ dápʊ́ 'milan du/ de la ___'	____ bùnì 'papillon du/ de la ___'	dápʊ́ ____ '___ du milan'	bùnì ____ '___ du papillon'
[- -] kɪ-pa 'chapeau'	[- - - -] kɪpa dapʊ	[- - - ↘] kɪpa buni	[- - - -] dapʊ kɪpa	[- - - -] buni kipa
[- -] kɪ-ta 'arc'	[- - - -] kɪta dapʊ	[- - - ↘] kɪta buni	[- - - -] dapʊ kɪta	[- - - -] buni kita
[- -] kʊ-kɔ 'dette'	[- - - -] kʊkɔ dapʊ	[- - - ↘] kʊkɔ buni	[- - - -] dapʊ kʊkɔ	[- - - -] bunu kukɔ
[- -] kʊ-wɔ 'serpent'	[- - - -] kʊwɔ dapʊ	[- - - ↘] kʊwɔ buni	[- - - -] dapʊ kʊwɔ	[- - - -] bunu kuwɔ
[- -] ki-bu 'pierre'	[- - - -] kibu dapʊ	[- - - ↘] kibu buni	[- - - -] dapu kibu	[- - - -] buni kibu

En regardant le comportement tonal des noms de ce groupe, rien ne suggère qu'ils ne sont pas à schème tonal sous-jacent /H/. Les radicaux à ton haut se réalisent eux-mêmes à la même hauteur que les tons hauts qui suivent (p. ex., *kòwɔ́ dápʊ́* 'milan du serpent'), les tons hauts se propagent sur les syllabes à ton bas qui suivent (p. ex., *kòwɔ́ búnì* 'papillon du serpent'), et ils subissent également un downstep en présence d'un ton bas flottant intermédiaire (p. ex., *dápʊ́ kʊ́ꜝwɔ́* 'serpent du milan').

Sont ensuite explorés les noms de la classe singulière à profil CV et à schème tonal sous-jacent /B/ provisoire (tableau [20]).

Tableau 20. Classe singulière kI-, CV, /B/ provisoire en chumburung

Radical à schème tonal provisoire /B/	___ dápʊ́ 'milan du/ de la ___'	___ bùnì 'papillon du/ de la ___'	dápʊ́ ___ '___ du milan'	bùnì ___ '___ du papillon'
[- -] kɪ-d͡ʒa 'marché'	[- - - -] kɪd͡ʒa dapʊ	[- - - ﹨] kɪd͡ʒa buni	[- - - -] dapʊ kɪd͡ʒa	[- - - -] buni kɪd͡ʒa
[- -] ki-ke 'panier'	[- - - -] kike dapʊ	[- - ﹨] kike buni	[- - - -] dapu kike	[- - - -] buni kike
[- -] kɪ-pɔ 'forêt'	[- - - -] kɪpɔ dapʊ	[- - ﹨] kɪpɔ buni	[- - - -] dapʊ kɪpɔ	[- - - -] buni kɪpɔ
[- -] ki-d͡ʒi 'semence'	[- - - -] kid͡ʒi dapʊ	[- - ﹨] kid͡ʒi buni	[- - - -] dapu kid͡ʒi	[- - - -] buni kid͡ʒi

Le préfixe à ton haut indique que le ton du radical de ces noms est à schème tonal sous-jacent /B/ (voir section 5.4). Cependant, contrairement aux radicaux à structures CVN et CVʔ à ton bas sous-jacent (voir tableaux 15 et 18), il n'y a rien de plus ici pour suggérer qu'il s'agit, en fait, d'un ton bas sous-jacent (c.-à-d. qu'il n'y a aucune preuve de la présence d'un ton bas flottant). Les tons hauts qui suivent ces radicaux ne sont pas rabaissés par rapport aux tons hauts sur les radicaux, comme ils le sont lorsqu'ils suivent d'autres radicaux qui sont à ton bas au niveau sous-jacent (p. ex., kíbɔ́ dápʊ́ 'milan du cou'). D'ailleurs, les tons hauts se propagent vers la droite à travers la frontière du mot jusqu'aux syllabes à ton bas sous-jacent (p. ex., kíbɔ́ búnì 'papillon du cou') et les tons hauts sont rabaissés à la suite de tons bas (p. ex., bùnì kíbɔ́ 'cou du papillon'). Alors que le ton bas sous-jacent des radicaux à structure CVʔ est incontestablement présent et déclenche le downstep des tons hauts suivants (c.-à-d. lorsque le radical consiste en deux mores), le ton bas sous-jacent des radicaux à structure CV, lui, semble être complètement absent (c.-à-d. lorsque le radical consiste en une seule more).

Cependant, en plus du ton haut des préfixes, une preuve supplémentaire que le schème tonal sous-jacent de ces radicaux est en fait /B/ vient des formes nominalisées des verbes. Le comportement tonal de ces formes a été examiné au préalable dans l'exemple (37), montrant que les verbes à ton bas sous jacent tels que ŋù 'vois !' se réalisent comme kú-ŋú 'voyant (v.)' au gérondif. On observe ce même comportement avec les noms présentés ici. On en conclut donc que si des verbes tels que ŋù portent vraiment un ton bas, dans ce cas aussi, le schème tonal sous-jacent est /B/. La preuve du ton bas des verbes comme ŋù se manifeste dans des environnements de phrases verbales plus larges (voir section 5.5.3, ci-dessous).

Résumons maintenant les différents schèmes tonals sous-jacents découverts pour chaque profil syllabique de la classe singulière kI- (38).

(38) Schèmes tonals sous-jacents des noms à radical simple de la classe singulière kI- en chumburung

CVCV	/H/	/B/	/BH/	--
CVN	/H/	/B/	/BH/	/HB/
CVʔ	/H/	/B/	/BH/	/HB/
CV	/H/	/B/	--	--

5.5 Analyse des environnements syntaxiques des mots restants

L'absence des schèmes tonals /BH/ et /HB/ sur les radicaux à structure CV s'explique peut-être par le fait qu'ils ne comportent qu'une seule more. Ainsi, la langue fournit la preuve d'une contrainte lexicale contre l'association sous-jacente de tons multiples avec des mores ou UPT uniques. Cependant, ce qui manque de manière frappante dans ce résumé, c'est un schème tonal /HB/ pour les radicaux à structure CVCV. Nous revenons sur cette question ci-dessous.

5.5.2 Environnements syntaxiques des noms de la classe des indénombrables I-

Du côté des noms, il ne nous reste plus qu'à examiner les environnements syntaxiques de ceux de la classe des indénombrables *I*-. Même si les profils syllabiques et les schèmes tonals de ces radicaux sont différents, on les met dans le même tableau 21 puisqu'il n'y en a que deux.

Tableau 21. Environnements syntaxiques de noms de la classe des indénombrables *I*- en chumburung

Radical à schème tonal provisoire /H/	____ dápú 'milan du/ de la ____'	____ bùnì 'papillon du/ de la ____'	dápú ____ '____ du milan'	bùnì ____ '____ du papillon'
[- -]	[- - - -]	[- - -]	[- - -]	[- - -]
ɪ-bʊŋ 'folie'	ɪbʊn dapʊ	ɪbʊm buni	dapʷ ɪbʊŋ	bun ɪbʊŋ

Radical à schème tonal provisoire /B/	____ dápú 'milan du/ de la ____'	____ bùnì 'papillon du/ de la ____'	dápú ____ '____ du milan'	bùnì ____ '____ du papillon'
[- -]	[- - - -]	[- -]	[- - -]	[- - -]
ɪ-fa 'herbe'	ɪfa dapʊ	ɪfa buni	dapʷ ɪfa	bun ɪfa

Dans la discussion de ces noms en isolement, on a provisoirement attribué aux radicaux de *ì-búŋ* 'folie' et de *í-fá* 'herbe' les schèmes tonals sous-jacent, respectivement /H/ et /B/, sur la base de leur ressemblance avec les noms comparables *kì-láŋ* 'cruche' et *kí-d͡ʒí* 'semence' de la classe singulière *kI*- (voir section 5.3.2). La similitude du comportement tonal de *ì-búŋ* et de *í-fá* dans ce tableau avec celui de *kì láŋ* 'cruche' (tableau 12) et de *kí-d͡ʒí* (tableau 20) respectivement renforce encore les attributions respectives des schèmes tonals sous-jacents /H/ et /B/ à ces radicaux.

5.5.3 Environnements syntaxiques des verbes

L'étape suivante consiste à observer le comportement tonal des verbes dans des environnements syntaxiques variés. Alors que la construction génitivale en chumburung permet une grande flexibilité avec les noms, il y a beaucoup moins de flexibilité pour les verbes. L'une des façons les plus simples d'élargir les environnements syntaxiques des verbes est d'utiliser la combinaison suivante (39).

(39) Combinaison utilisée pour le syntagme verbal en chumburung

[dápú]Sujet [[[má] Aspect Nég/Imparf [Verbe]]Prédicat [Nom]Objet]Syntagme Verbal
'milan ne [prédicat] pas objet'

Alors que cette combinaison permet la manipulation de l'environnement à droite du verbe, le côté gauche se limite au marqueur de l'aspect imperfectif au négatif qui porte un ton haut. Même si elle n'est pas aussi flexible que la construction génitivale, elle permet néanmoins la juxtaposition de n'importe quel verbe et de n'importe quel nom dans le syntagme verbal. Cela permet ensuite de comparer la hauteur phonétique du verbe avec celui de tout nom situé à sa droite dans la même phrase.

En associant des mots de cette manière, il faut être à l'affût des environnements potentiels de propagation de ton haut. Par exemple, cela se produit-il entre le verbe et l'objet ? On constate que le ton haut du marqueur aspectuel se propage effectivement sur les verbes à ton bas. Même si le ton haut de surface du verbe, dans cet environnement, rend obscur son ton sous-jacent, on s'attend néanmoins à voir des effets du schème tonal sous-jacent du verbe sur un éventuel objet suivant. Dans le cas d'un verbe à ton haut sous-jacent, on s'attendrait à ce que ce ton se propage sur un objet à ton bas. Dans le cas d'un verbe à ton bas sous-jacent, on ne s'attendrait pas à une telle propagation, mais plutôt à ce que le ton haut d'un objet suivant soit rabaissé.

Les tableaux 22 à 26 présentent différents verbes, suivis par deux objets : un à ton haut, *dápú* 'milan', et l'autre à ton bas, *bùnì* 'papillon'.

Tableau 22. Environnements syntaxiques des radicaux verbaux à structure CVN, et à schème tonal /H/ provisoire en chumburung

Radicaux à schème tonal /H/ provisoire	dápú má ____ dápú 'milan ne ____ pas milan'	dápú má ____ bùnì 'milan ne ____ pas papillon'
sʊŋ 'envoie !'	dapʊ ma sun dapʊ?	dapʊ ma sum buni?
paŋ 'perds !'	dapʊ ma pan dapʊ?	dapʊ ma pam buni?

Tableau 23. Environnements syntaxiques des radicaux verbaux à structure CVN et à schème tonal /B/ provisoire en chumburung

Radicaux à schème tonal /B/ provisoire	dápú má ____ dápú 'milan ne ____ pas milan'	dápú má ____ bùnì 'milan ne ____ pas papillon'
kuŋ 'empêche !'	dapʊ ma kun dapʊ?	dapʊ ma kum buni?
tɪŋ 'coupe !'	dapʊ ma tɪn dapʊ?	dapʊ ma tum buni?
buŋ 'chavire !'	dapʊ ma bun dapʊ?	dapʊ ma bum buni?
dʊŋ 'mords !'	dapʊ ma dun dapʊ?	dapʊ ma dum buni?

5.5 Analyse des environnements syntaxiques des mots restants

Tableau 24. Environnements syntaxiques des radicaux verbaux à structure CVʔ
et à schème tonal /B/ provisoire en chumburung

Radicaux à schème tonal /B/ provisoire	dápú má ____ dápú 'milan ne ____ pas milan'	dápú má ____ bùnì 'milan ne ____ pas papillon'
[-] kıʔ 'fris !'	[- - - - - -] dapʊ ma kıı dapʊʔ	[- - - - - -] dapʊ ma kıı buni?
[-] sɔʔ 'achète !'	[- - - - - -] dapʊ ma sɔɔ dapʊʔ	[- - - - - -] dapʊ ma sɔɔ buni?
[-] kiʔ 'tords !'	[- - - - - -] dapʊ ma kii dapʊʔ	[- - - - - -] dapʊ ma kii buni?
[-] taʔ 'prends !'	[- - - - - -] dapʊ ma taa dapʊʔ	[- - - - - -] dapʊ ma taa buni?

Tableau 25. Environnements syntaxiques des radicaux verbaux à structure CV
et à schème tonal /H/ provisoire en chumburung

Radicaux à schème tonal /H/ provisoire	dápú má ____ dápú 'milan ne ____ pas milan'	dápú má ____ bùnì 'milan ne ____ pas papillon'
[ˋ] da 'frappe !'	[- - - - - -] dapʊ ma da dapʊʔ	[- - - - - -] dapʊ ma da buni?
[ˋ] k͡pa 'veuille !'	[- - - - - -] dapʊ ma k͡pa dapʊʔ	[- - - - - -] dapʊ ma k͡pa buni?
[ˋ] sa 'donne !'	[- - - - - -] dapʊ ma sa dapʊʔ	[- - - - - -] dapʊ ma sa buni?

Tableau 26. Environnements syntaxiques des radicaux verbaux à structure CV
et à schème tonal /B/ provisoire en chumburung

Radicaux à schème tonal /B/ provisoire	dápʊ́ má ____ dápʊ́ 'milan ne ____ pas milan'	dápʊ́ má ____ bùnì 'milan ne ____ pas papillon'
[ˋ] ŋu 'vois !'	[‾ ‾ ‾ ‾ ‾ ‾] dapʊ ma ŋu dapʊ?	[‾ ‾ ‾ ‾ _ _] dapʊ ma ŋu buni?
[ˋ] d͡ʒi 'mange !'	[‾ ‾ ‾ ‾ ‾ ‾] dapʊ ma d͡ʒi dapʊ?	[‾ ‾ ‾ ‾ _ _] dapʊ ma d͡ʒi buni?
[ˋ] d͡ʒa 'chasse !'	[‾ ‾ ‾ ‾ ‾ ‾] dapʊ ma d͡ʒa dapʊ?	[‾ ‾ ‾ ‾ _ _] dapʊ ma d͡ʒa buni?
[ˋ] t͡ʃɔ 'ensorcelle !'	[‾ ‾ ‾ ‾ _ _] dapʊ ma t͡ʃɔ dapʊ?	[‾ ‾ ‾ ‾ _ _] dapʊ ma t͡ʃɔ buni?

L'observation du comportement tonal des verbes dans les tableaux 22 à 26 confirme les hypothèses provisoires concernant les schèmes tonals sous-jacents des radicaux verbaux car les processus tonals présents dans les syntagmes nominaux apparaissent également dans les syntagmes verbaux. Dans les sections 5.4.2 et 5.5.1 ci-dessus, on a remarqué que les schèmes tonals des gérondifs des verbes à structure CV et à ton bas sous-jacent comme kú-ŋú 'voyant (v.)' ressemblent fortement à ceux des noms à structure CV et à ton bas de la classe singulière kI- comme kí-pú 'forêt'. Le fait que ces mots se terminent par des tons hauts ponctuels de surface et que les tons hauts suivants ne soient pas rabaissés jette un doute sur le fait que leurs radicaux soient effectivement à ton bas au niveau sous-jacent. Cependant, le comportement des verbes à structure CV comme ŋù 'vois !' dans le tableau 26 lève tout doute, et il en est de même pour les noms comme kí-pú 'forêt' : ils sont effectivement à ton bas au niveau sous-jacent.

Le résumé suivant présente les deux schèmes tonals sous-jacents qui ont été découverts pour chacun des trois profils syllabiques des verbes (40).

(40) Schèmes tonals sous-jacents des verbes en chumburung

CVN	/H/	/B/
CV?	--	/B/
CV	/H/	/B/

5.6 Conclusions

Le chapitre 2 décrit une méthode permettant de découvrir les schèmes tonals sous-jacents d'une langue, ainsi que les processus phonologiques qui se manifestent dans divers environnements. Ce chapitre a illustré cette méthode avec des données provenant principalement du système nominal du chumburung. En raison de la nature pédagogique de ce travail, les informations sur son système nominal sont quelque peu dispersées dans le chapitre. Ces informations sont donc rassemblées dans cette section sous une forme qui clarifie mieux les objectifs de l'analyse tonale et renforce les raisons de la méthode employée.

5.6.1 Schèmes tonals sous-jacents des noms simples

Les racines nominales du chumburung comportent quatre schèmes tonals sous-jacents qui, avec les éléments segmentaux, se combinent pour produire les oppositions nécessaires à une communication efficace. Ces quatre schèmes tonals sous-jacents, à leur tour, sont composés de deux niveaux contrastifs, haut et bas, qui ensemble donnent les schèmes tonals /B/, /H/, /HB/ et /BH/. La façon dont ces schèmes se réalisent phonétiquement en conjonction avec les différents profils syllabiques des racines se trouve dans l'exemple (41) dont toutes les données proviennent de la classe singulière *kI-*.

(41) Réalisation phonétique des schèmes tonals sous-jacents avec différents profils syllabiques en chumburung

Schème sous-jacent	CV	CV?	CVN	CVCV
/B/	[- -] kɪ-d͡ʒa 'marché'	[- -] ki-t͡ʃeʔ 'rein'	[- \ ] kɪ-laŋ 'hanche'	[- - \ ] kɪ-pɪnɪ 'mortier'
/H/	[- -] kɪ-pa 'chapeau'	[- -] kɪ-baʔ 'épaule'	[- -] kʊ-kɔŋ 'bosse'	[- - -] ki-k͡pini 'plan'
/HB/	--	[- -] kɪ-t͡ʃaʔ 'python'	[- \ ] kɪ-baŋ 'pagaie'	--
/BH/	--	[- -] kɪ-saʔ 'nid'	[- \ ] kɪ-paŋ 'machette'	[- - -] kʊ-kuti 'orange'

Puisqu'il s'agit du même préfixe pour toutes les données de l'exemple (41), toute opposition à l'intérieur d'un profil syllabique donné démontre immédiatement une opposition entre schèmes tonals sous-jacents, par exemple la différence entre /B/ et /H/ dans les noms à structure CV. Le fait que ces derniers ne présentent que deux schèmes tonals contrastifs est peu surprenant, étant donné que c'est le seul profil syllabique qui consiste en une seule more ; les autres, qu'ils soient mono- ou bisyllabiques, comportent deux mores chacun. Pris ensemble, ces faits indiquent que le chumburung, comme beaucoup d'autres langues, a une contrainte interdisant l'attribution de plus d'un ton par more au niveau sous-jacent.

Pour ce qui est du profil syllabique CV?, il n'y a aucune opposition entre les schèmes tonals /H/ et /HB/ dans les formes en isolation. Cependant, l'opposition se manifeste sur les mots suivants de deux manières. Dans un premier temps, lorsqu'un ton haut suit le schème tonal sous-jacent /HB/ à travers une frontière de mot, le ton haut est rabaissé, alors que dans le cas d'un schème tonal /H/, un ton haut suivant se réalise à la même hauteur que le ton haut précédent. Dans un deuxième temps, lorsqu'un ton bas suit le schème tonal sous-jacent /H/, il se réalise à la même hauteur (en l'occurrence haut) que le ton haut précédent, alors que si un ton bas suit le schème tonal sous-jacent /HB/, il se réalise bas. Ces faits sont illustrés par les données dans l'exemple (42).

(42) Schèmes tonals sous-jacents /H/ et /HB/ en opposition avec radicaux à profil CV? en chumburung

Schème tonal sous-jacent	Forme en isolement	Devant ton haut	Devant ton bas
/H/	[⁻ ⁻] kɪ-ba? 'épaule'	[⁻ ⁻ ⁻ ⁻] kɪbaa dapʊ 'milan de l'épaule'	[⁻ ⁻ ⁻ ↘] kɪbaa buni 'papillon de l'épaule'
/HB/	[⁻ ⁻] kɪ-t͡ʃa? 'python'	[⁻ ⁻ ⁻ ⁻] kɪt͡ʃaa dapʊ 'milan du python'	[⁻ ⁻ ⁻ ↘] kɪt͡ʃaa buni 'papillon du python'

En ce qui concerne le profil syllabique CVN, même si l'on peut contester les étiquettes utilisées pour distinguer les schèmes tonals, il n'en reste pas moins qu'il existe une opposition quadruple dans ses formes en isolement, et qu'il faut trouver un moyen de les étiqueter d'une manière ou d'une autre. Au vu du comportement du préfixe de la classe nominale et de la discussion ci-dessus concernant le schème tonal /HB/, il serait difficile de protester contre l'attribution des schèmes tonals /B/, /H/, et /HB/ à ces racines. En revanche, le schème tonal /BH/ est plus controversé étant donné son attribution à des mots comme kì-pàŋ 'machette', pour lesquels les preuves d'un ton haut sont peu nombreuses. Néanmoins, comme nous l'avons vu plus haut, trois indices plaident en faveur de ce choix. Le premier est que le schème tonal /BH/ existe clairement dans la langue, au moins pour les racines à structure CVCV, comme en témoignent des mots comme kù-kùtí 'orange (n.)'. Deuxièmement, pour les radicaux à structure CVN, /BH/ est le seul restant des quatre schèmes tonals canoniques. L'exclure, en faveur d'un cinquième schème tonal pour ces formes, créerait donc encore plus de problèmes. Par exemple, quel serait exactement ce cinquième schème tonal ? Toutes choses égales par ailleurs, /B/ serait un choix évident, mais il y a de bonnes raisons d'attribuer celui-ci à l'un des trois autres schèmes tonals. Enfin, le fait que le préfixe soit bas en surface plaide fortement en faveur de l'existence d'un ton haut quelque part dans le schème tonal du radical (voir la discussion ci-dessous). Ces trois points pris ensemble fournissent des preuves claires pour attribuer le schème tonal /BH/ aux racines des mots comme kì-sà? 'nid' et kì-pàŋ 'machette'.

En ce qui concerne le profil syllabique restant, à savoir CVCV, les attributions des schèmes tonals /B/, /H/ et /BH/ ne sont pas controversées. Cependant, on s'attendrait normalement à trouver le quatrième schème tonal canonique, /HB/, avec ce profil, en particulier parce qu'elle comporte deux mores sonantes. Mais ce n'est clairement pas le cas (voir la discussion ci-dessus). Cependant, on peut faire l'hypothèse que, historiquement, il y avait une quadruple opposition pour ce profil syllabique et que les schèmes tonals /H/ et /HB/ ont subi une neutralisation absolue sous l'influence de la propagation lexicale du ton haut. Cette hypothèse trouve un certain soutien dans le fait que lors de la propagation lexicale d'un ton haut vers la droite, il n'y a jamais aucun signe d'un ton bas (flottant ou non) dans la première syllabe qui subit la propagation (c.-à-d. la syllabe immédiatement à droite de la syllabe qui déclenche la propagation). Ceci est illustré dans les exemples (43) et (44).

5.6 Conclusions

(43) Propagation du ton haut lexical en chumburung

Schème sous-jacent	Forme en isolement	Absence de downstep	Propagation de H
/B/	⎡ ‾ ‾ ⎤ kɪ-d͡ʒa 'marché'	⎡ ‾ ‾ ‾ ‾ ⎤ kɪd͡ʒa dapʊ 'milan du marché'	⎡ ‾ ‾ ‾ ↘ ⎤ kɪd͡ʒa buni 'papillon du marché'

S'il y avait un ton bas flottant au bord droit de *kíd͡ʒá* 'marché', on s'attendrait à ce que le ton haut suivant soit rabaissé, mais ce n'est pas le cas (p. ex., *kíd͡ʒá dápʊ́* 'milan du marché'). On s'attendrait également à l'absence de propagation du ton haut, comme c'est le cas dans *kíd͡ʒá bùnì* 'papillon du marché'.

Dans l'exemple (44) ci-dessous, repris de l'exemple (35) ci-dessus, il n'y a de nouveau absolument aucune preuve d'un ton bas sur la première syllabe qui suit le ton haut initial qui est déclencheur de la propagation du ton haut.

(44) Propagation du ton haut sur le suffixe *-pʊ* en chumburung

Schème sous-jacent	Impératif		Gérondif		Agentif	
/H/	⎡ ↘ ⎤ sa k͡pa	'donne !' 'veuille !'	⎡ ‾ ‾ ⎤ kɪ-sa kɪ-k͡pa	'donnant' 'voulant'	⎡ ‾ ‾ ‾ ⎤ ɔ-sa-pʊ ɔ-k͡pa-pʊ	'celui/celle qui donne' 'celui/celle qui veut'
/B/	⎡ ↘ ⎤ ŋu d͡ʒi	'vois !' 'mange !'	⎡ ‾ ‾ ⎤ ku-ŋu ki-d͡ʒi	'voyant' 'mangeant'	⎡ ‾ ‾ ↘ ⎤ o-ŋu-pʊ o-d͡ʒi-pʊ	'celui/celle qui voit' 'celui/celle qui mange'

Dans ce cas, on pourrait peut-être s'attendre à voir des preuves d'une modulation finale (haut-bas) sur des mots comme *kú-ŋú* 'voyant (v.)' (où le H provient du préfixe) et *ɔ́-sá-pʊ́* 'celui/celle qui donne' (ici le ton haut provient de la racine verbale et se propage sur le suffixe agentif à ton bas sous-jacent *pʊ̀*). En revanche, lorsque le suffixe *-pʊ̀* est apposé à des racines verbales à ton bas, il se réalise justement avec une telle modulation descendante parce qu'il n'est pas immédiatement adjacent au ton haut qui déclenche la propagation (p. ex., *ó-ŋú-pʊ̂* 'celui/celle qui voit').

La conclusion qui en découle est que le profil syllabique CVCV n'a que trois schèmes tonals contrastifs, /B/, /H/, et /BH/, et que le quatrième, /HB/, a historiquement subi une neutralisation absolue avec le schème tonal /H/ en raison du comportement particulier de la propagation du ton haut qui ne laisse aucune trace du ton bas sous-jacent sur la première syllabe qui subit la propagation.

Cela montre qu'il y a plus à gagner en analysant le ton du point de vue de l'établissement des schèmes tonals contrastifs (et leur comportement) associés aux morphèmes, plutôt que de simplement établir les tons contrastifs (et leur comportement) associés aux UPT. Lorsqu'on analyse le ton uniquement du point de vue des tons individuels et des UPT, certaines lacunes risquent de rester non reconnues (p. ex., les schèmes tonals sous-jacents /HB/ et /BH/ manquants des racines nominales à structure CV et le schème tonal /HB/ manquant des racines nominales à structure CVCV). Une analyse basée sur les schèmes tonals, en revanche, reconnaîtra ces lacunes, et fournira également des indications importantes pour aider à les expliquer.

5.6.2 Questions moins transparentes

Les novices dans l'analyse des langues à tons se heurtent souvent à un problème : même après avoir correctement organisé les données et suivi toutes les bonnes pratiques d'analyse, les schèmes tonals de surface qui en résultent semblent parfois bizarres et inexplicables. Par exemple, l'un des contextes qui fonctionne souvent bien dans différentes langues pour élargir les environnements syntaxiques est de juxtaposer un nom et un quantificateur. En chumburung, cependant, cela donne des schèmes tonals tout à fait différents de ceux des autres constructions syntaxiques. Dans une situation comme celle-ci, il est avantageux de mettre de côté les données qui laissent perplexe jusqu'à ce que l'on comprenne mieux les données plus abordables. Par la suite, on trouve souvent des explications pour ces cas. Cela est particulièrement vrai pour les données concernant les radicaux composés. Considérons maintenant certaines données du chumburung qui n'ont pas été abordées dans ce qui précède.

Le mot chumburung pour 'chambre à coucher' est kì-t͡ʃàndírósɛ̀, un nom composé de la classe singulière kI- dont l'un des constituants est le nom kí-t͡ʃâŋ 'chambre'[5] (discuté ci-dessus). Les tons du terme 'chambre à coucher' provoquent une confusion dans la mesure où les tons de surface de kí-t͡ʃâŋ sont respectivement haut et descendant en raison de la propagation du ton haut du préfixe, mais les tons de ces mêmes éléments dans le nom composé sont tous deux bas. L'exemple (45) identifie chaque constituant.

(45) Radical composé du terme 'chambre à coucher' en chumburung
/t͡ʃàŋ-dí-rò-sɛ̀/
chambre-dormir-LOC-ADJ

Conformément à l'analyse ci-dessus, /t͡ʃàŋ/ 'chambre' est une racine nominale à ton /B/ sous-jacent. En revanche, /dí/ 's'allonge' est une racine verbale à ton haut sous-jacent (cf. dì 'allonge-toi !', kì-dí 's'allongeant', ò-dí-pú 'celui/celle qui s'allonge'). Le suffixe locatif -rɔ̀/-rò 'dans' comporte un ton dit « polaire », ou opposé, à celui de la syllabe précédente. Dans ce cas, comme le ton précédent est /H/, le ton de surface du suffixe locatif est bas. Cependant, puisqu'il se trouve immédiatement à droite d'un verbe à ton haut, il subit une propagation lexicale et se réalise lui-même haut. À cet égard, son comportement est similaire à celui de la racine verbale à ton bas sous-jacent /ŋù/ dans le terme ó-ŋú-pô 'celui/celle qui voit'. Le suffixe final, -sɛ̀, est de nature dérivationnelle. Dans ce cas, il fait dériver un adjectif à partir du verbe 's'allonger' qui modifie le nom 'chambre'. Ce suffixe à ton bas n'est pas adjacent à un ton haut qui déclenche la propagation lexicale, de sorte que lorsqu'il subit une telle propagation, il ne se réalise pas à un niveau haut, mais plutôt avec une modulation, comparable au suffixe -pò dans ó ŋú-pô 'celui/celle qui voit'. Compte tenu de la composition morphologique de ce radical composé-complexe, on pourrait le traduire par 'chambre-endroit pour s'allonger' ou, plus simplement, 'chambre à coucher'.

C'est là que les choses deviennent intéressantes car les préfixes de classe nominale s'attachent aux radicaux, et non aux racines. Avec les connaissances acquises lors de l'analyse précédente, il n'est pas difficile de comprendre pourquoi le préfixe et la première syllabe du radical de kì-t͡ʃàndírósɛ̀ sont tous les deux bas. La première syllabe du radical est à ton bas parce qu'elle l'est au niveau sous-jacent, et le préfixe l'est parce qu'il y a un ton haut quelque part dans le radical (en l'occurrence, le verbe /dí/ 's'allonger'). Ainsi, le fait de savoir d'abord comment les schèmes tonals se comportent dans les radicaux simples nous aide à comprendre ce qui se passe dans les radicaux composés et complexes.

Passons maintenant à l'examen des noms accompagnés de quantificateurs. Dans cette construction, le radical du quantificateur 'un(e)' ne prend pas de préfixe (bien qu'il prenne le suffixe défini -kú). Les autres modificateurs, eux, prennent des préfixes, comme expliqué ci-dessous. Les données dans l'exemple (46) illustrent ces faits. La lettre X est utilisée pour représenter un préfixe nominal quelconque.

---

[5] Note des traducteurs : Ici, la version originale ajoute "like its English counterpart", à savoir 'bedroom'.

5.6 Conclusions

(46) Noms de plusieurs classes nominales avec quantificateurs en chumburung[6]

Schèmes tonals sous-jacents /B/	____ kúŋ-kʊ́ʔ 'un(e) ____'	____ X-sá 'trois ____'	____ kú-dú 'dix ____'
[− −] [− −] kɪ-pʊ a-pʊ 'forêt' / 'forêts'	[− − − −] kɪ-pʊ kʊŋ-kʊʔ	[− − −] a-pʷ a-sa (a-pʊ a-sa)	[− − − −] a-pʊ ku-du
[− −] [− −] ku-d͡ʒo i-d͡ʒo 'igname' / 'ignames'	[− − − −] ku-d͡ʒo kʊŋ-kʊʔ	[− − −] i-d͡ʒʷ e-sa (i-d͡ʒo i-sa)	[− − − −] i-d͡ʒo ku-du
[− −] [− −] ka-nɔ n-nɔ 'bouche' / 'bouches'	[− − − −] ka-nɔ kʊŋ-kʊʔ	[− − −] n-nɔ n-sa	[− − − −] n-nɔ ku-du

Lorsqu'un nom est modifié par le quantificateur *kúŋkʊ́ʔ* 'un(e)', ce dernier ne prend pas de préfixe, même si sa première syllabe pourrait être confondue avec un préfixe. En réalité, le radical de l'adjectif *kúŋkʊ́ʔ* est constitué de la racine *kúŋ* 'un(e)' et du suffixe défini *-kʊ́ʔ* 'certain'. Le fait que ce mot n'ait pas de préfixe devient clair quand on compare *kúŋkʊ́ʔ*, un adjectif, avec son dérivé *kʊ̀-kúŋkʊ́ʔ* 'celui/celle', un adjectif substantif, qui comporte bien le préfixe de classe singulière *kI-*. En revanche, lorsqu'un nom est modifié par les chiffres de deux à neuf, le modificateur du nombre porte bien un préfixe de classe plurielle qui s'accorde avec celui du nom qu'il qualifie. Dans le cas du chiffre 'dix', *kú-dú*, bien que le radical prenne un préfixe, celui-ci ne s'accorde pas en classe avec le nom qu'il qualifie, mais plutôt avec celle à laquelle appartient le radical pour 'dix', c'est-à-dire le préfixe singulier *kI-*. À cet égard, le chiffre 'dix' se distingue des chiffres inférieurs.

Examinons maintenant les données dans l'exemple (47). Les phrases ci-dessous se traduisent par 'un chapeau', 'deux chapeaux', 'dix chapeaux', etc.

---

[6] Pour éviter que cette étude ne devienne ingérable, les noms choisis jusqu'à présent proviennent tous d'un ensemble très restreint de classes nominales. En plus de la classe ∅-, c'est-à-dire ceux qui sont dépourvus de préfixe, les noms singuliers portent les préfixes *kI-*, *kA-*, et *O-*, ainsi qu'un ton haut flottant, tandis que les préfixes qui accompagnent les noms pluriels sont *A-*, *I-*, et *N-*.

(47) Deux noms avec quantificateurs en chumburung

Radical CV /H/	____ kúŋ-kú? 'un(e) ____'	____ à-ɲɔ́ 'deux ____'	____ kú-dú 'dix ____'
[- -] [- -] kɪ-pa / a-pa 'chapeau' / 'chapeaux'	[- - - -] kɪpa kʊŋkʊ?	[- - -] ap aɲɔ	[- - - -] apa kudu

Radical CV /B/	____ kúŋ-kú? 'un(e) ____'	____ à-ɲɔ́ 'deux ____'	____ kú-dú 'dix ____'
[- -] [- -] kɪ-pʊ / a-pʊ 'forêt / forêts'	[- - - -] kɪpʊ kʊŋkʊ?	[- - -] apʷ aɲɔ	[- - - -] apʊ kudu

Un examen de ces exemples révèle que lorsque des quantificateurs à ton haut comme *kúŋkú?* 'un(e)' et *kúdú* 'dix' suivent *kì-pá* 'chapeau' à schème tonal sous-jacent /H/, ils se réalisent à la même hauteur, à savoir haut. Ce comportement, bien sûr, est tout à fait conforme aux attentes, étant donné ce que nous avons observé avec les constructions classiques des syntagmes nominaux génitivaux (p. ex., *kìpá dápú* 'milan du chapeau' cf. *dápú* 'milan'). De même, lorsque le chiffre *àɲɔ́* 'deux' se retrouve après le nom pluriel *àpá* 'chapeaux', on remarque que le ton haut de ce dernier se propage sur la première syllabe du mot suivant, de sorte qu'elle se réalise à un niveau haut. Une autre conséquence de cet environnement est que la voyelle finale de *àpá* est supprimée, suite à la résolution classique du hiatus vocalique (voir l'exemple (4) ci-dessus et aussi Snider 1989). Le ton bas du préfixe, rendu flottant dans cette construction, fait que le ton haut suivant sur *ɲɔ́* est rabaissé par rapport au ton haut précédent. Ce comportement était tout à fait prédictible.

Un problème se pose toutefois lorsqu'on examine des racines à structure CV et à ton bas sous-jacent, comme *kí-pú* 'forêt'. On remarque ici que lorsque certains quantificateurs suivent *kípú*, le comportement tonal est tout à fait différent de ce à quoi on pourrait s'attendre. Lorsqu'il est suivi du chiffre *kúŋkú?* 'un(e)' à ton haut, au lieu que les quatre UPT se prononcent haut, comme c'est le cas dans la construction génitivale (p. ex., *kípú dápú* 'milan de la forêt'), les UPT de *kípú* se prononcent au contraire bas (p. ex., *kìpù kúŋkú* 'une forêt'), avec les UPT de *kúŋkú* au niveau des tons hauts rabaissés en raison du downstep automatique. Il en va de même lorsque le chiffre *àɲɔ́* 'deux' se retrouve après *ápú* 'forêts' (*àpʷ àɲɔ́* 'deux forêts'). Comme si cela n'était pas assez déroutant, lorsque c'est le chiffre *kúdú* 'dix' qui suit *ápú*, les quatre UPT se réalisent au même niveau haut (cf. *ápú kúdú* 'dix forêts'), comme on s'y attendrait ailleurs. Que se passe-t-il donc ?

Armé des connaissances acquises sur le comportement des schèmes tonals dans différentes constructions, il est possible de déduire que des phrases comme *kìpù-kúŋkú?* et *àpʷ-àɲɔ́* consistent chacune en un mot phonologique, alors que celles comme *ápú kúdú* consistent chacune en deux mots phonologiques, comme dans la construction génitivale. Les structures constitutives de ces deux constructions sont contrastées dans la schématisation suivante (48) :

(48) Schématisations des différentes constructions avec quantificateurs en chumburung
    a. [[kì[pù-kúŋkú?] RADICAL] MOT] PHRASE 'une forêt'
    b. [[á[pú]] MOT [kú[dú]] MOT] PHRASE 'dix forêts'

5.6 Conclusions

Dans la première schématisation (48a), la racine [pù] fait partie d'un radical, l'autre partie étant constituée du suffixe modificateur -kúŋkúʔ. On obtient ainsi le radical composé [pù-kúŋkúʔ] avec le schème tonal sous-jacent /BH/. Ce radical prend alors le préfixe singulier kI-, qui se réalise bas, conformément à la réalisation classique des radicaux à schème tonal /BH/. On obtient ainsi le mot phonologique (toutefois avec un radical composé) kì-pù-kúŋkúʔ 'une forêt'. Les formes comme à-pʷ-àɲɔ́ 'deux forêts' s'analysent de la même manière, la seule différence étant la présence du préfixe de classe pluriel à-, qui s'accorde avec la classe du nom qu'il modifie.

Dans la deuxième schématisation (48b), la racine [pù] est un radical nu, auquel s'ajoute le préfixe A-. On obtient ainsi le mot phonologique ápú 'forêts'. Le terme ápú, à son tour, est modifié par le mot suivant kúdú 'dix', qui a la même structure constitutive que ápú, ce qui donne le syntagme phonologique ápú kúdú 'dix forêts'. Il se peut que certains lecteurs hésitent à croire que des constructions aussi similaires sémantiquement que 'une forêt' et 'dix forêts' aient en fait des structures constitutives aussi différentes. La preuve provient cependant de la concordance des classes nominales, également discutées ci-dessus. Si l'on met de côté le quantificateur 'un(e)', sans préfixe, les quantificateurs de deux à neuf prennent des préfixes qui s'accordent avec les noms qu'ils modifient. Le quantificateur 'dix', en revanche, porte son propre préfixe. Cette différence soutient fortement la double affirmation selon laquelle les quantificateurs de 'un(e)' à 'neuf' forment des mots phonologiques uniques avec les noms qu'ils modifient, tandis que le quantificateur 'dix' est un mot phonologique indépendant. Cela indique que le lien grammatical entre le nom et son modificateur sémantique est plus étroit dans le cas des chiffres de un à neuf que dans le cas du chiffre dix. En fait, ce lien étroit est identique à celui des constituants d'un radical composé.

À partir de cette analyse du comportement tonal des noms dans l'environnement des quantificateurs, on comprendra à quel point il est important d'analyser d'abord des données simples avant de passer à des données plus complexes. Face à un comportement tonal qui laisse perplexe, il ne faut pas se décourager outre mesure. Il y a une raison pour toute chose, et lorsqu'elle n'est pas transparente, il convient d'être patient et de poursuivre l'analyse avec des données dont le comportement est plus transparent. En l'occurrence, la compréhension préalable de la façon dont les schèmes tonals se comportent à travers les frontières des morphèmes, à la fois dans les mots et dans les phrases, facilite l'analyse du comportement tonal des noms à radicaux non simples, ainsi que celui des constructions de type nom-quantificateur. En outre, l'analyse des données relatives aux quantificateurs met en évidence l'importance de l'analyse du ton pour bien comprendre les différentes structures constitutives de la grammaire. Autrement dit, toute tentative d'analyse morphosyntaxique d'une langue à tons, effectuée sans étudier le ton, présente un risque sérieux pour l'exactitude de cette analyse.

Comme indiqué ailleurs, ce livre décrit une méthode pour analyser le ton du point de vue des morphèmes avec des schèmes tonals contrastifs, plutôt que des UPT avec des tons contrastifs. Si l'on analysait le chumburung du point de vue des syllabes et des tons, on ne découvrirait guère plus que les éléments suivants : l'existence de deux tons sous-jacents (haut et bas) ; les phénomènes de downstep automatique et non automatique ; puis la propagation lexicale et postlexicale du ton haut. En revanche, une analyse du chumburung dans la perspective plus large des schèmes tonals associés aux morphèmes fait apparaître des faits supplémentaires avec tous leurs avantages.

Par exemple, cette approche permet d'identifier plus facilement les radicaux composés et complexes, car les schèmes tonals des radicaux non simples sont souvent plus complexes que ceux des radicaux simples. Le nombre de mots dont le radical n'est pas simple et qui présentent l'éventail des schèmes tonals complexes est nettement inférieur au nombre de mots de radical simple présentant les schèmes tonals simples. Cela constitue un indice supplémentaire que les mots présentant des schèmes tonals complexes ne comportent pas de radical simple. En analysant des schèmes tonals complets plutôt que des tons individuels, des faits comme ceux-ci apparaissent plus facilement et plus rapidement.

Un autre fait concernant le chumburung qui ressort plus facilement avec cette approche est que les variantes hautes et basses de chaque préfixe de classe sont en distribution complémentaire. En l'occurrence, pour tout profil syllabique donné, les préfixes à ton haut apparaissent avec un seul schème tonal, alors que ceux à ton bas se produisent avec d'autres schèmes tonals différents. Par exemple, alors que le seul schème tonal possible pour les radicaux à structure CVN simple précédés d'un préfixe à ton haut est [⁻ \], les radicaux à structure CVN précédés d'un préfixe à ton bas peuvent présenter trois schèmes tonals, à savoir [– ⁻], [– \], ou [– ⌄]. Si les préfixes à ton haut étaient vraiment distincts, on s'attendrait à trouver des schèmes tonals contrastifs associés aux radicaux qui les accompagnent. Une fois de plus, une analyse du ton, effectuée du point de vue des schèmes tonals associés aux morphèmes, fait apparaître des faits similaires à ceux présentés dans ce chapitre, bien plus rapidement que ne le permettrait une autre approche.

Pour conclure, l'application de cette méthode aux langues à tons peut également révéler des phénomènes qui, autrement, pourraient rester cachés. Si la découverte de l'existence de quatre schèmes tonal sous-jacents associés à des radicaux nominaux simples en chumburung ne semble pas très importante au premier abord, le fait que le schème tonal sous-jacent /HB/ soit absent parmi les radicaux à structure CVCV n'est pas négligeable. Si nous n'avions pas analysé le ton du point de vue des schèmes tonals des morphèmes, cette découverte serait très probablement resté inaperçue, ainsi que toutes les perspectives théoriques que l'explication de son absence aurait apportées.

6

L'hypothèse de l'orthographe lexicale appliquée au système tonal du chumburung

Le chapitre 4 de ce livre, consacré au sujet du ton et de l'orthographe, discute des différents facteurs qu'il faut prendre en considération lors de la décision de représenter ou non le ton dans l'orthographe. Il examine également les avantages et les inconvénients des différentes stratégies pour représenter le ton, si tant est que le ton doive être représenté. Pour ce faire, il est bien entendu nécessaire d'analyser d'abord le système tonal de la langue en question afin de savoir ce qu'il faut représenter.

La méthodologie d'analyse du ton est présentée dans le chapitre 2 puis appliquée au chumburung dans le chapitre 5, mais aucune tentative n'est faite pour appliquer les connaissances acquises lors de cette analyse à l'élaboration d'une graphie tonale pour la langue. En fait, la communauté chumburung utilise une orthographe qui a été élaborée il y a plus de trente ans et, à une petite exception près, le ton n'est pas du tout représenté. L'exception est qu'un signe diacritique est utilisé pour distinguer les pronoms des première et troisième personnes du singulier, qui se distinguent uniquement par le ton. Mais à part cela, le ton est exclu de l'orthographe, et les locuteurs natifs la lisent très bien. À cela, plusieurs raisons peuvent probablement être identifiées, mais un facteur majeur qui contribue à ce résultat est que l'inventaire des oppositions dans chacun des domaines non tonals (voyelles, consonnes, profils syllabiques...), joint à la redondance morphologique intégrée dans le système relativement riche des classes nominales, est suffisamment important pour que le locuteur natif se fie moins aux distinctions tonales pour établir le contraste que ce n'est le cas dans certaines autres langues. Les lecteurs peuvent donc lire couramment et avec une compréhension adéquate sans que le ton soit marqué.

Ce qui suit n'est donc pas une proposition de réforme de l'orthographe chumburung. Il s'agit plutôt de démontrer comment appliquer à un système tonal avec lequel le lecteur est déjà familier (à savoir le chumburung) l'hypothèse de l'orthographe lexicale (HOL), présentée au chapitre 4, comme une solution lorsque des méthodes plus simples d'élaboration d'une graphie tonale échouent. Le lecteur se souviendra que la HOL propose que le niveau d'opacité phonologique dont les locuteurs natifs sont psychologiquement les plus conscients, et donc qui devrait être représenté dans l'orthographe, est celui de la sortie de la phonologie lexicale, tel qu'énoncé dans la théorie de la phonologie lexicale et la théorie stratifiée de l'optimalité.

6.1 Processus lexicaux et post-lexicaux en chumburung

Dans l'application de la HOL au ton chumburung, il est important de déterminer quels processus phonologiques s'appliquent au niveau lexical et lesquels s'appliquent au niveau post-lexical. Pour ce faire, la liste récapitulative (1), repris du chapitre 4, passe en revue les différents critères pour les distinguer.

(1) Critères pour distinguer des processus lexicaux et post-lexicaux

   A. Processus lexicaux
   1. S'il existe de véritables exceptions à un processus phonologique, celui-ci doit être lexical. Les exceptions peuvent être des morphèmes ou des mots uniques qui se situent hors du processus, ou des classes entières qui ne le subissent pas.
   2. Si un processus n'a pas de motivation phonétique, il doit être lexical.
   3. S'il est nécessaire de se référer à une frontière de morphème lors de sa description, le processus doit être lexical.
   4. Si des locuteurs linguistiquement naïfs sont pleinement conscients de la sortie ou de l'effet d'un processus, celui-ci doit être lexical.

   B. Processus post-lexicaux
   1. Si la sortie d'un processus résulte en un son non-contrastif (c.-à-d. qui n'est pas phonémique), il doit être post-lexical.
   2. Si un processus se produit à travers la frontière d'un mot, il doit être post-lexical.
   3. Si un processus se produit uniquement au début ou à la fin d'un énoncé (y compris des mots isolés), il doit être post-lexical.
   4. Si la sortie d'un processus est gradient (p. ex., partiellement voisé ou partiellement aspiré), il doit être post-lexical.
   5. Si des locuteurs linguistiquement naïfs sont totalement ignorants de la sortie ou de l'effet d'un processus, il doit être post-lexical.

Ensuite, la liste récapitulative (2), reprise du chapitre 5, passe en revue les différents processus tonologiques du chumburung afin de déterminer lesquels s'appliquent au niveau lexical, et lesquels s'appliquent au niveau post-lexical. Rappelons les faits suivants :

(2) Faits pertinents pour la classification des processus phonologiques en chumburung
   1. Les données présentées dans le chapitre 5 démontrent deux tons sous-jacents, bas (B) et haut (H).
   2. Ces deux hauteurs se combinent pour produire quatre schèmes tonals opposés, /B, H, BH, HB/, sur les racines nominales.
   3. Tous les préfixes de classe nominale se comportent de la même façon sur le plan tonal et peuvent être analysés comme ayant le schème tonal sous-jacent /H/.

En outre, il existe sept processus phonologiques que nous examinerons à tour de rôle en vue de déterminer leur statut lexical ou post-lexical (sections 6.1.1 – 6.1.7).

6.1.1 Dissimilation du ton haut (processus lexical)

La dissimilation du ton haut est un processus par lequel le ton haut du préfixe de classe nominale se réalise phonétiquement avec un ton bas lorsqu'il existe un autre ton haut dans le schème tonal du radical nominal. Ailleurs, lorsque le schème tonal du radical est bas (ou dépourvu de ton, selon la perspective théorique que l'on souhaite adopter), le préfixe se réalise avec un ton haut. Les données dans l'exemple (3) sont illustratives.

(3) Dissimilation du ton haut (processus lexical) en chumburung

$$\begin{bmatrix} - - - \end{bmatrix} \quad \begin{bmatrix} - - - \end{bmatrix} \quad \begin{bmatrix} - - \diagdown \end{bmatrix}$$

kí-párá → kɪpara   kú-kùtí → kukuti   kí-ɲàpʊ̀ → kɪɲapʊ
           'prêt'   'orange'   'sein'

La dissimilation du ton haut est clairement un processus lexical, étant donné qu'elle ne se produit que sur les préfixes (voir point A.1 dans la liste récapitulative [1] lorsqu'il y a un autre ton H à travers la frontière du morphème dans le schème tonal du radical ; voir aussi point A.3 dans la liste récapitulative [1]). En revanche, la dissimilation du ton H ne se produit pas à travers les frontières des mots, comme observé dans l'exemple (4).

(4) Dissimilation du ton haut bloquée par une frontière entre mots en chumburung

$$\begin{bmatrix} - - \quad - - \end{bmatrix}$$

dápʊ́ k͡pábʊ́ → dapʊ k͡pabʊ
milan pou   'pou du milan'

Puisque la dissimilation du ton haut est un processus lexical, il est souhaitable de représenter sa sortie dans une graphie tonale.

6.1.2 Propagation du ton haut à travers la frontière du mot (processus post-lexical et phonémique)

Le ton haut se propage vers la droite à travers la frontière du mot jusqu'à la première UPT du mot suivant, et dissocie un éventuel ton bas de cette UPT, comme le démontre l'exemple (5).

(5) Propagation du ton haut à travers la frontière du mot (processus post-lexical et phonémique)

$$\begin{bmatrix} - - - \\ \quad \diagdown \end{bmatrix}$$

dápʊ́ bùnì → dapʊ buni
milan papillon 'papillon du milan'

Ce type de propagation du ton haut est très clairement un processus post-lexical puisqu'elle se produit à travers la frontière du mot (voir point B.2 dans la liste récapitulative [1]) contrairement à la propagation du ton haut à l'intérieur des mots, comme discutée ci-dessous.

Le résultat de ce processus est également en dessous du niveau de la perception cognitive du locuteur natif (voir point B.5 dans la liste récapitulative [1]). Pendant de nombreuses années d'analyse linguistique et de travaux d'alphabétisation menés au Ghana, quelques locuteurs natifs du chumburung ont été formés pour transcrire le ton avec précision. Cependant, il s'avérait presque impossible de les former à la transcription correcte de la propagation du ton haut à travers les frontières des mots ; ils n'étaient tout simplement pas conscients de ce processus. Puisque la propagation du ton haut à travers la frontière du mot est un processus post-lexical, il n'est pas nécessaire de la représenter dans une graphie tonale, même si sa sortie est phonémique, c'est-à-dire que le ton H est un tonème dans la langue.

6.1.3 Propagation du ton haut à l'intérieur du mot (processus lexical)

Le ton haut se propage également vers la droite à l'intérieur du mot. Cela peut se faire à partir du préfixe, comme on peut le voir dans l'exemple (6), mais aussi dans d'autres environnements, comme on peut le voir dans l'exemple (7).

(6) Propagation du ton haut du préfixe sur le radical en chumburung

kí-ɲàpʊ̀ → kɪɲapʊ $\begin{bmatrix} - - \setminus \end{bmatrix}$ 'sein'   kí-d͡ʒɪ̀ → kid͡ʒi $\begin{bmatrix} - - \end{bmatrix}$ 'semence'

(7) Propagation du ton haut de la racine au suffixe en chumburung

ɔ́-sá-pʊ̀ → ɔsapʊ $\begin{bmatrix} - - - \end{bmatrix}$ 'donateur'

La propagation du ton H à l'intérieur du mot est un processus lexical. Les locuteurs natifs sont très conscients de ce processus et, après une formation, n'ont aucun problème à transcrire avec précision les hauteurs résultantes (voir point A.4 dans la liste récapitulative [1]). De plus, la cible de ce processus lexical est l'UPT finale du radical, alors que le processus post-lexical, décrit dans la section 4.5, ne cible que la première UPT du mot suivant. En d'autres termes, alors que le processus lexical s'applique itérativement à plus d'une UPT, le processus post-lexical s'applique non itérativement à une seule UPT. Puisque la propagation du ton H à l'intérieur du mot est un processus lexical, il faut que sa sortie soit représentée dans une graphie tonale.

6.1.4 Downstep automatique (processus post-lexical et allophonique)

Le downstep automatique se produit de telle manière que le registre tonal entier est rabaissé chaque fois qu'un ton bas suit un ton haut. En conséquence, le ton bas rabaissé se prononce plus bas que tous les tons bas qui le précèdent dans l'énoncé et tous les tons hauts qui suivent le ton bas se prononcent plus bas que tous les tons hauts qui précèdent le ton bas. L'exemple (8) illustre le downstep automatique en chumburung. Notons que la propagation du ton haut se produit à travers les frontières des mots, de sorte que le ton haut de la syllabe finale de *nàná* se propage sur le ton bas sous-jacent du *mì* suivant.

(8) Downstep automatique en chumburung

nàná mì nàná mì nàná mì nàná mì nàná → nana mɪ nana mɪ nana mɪ nana mɪ nana
grand-père PP3SG grand-père PP3SG 'grand-père du grand-père du grand-père
grand-père PP3SG grand-père PP3SG du grand-père du grand-père'
grand-père

6.1 Processus lexicaux et post-lexicaux en chumburung

Dans l'exemple (8), le rabaissement du registre tonal à chaque occurrence de la séquence tonale HB est évident dans la représentation graphique. Rappelons que tout processus est considéré comme post-lexical à moins qu'il n'existe une raison de supposer le contraire. Dans ce cas, rien ne prouve que le downstep automatique soit lexical. De plus, il se produit à travers les frontières des mots (voir point B.2 dans la liste récapitulative [1]). Le résultat du processus est aussi nettement en dessous de la perception cognitive des locuteurs natifs (voir point B.5 dans la liste récapitulative [1]). Puisque le downstep automatique est un processus post-lexical, il ne faut pas représenter sa sortie dans une graphie tonale.

6.1.5 Downstep non automatique (processus post-lexical, mais représente une opposition déplacée)

Le downstep non automatique, soit le downstep attribuable à un ton bas flottant, est essentiellement le même phénomène que le downstep automatique : tous deux rabaissent le registre tonal au même degré[1] et tous deux se produisent après les tons bas. En outre, les deux phénomènes se produisent de manière post-lexicale, bien que les phénomènes qui donnent lieu aux tons flottants dans le cas du downstep non automatique soient souvent le résultat de processus lexicaux.

Un ton bas flottant peut se produire diachroniquement suite à la perte historique d'une UPT, ou synchroniquement par les biais de l'élision vocalique ou de la propagation du ton haut accompagnée de la dissociation du ton bas. Alors que les résultats des processus diachroniques sont toujours lexicaux, leurs contreparties synchroniques peuvent être soit lexicales soit post-lexicales, et dans ce qui suit, nous examinerons des exemples de ces diverses possibilités.

Dans l'exemple (9), le ton bas flottant qui est la source du downstep est attribuable à la propagation post-lexicale d'un ton haut à travers la frontière d'un mot et à la conséquente dissociation du ton bas.

(9) Downstep non automatique attribuable à des processus post-lexicaux en chumburung

$$\begin{bmatrix} - - \: - \: - - \end{bmatrix}$$

dápú kìkpíní → dapʊ kikpini 'plan du milan'
milan plan (n.)

Malgré la perte de ce ton bas sur le plan de surface, les tons hauts qui le suivent sont clairement rabaissés. Selon la HOL, puisque les deux processus (propagation du ton H et downstep) sont post-lexicaux, la sortie d'aucun des deux n'est représentée dans l'orthographe, et l'énoncé 'plan du milan' s'écrirait <dápú kìkpíní>. Bien qu'il existe une différence tonale significative entre cette représentation orthographique et ce que les locuteurs natifs prononcent, *dápú kí!kpíní*, ces derniers en semblent relativement peu conscients.

Dans l'exemple (10), le ton bas flottant qui est la source du downstep non automatique est le résultat des processus lexicaux.

---

[1] Certaines études phonétiques prouvent un degré équivalent de rabaissement du ton haut attribuable au downstep automatique et non automatique, p. ex., Laniran (1992) en igbo [ibo], Snider (1998) en bimoba, et Snider (2007) en chumburung.

(10) Downstep non automatique attribuable à des processus lexicaux en chumburung
   a. Présence du downstep

   Propagation lexicale du ton H $\begin{bmatrix} - - - & - - \end{bmatrix}$

   ówùrè k͡pábú →   ówúré ˋ k͡pábú →   owure k͡pabʊ   'pou du chef'
   chef   pou

   b. Absence du downstep

   $\begin{bmatrix} - - & - - \end{bmatrix}$

   dápú k͡pábú →   dapʊ k͡pabʊ   'pou du milan'
   milan pou

Dans l'exemple (10a), le ton haut du préfixe se propage lexicalement jusqu'au bord droit du radical et dissocie le ton bas, avec pour résultat un ton bas flottant au bord droit du mot (ówúré ˋ). Ce ton bas flottant, situé à gauche de la frontière du mot, déclenche un downstep non automatique des tons hauts du côté droit de cette frontière (ówúré ꜜk͡pábú). Bien que la création du ton bas flottant se produise lexicalement, le phénomène du downstep lui-même est clairement post-lexical puisqu'il se produit à travers la frontière d'un mot (voir point B.2 dans la liste récapitulative [1]). Ce constat nous amène à poser une question importante.

Si le downstep non automatique est effectivement un processus post-lexical, et si les locuteurs natifs sont effectivement relativement peu conscients des résultats de tels processus, sont-ils quand même conscients des différences de hauteur entre ówúré ꜜk͡pábú (exemple 10a) et dápú k͡pábú (exemple 10b) ? L'expérience avec des locuteurs natifs de nombreuses langues africaines, y compris le chumburung, témoigne qu'ils sont très conscients de telles oppositions.

Comment expliquer alors cette conscience, étant donné que le downstep non automatique se produit de manière post-lexicale ? En ce qui concerne ówúré ꜜk͡pábú, le ton B flottant de ówúré ˋ apparaît à la suite de la propagation lexicale du ton haut et de la dissociation du ton bas, et c'est ce ton bas flottant qui est contrastif ici. Le phénomène du downstep marque simplement l'emplacement du ton bas flottant en rabaissant le reste de l'énoncé de manière post-lexicale.

Alors, comment le downstep non automatique dû à des processus lexicaux devrait-il être représenté dans une graphie tonale ? Selon la HOL, puisque le rabaissement du reste de l'énoncé se produit de manière post-lexicale, l'opposition ne devrait pas être représentée sur cette partie de l'énoncé (p. ex., en marquant tous les tons hauts suivants comme des tons moyens). Au lieu de cela, il faut maintenir l'opposition dans l'orthographe à l'endroit où elle est réalisée à la fin de la phonologie lexicale. Dans ce cas, ce serait au bord droit du premier mot, éventuellement en utilisant une apostrophe, <ówúré'> 'chef'. Ensuite, indépendamment des différents environnements grammaticaux et phonologiques dans lesquels ce mot apparaît, il serait toujours orthographié de cette façon. De même, puisque le downstep s'applique de manière post-lexicale, le downstep du ton haut sur k͡pábú 'pou' ne devrait pas être représenté dans une graphie tonale. Ignorant pour l'instant la question de savoir si le ton doit être représenté de manière intégrale dans cette orthographe hypothétique, l'exemple (11) résume des représentations qui appliquent la HOL aux exemples discutés ci-dessus.

(11) Représentations orthographiques selon la HOL en chumburung

Phonie	Graphie	Glose
dápú	dápú	'milan'
k͡pábú	kpábú	'pou'
dápú k͡pábú	dápú kpábú	'pou du milan'
ówúrê	ówúréˈ	'chef'
ówúré ˈk͡pábú	ówúréˈ kpábú	'pou du chef'

Quelle que soit la façon dont on choisit de représenter la sortie du niveau lexical, lorsqu'on a affaire à des phénomènes qui déplacent l'opposition phonologique, y compris le downstep non automatique, il est des plus importants de s'assurer que l'orthographe représente les oppositions là où elles se trouvent à la fin de la phonologie lexicale. Faire autrement contreviendrait à l'idéal d'avoir une seule représentation orthographique pour chaque mot.

6.1.6 Réassociation prépausale du ton bas flottant (processus post-lexical)

Lorsque le ton haut se propage lexicalement sur plus d'une UPT en chumburung, un ton bas flottant se crée au bord droit du mot[2]. L'exemple (12) compare la sortie de la phonologie post-lexicale du terme *ówúrê* 'chef' lorsqu'il se prononce de manière isolée (c.-à-d., en position finale d'énoncé) avec ses contreparties post-lexicales lorsqu'il se produit en position médiane d'énoncé devant les tons haut et bas, respectivement.

(12) Le terme 'chef' dans différents environnements en chumburung

Environnement	Forme isolée	Devant ton haut	Devant ton bas
Forme sous-jacente	/ó-wùrè/ PC-chef	/ó-wùrè k͡pábú/ PC-chef pou	/ó-wùrè kí-pá/ PC-chef PC-chapeau
Dissimilation du ton H			ó-wùrè kì-pá
Propagation du ton H et dissociation du ton B	ówúré ˋ	ówúré ˋ k͡pábú	ówúré ˋ kì-pá
Sortie de la phonologie lexicale	[ówúré ˋ]	[ówúré ˋ] [k͡pábú]	[ówúré ˋ] [kì-pá]
Réassociation du ton B	ówúrê		
Propagation post-lexicale du ton H			
Downstep		ówúré ˋ ˈk͡pábú	
Effacement des éléments non associés		ówúré ˈk͡pábú	ówúré kì-pá
Sortie de la phonologie post-lexicale	[ówúrê]	[ówúré ˈk͡pábú]	[ówúré kì-pá]
Réalisation	[⁻ ⁻ \] [owure] 'chef'	[⁻ ⁻ ⁻ ⁻ ⁻] [owure k͡pabʊ] 'pou du chef'	[⁻ ⁻ ⁻ ⁻ ⁻] [owure kɪpa] 'chapeau du chef'

---

[2] Lorsque le ton H se propage lexicalement sur une seule UPT, il n'y a aucun indice de la présence d'un ton bas au bord droit du mot (p. ex., *kú-ŋú* 'voyant (v.)'). Ce n'est que lorsque le ton haut se propage sur plus d'une UPT que le ton bas se manifeste (p. ex., *ó-ŋú-pô* 'celui qui voit').

Dans l'exemple (12), le ton H sous-jacent se propage lexicalement, jusqu'à l'UPT la plus à droite du terme 'chef'. Ce processus fait que le ton bas sous-jacent du radical se dissocie et devient flottant au bord droit du mot. Lorsqu'on ajoute d'autres mots, et que le terme 'chef' n'apparaît plus devant une pause (c.-à-d. en position finale d'énoncé), les trois UPT se réalisent avec des hauteurs élevées. Si le mot suivant commence par un ton haut, le ton bas flottant rabaisse ce ton haut, puis il s'efface (parce qu'il est non associé à la fin de la dérivation). Si, en revanche, le mot suivant commence par un ton bas, le ton bas flottant s'efface tout simplement. Il est important de noter que l'effacement des éléments non associés ne se produit pas avant la propagation post-lexicale du ton H, sinon le ton haut final du terme 'chef' se propagerait sur la première syllabe du terme 'chapeau'.

Lorsque le terme 'chef' apparaît en position prépausale, comme c'est le cas dans sa forme isolée, le ton bas flottant se réassocie à la fin de l'énoncé, ce qui a pour conséquence que la dernière UPT se réalise avec une modulation haut-descendant (c.-à-d. ówúrê). La nature post-lexicale de cette réassociation peut être déduite du fait que ce processus ne se produit que dans les environnements prépausaux (voir point B.3 dans la liste récapitulative [1]).

6.1.7 Tons bas descendants prépausaux (processus post-lexical et allophonique)

En chumburung, lorsqu'un mot qui se termine par un ton bas et un segment sonant (c.-à-d. une voyelle ou une consonne nasale) se produit en position prépausale, le ton bas final se réalise comme un ton bas descendant. Il ne faut pas confondre ce processus avec celui de la réassociation prépausale du ton bas flottant, discutée ci-dessus, où le ton bas final est flottant suite à un ton haut associé. Ici, le dernier mot de l'énoncé se termine par un ton bas associé avec pour résultat une courbe bas-descendant en fin de phrase. Comparons les énoncés dans l'exemple (13).

(13) Tons bas-descendants et non descendants en position finale d'énoncé en chumburung

Descendant en isolement	Non descendant devant ton haut	Non descendant devant ton bas
[‾ ↘]	[‾ ‾ ‾ ‾]	[‾ ‾ ‾ ‾]
buni	buni kɩpʊ	buni kibu
'papillon'	'forêt du papillon'	'pierre du papillon'

Ce processus, tout comme celui de la réassociation du ton bas final, est de nature post-lexicale. Les deux ne se produisent qu'en position prépausale (voir point B.3 dans la liste récapitulative [1]) et de plus les locuteurs natifs ne sont pas conscients du résultat de ce processus (voir point B.5 dans la liste récapitulative [1]).

Ayant établi le statut lexical ou post-lexical des différents processus tonals en chumburung, nous en venons maintenant à une mise en application de la HOL à sa graphie tonale.

6.2 La HOL appliquée au chumburung

Le chapitre 4 a fait référence à quatre types de représentation orthographique : de surface, phonémique, lexicale et sous-jacente. Nous examinons maintenant les avantages et les inconvénients de chacun d'entre eux par rapport aux données du chumburung afin de comprendre pourquoi la représentation lexicale fonctionne le mieux.

6.2.1 Graphie tonale de surface

Une graphie tonale de surface du chumburung se heurte à de nombreux problèmes. Par exemple, la représentation du downstep automatique (section 6.1.4), la chute finale des tons bas (section 6.1.7), ainsi que la propagation du ton haut à travers la frontière du mot (section 6.1.2) poseraient de sérieux problèmes aux scripteurs puisque les locuteurs natifs ne sont pas conscients du résultat de ces processus post-lexicaux.

Au vu de la discussion qui précède, il est clair qu'une graphie tonale de surface du chumburung aurait pour résultat quatre orthographes différentes pour le mot bùnì 'papillon', énumérées dans l'exemple (14), et ceci, bien sûr, compromettrait l'idéal d'avoir une image unique et fixe pour chaque mot (Nida 1954, Voorhoeve 1962, Katz et Frost 1992). Ici, le symbole <ȍ>, qui représente le ton infra-bas dans l'API, est mis pour représenter la courbe bas-descendant, pour laquelle l'API ne fournit aucun signe diacritique.

(14) Quatre graphies tonales différentes pour le terme 'papillon' en chumburung
  1. <bùnì̏>, en position prépausale, ainsi qu'en position initiale de phrase et à la suite de mots qui se terminent par un ton bas ;
  2. <búnì̏>, en position prépausale ainsi qu'à la suite de mots qui se terminent par un ton haut ;
  3. <búnì>, à la suite de mots qui se terminent par un ton haut ainsi que précédant d'autres mots dans la même phrase ;
  4. <bùnì>, en position initiale de phrase, à la suite de mots qui se terminent par des tons bas, et précédant d'autres mots dans la même phrase.

Les différences entre ces quatre graphies tonales sont attribuables à des processus qui produisent des résultats dont le locuteur natif n'est pas conscient. Autrement dit, le locuteur natif pense qu'il prononce ces quatre formes de la même manière. Par conséquent, enseigner son écriture serait presque impossible, à moins de donner un cours intensif de phonétique aux apprenants. En outre, les accents n'auraient que peu de signification pour les lecteurs, qui les ignoreraient très probablement, ce qui irait à l'encontre de l'objectif même de la représentation orthographique du ton. Espérons que cet exposé démontre de façon adéquate la futilité d'une graphie tonale de surface en chumburung.

6.2.2 Graphie tonale phonémique

Une graphie tonale phonémique du ton en chumburung présente un avantage majeur par rapport à une graphie tonale phonétique dans la mesure où les processus allophoniques en sont exclus. Une graphie tonale phonémique représenterait le ton bas descendant en position prépausale (voir section 6.1.7) de manière identique au ton bas non descendant (à savoir, <bùnì> au lieu de *<bùnì̏> 'papillon'). Une telle orthographe éviterait également la représentation du downstep automatique (à savoir, <kìpá> au lieu de *<kì¡pá> 'chapeau').

Cependant, le processus post-lexical de propagation du ton haut à travers la frontière du mot (voir section 6.1.2) s'écrirait toujours puisque le ton H est un tonème dans la langue. Par exemple, une expression comme *dápú kik͡pínî* 'plan du milan', qui subit une propagation post-lexicale du ton haut et qui se prononce [dápú kí¡k͡píní], s'écrirait selon sa prononciation, à savoir <dápú kí¡k͡píní>. L'orthographe du deuxième mot serait donc <kí¡k͡píní> à la suite de mots qui se terminent par des tons hauts, et <kik͡píní> ailleurs, malgré le fait que les locuteurs natifs ne se rendent pas compte qu'ils prononcent ce mot différemment dans les deux environnements.

De même, le marqueur du downstep non automatique dans des phrases comme <ówúré ¡dápú> 'milan du chef' (cf. *ó-wúrê* 'chef' et *dápú* 'milan') s'écrirait sur le mot où il est réalisé phonétiquement, plutôt que sur le mot d'où provient l'opposition. Même si une telle représentation a au moins l'avantage de maintenir le contraste, il serait presque impossible de maintenir une image fixe du mot qui subit le downstep (voir section 6.1.5).

Enfin, une graphie tonale phonémique représenterait également le résultat de la réassociation prépausale du ton bas flottant (voir section 6.1.6). Il faudrait que ce processus soit représenté sur des mots et des phrases qui se terminent par des modulations haut-descendant, comme dans l'exemple (15) car il existe une opposition phonologique entre ceux-ci et les tons hauts.

(15) Opposition entre la modulation haut-descendant et le ton haut en chumburung

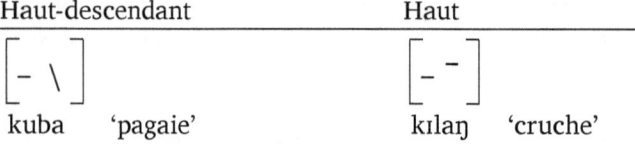

Un problème pour une graphie tonale phonémique se pose lorsqu'on compare des mots comme kɪt͡ʃaʔ [_ ⁻] 'python', dont la forme sous-jacente comporte un ton bas final flottant, avec des mots comme kɪbɪʔ [_ ⁻] 'montagne', qui n'en a pas (exemple 16).

(16) a. Mots qui se terminent par un ton bas flottant en chumburung

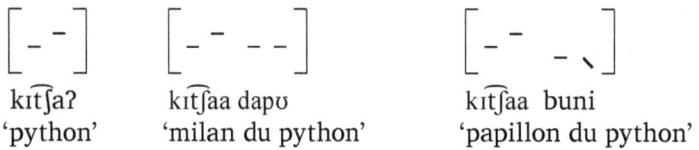

b. Mots qui se terminent par un ton haut en chumburung

Dans l'exemple (16a), le schème tonal sous-jacent de t͡ʃaʔ, la racine de 'python', est /HB/. Puisque la more finale de ce mot est sourde lorsque le mot se prononce de manière isolée, le ton bas final de son schème tonal est flottant lorsque kɪt͡ʃáʔ 'python' se réalise en position prépausale. Il est clair, cependant, qu'il existe un ton bas flottant au bord droit de kɪt͡ʃáʔ qui apparaît lorsque des mots supplémentaires s'ajoutent à sa droite. Lorsque le ton à droite du ton bas flottant est haut, ce dernier subit le downstep, comme dans la forme kɪt͡ʃáa ꜜdápʊ 'milan du python' dans l'exemple (16a). Lorsque le ton à droite du ton bas flottant est lui-même bas, comme dans la forme kɪt͡ʃáa bùnì 'papillon de python', rien ne change dans le deuxième mot, et il est probable que soit le ton bas s'efface à la fin de la dérivation, soit il fusionne avec le ton bas adjacent. En revanche, lorsqu'il n'existe pas de ton bas flottant au bord droit du mot, comme c'est le cas pour le terme kɪ̀bɪ́ʔ 'montagne' dans l'exemple (16b), le downstep ne se produit pas sur un éventuel ton haut suivant. Cela peut être observé dans la forme kɪ̀bɪ́ɪ dápʊ́ 'milan de la montagne'. De plus, lorsque le second mot commence par un ton bas sous-jacent, comme dans la forme kɪ̀bɪ́ɪ búnì 'papillon de la montagne', le ton haut du premier mot se propage vers la droite sur la première UPT du second mot où il déplace le ton bas. (La propagation du ton haut sur le second mot ne se produit pas, bien sûr, lorsque le premier mot se termine par un ton bas flottant, comme dans l'exemple [16a]).

Une graphie tonale phonémique serait obligée de représenter les tons de ces mots de manière identique dans tous les environnements, même s'il est clair qu'ils se comportent phonologiquement de façon très différente. En effet, le terme kìtʃá? 'python' se termine par un ton bas flottant, tandis que le terme kìbíí 'montagne' n'y est pas sujet. De plus, une graphie tonale phonémique serait contrainte de représenter des mots comme dápú 'milan' de deux manières différentes, selon qu'ils suivent ou non des mots comme kìtʃá? (p. ex., <kìtʃáa ˈdápú> 'milan du python') ou des mots comme kìbíí (p. ex., <kìbíí dápú> 'milan de la montagne'). Encore une fois, suivant le principe orthographique du maintien des images fixes des mots, il est préférable d'avoir des représentations uniques pour chaque mot quel que soit son environnement.

Un dernier mot s'impose sur les tons flottants. Même si une grande partie de la présente discussion se concentre sur l'affirmation selon laquelle les représentations lexicales constituent le meilleur niveau phonologique sur lequel baser l'orthographe, l'autre affirmation principale concerne l'entité phonologique qui devrait être représentée à ce niveau. La plupart des travaux réalisés à ce jour sur l'orthographe du ton sont basés sur l'hypothèse qu'il faut représenter les tons individuels associés à des UPT particulières. Le présent travail, en revanche, affirme que c'est plutôt le schème tonal complet du morphème (tel qu'il est réalisé dans la sortie de la phonologie lexicale) qu'il faut représenter orthographiquement.

Cette affirmation a des implications importantes sur la façon de traiter les tons flottants car elle signifie que, comme ils font partie d'un schème tonal, il faut également les représenter dans l'orthographe. Dans une graphie tonale phonémique, les tons flottants ne sont pas du tout indiqués, à moins qu'ils n'affectent d'autres tons dans l'énoncé. Lorsque cela se produit, les oppositions, déplacées sur les autres mots, sont représentées dans l'orthographe sur les mots affectés plutôt que sur des mots qui comportent des tons flottants. C'est un résultat logique lorsque la valeur du schème tonal complet du morphème n'est pas reconnue, mais que seuls les tons individuels des UPT sont pris en compte. Cela rend impossible le maintien de l'image fixe du mot, car l'écriture d'un mot subit des changements lorsqu'elle est influencée par les tons flottants des mots adjacents.

6.2.3 Graphie tonale sous-jacente

Malgré les objections potentielles, la représentation des formes sous-jacentes présente deux avantages majeurs par rapport aux autres stratégies discutées jusqu'à présent. Elles maintiennent une image fixe (ce qui est utile pour les lecteurs expérimentés), et elles évitent de représenter la sortie des processus post-lexicaux (ce qui est utile pour tout le monde). Elles présentent cependant un inconvénient majeur, à savoir que les lecteurs débutants ont besoin de représentations qui correspondent le plus possible à la façon dont ils perçoivent la prononciation, et de nombreuses formes sous-jacentes sont tout simplement trop abstraites pour leur permettre de faire ce lien. Une orthographe qui représente la sortie des processus lexicaux (voir section 6.2.4) est beaucoup plus adaptée aux besoins des lecteurs débutants.

Il existe deux processus lexicaux en chumburung qui se rapportent au ton, et il est important que les résultats de ces deux processus soient représentés dans l'orthographe car les locuteurs natifs en sont très conscients. Il s'agit de la dissimilation du ton H (voir section 6.1.1) et de la propagation du ton H à l'intérieur des mots (voir section 6.1.3). Par exemple, dans une graphie tonale sous-jacente, les apprenants écriraient [kɔ̀tí] 'singe' (sans préfixe) comme <kɔ̀tí>, et [dápú] 'milan' (également sans préfixe) comme <dápú>. Jusqu'ici, tout va bien. Après avoir enseigné ces deux mots, cependant, il serait difficile de convaincre les apprenants que [kìpá] 'chapeau' (avec préfixe) devrait s'écrire <kípá>, et que [kípú] 'forêt' (également avec préfixe) devrait s'écrire <kípù>, conformément à leurs formes sous-jacentes.

Une orthographe basée sur les formes sous-jacentes fournirait des images fixes des mots, donc théoriquement au moins, il pourrait être possible d'enseigner aux locuteurs natifs du chumburung comment la lire. Cependant, du fait que les marques de tons ne signifieraient presque rien pour eux, les scripteurs devraient les mémoriser pour chaque mot – une tâche presque impossible. Toute tentative de mise en application d'une telle stratégie serait donc vouée à l'échec.

6.2.4 Graphie tonale lexicale

Ceci nous amène à ce qui peut être appelé l'écriture lexicale, ou l'écriture de la sortie de la phonologie lexicale. L'écriture lexicale implique la représentation de la sortie des processus lexicaux et évite de représenter la sortie des processus post-lexicaux. Dans le débat classique, la tendance est de supposer que les orthographes morphophonémiques et opaques conviennent mieux aux lecteurs avancés et les orthographes phonémiques et transparentes sont mieux adaptées aux débutants. Je soutiens que le niveau lexical offre une approche intermédiaire qui répond aux besoins des lecteurs avancés et débutants dans une seule orthographe. Contrairement à une représentation des formes sous-jacentes, l'écriture lexicale ne donne pas lieu à des images fixes de morphèmes, mais plutôt à des images fixes de mots. De cette façon, la reconnaissance des mots est accélérée, car une image fixe est essentielle pour répondre aux besoins des lecteurs avancés. En même temps, l'écriture lexicale représente les sons d'une langue tels que ses locuteurs natifs les perçoivent. De cette façon, l'écriture lexicale répond également aux besoins des lecteurs débutants en leur permettant de prononcer des mots écrits d'une manière qui correspond à leur perception cognitive.

Les exemples de (17) à (20) présentent les différents schèmes tonals en chumburung tels qu'ils sont réalisés sur les différents profils syllabiques des radicaux dans les noms de la classe nominale kI-. Ils montrent également comment ces schèmes tonals s'écriraient selon chacun des quatre types de représentation orthographique discutés ci-dessus, à savoir, phonétique, phonémique, lexicale, et sous-jacente. Pour chaque graphique, la représentation lexicale (considérée comme étant l'idéale) apparaît en caractère gras[3]. L'apostrophe <'>, qui apparaît au bord droit de certaines représentations lexicales, représente un ton bas flottant.

(17) Radicaux simples à schème tonal sous-jacent /B/ en chumburung

	CV	CV?	CVN	CVCV
	[‾ ‾]	[‾ ‾]	[‾ \ ]	[‾ ‾ \ ]
Surface	kípɔ́	kíná?	kílâŋ	kípínî
Phonémique	kípɔ́	kíná?	kílâŋ	kípínî
Lexicale	**kípɔ́**	**kíná?'**	**kíláŋ'**	**kípíní'**
Sous-jacente	kípɔ̀	kínà?	kílàŋ	kípìnì
	'forêt'	'guerre'	'hanche'	'mortier'

---

[3] Les différentes représentations dans les graphiques de (17) à (20) concernent uniquement le niveau tonal. Elles ne comportent pas des adaptations orthographiques appropriées pour les aspects segmentaux des exemples.

6.2 La HOL appliquée au chumburung

(18) Radicaux simples à schème tonal sous-jacent /H/ en chumburung

	CV	CV?	CVN	CVCV
	$[\text{- -}]$	$[\text{- -}]$	$[\text{- -}]$	$[\text{- - -}]$
Surface	kù⁺wɔ́	kì⁺bí?	kù⁺súŋ	kì⁺k͡píní
Phonémique	kòwɔ́	kìbí?	kùsúŋ	kìk͡píní
Lexicale	**kòwɔ́**	**kìbí?**	**kùsúŋ**	**kìk͡píní**
Sous-jacente	kúwɔ́	kíbí?	kúsúŋ	kík͡píní
	'serpent'	'montagne'	'travail'	'plan'

(19) Radicaux simples à schème tonal sous-jacent /HB/ en chumburung

	CV	CV?	CVN	CVCV
			$[\text{- \textbackslash}]$	
Surface	—	kì⁺t͡ʃá?	kì⁺bâŋ	—
Phonémique	—	kìt͡ʃá?	kìbâŋ	—
Lexicale	—	**kìt͡ʃá?¹**	**kìbáŋ¹**	—
Sous-jacente	—	kít͡ʃá?	kíbáŋ̀	—
		'python'	'pagaie'	

(20) Radicaux simples à schème tonal sous-jacent /BH/ en chumburung

	CV	CV?	CVN	CVCV
			$[\text{- \textbackslash}]$	$[\text{- - -}]$
Surface	—	kìsà?	kìpâŋ	kùkù⁺t͡ʃé
Phonémique	—	kìsà?	kìpàŋ	kùkût͡ʃé
Lexicale	—	**kìsà?**	**kìpàŋ**	**kùkût͡ʃé**
Sous-jacente	—	kísà?̀	kípàŋ̀	kúkût͡ʃé
		'nid'	'machette'	'huître'

En parcourant ces tableaux, il apparaît que les représentations lexicales préconisées dans le présent travail ne diffèrent pas beaucoup de leurs homologues phonémiques. Rappelons que les deux types de représentations représentent la sortie des processus lexicaux. De même, ni l'une ni l'autre ne représente la sortie des processus allophoniques post-lexicaux. Par conséquent, la seule différence entre les deux est que, tandis que les représentations lexicales ne représentent pas la sortie des processus post-lexicaux, les représentations phonémiques le font, lorsque le son résultant est un phonème de la langue. Puisque les données présentées ici sont toutes des mots dans leur forme isolée, tous les processus post-lexicaux qui se produisent à travers les frontières des mots sont également exclus des comparaisons. Par conséquent, les différences entre les représentations lexicales et phonémiques dans les graphiques ci-dessus ne concernent que la façon dont chacune traite le processus de réassociation prépausale du ton B flottant. La graphie tonale phonémique représente le ton bas flottant lorsqu'il se réassocie à des UPT sonantes à ton haut (p. ex., <kìbâŋ> 'pagaie'), mais ne le représente pas lorsque l'UPT finale est non sonante, comme dans <kìt͡ʃá?> 'python'. Les représentations lexicales, en revanche, représentent ces deux mots de manière cohérente dans tous les environnements avec un ton bas flottant suivant (p. ex., <kìbáŋ¹> et <kìt͡ʃá?¹>).

Les différences entre les représentations lexicales et phonémiques en chumburung sont toutefois plus prononcées lorsque les syntagmes composés de plus d'un mot sont pris en considération. Considérons l'exemple (21).

(21) Syntagmes génitivaux en chumburung

	$\begin{bmatrix} - - - & - - \end{bmatrix}$	$\begin{bmatrix} - - - & \searrow \end{bmatrix}$	$\begin{bmatrix} - - - & - - \end{bmatrix}$
Surface	ówúré ꜀dápú	dápú búnì̂	dápú kí꜀k͡píní
Phonémique	ówúré ꜂dápú	dápú búnì	dápú kí꜀k͡píní
Lexicale	**ówúréꜞ dápú**	**dápú bùnì**	**dápú kìk͡píní**
Sous-jacente	ówùrè dápú	dápú bùnì	dápú kík͡píní
	'milan du chef'	'papillon du milan'	'plan du milan'

Une graphie tonale du chumburung élaborée conformément à ce qui est suggéré ci-dessus maintiendrait des images fixes des mots, indépendamment de l'environnement précédent ou suivant. Elle maintiendrait également des oppositions entre les mots qui se terminent par des tons flottants et les mots pour lesquels ce n'est pas le cas. Et peut-être plus important encore, elle représenterait les mots et les syntagmes d'une manière qui est plus conforme à la perception cognitive du locuteur natif.

Références

Arellanes, Francisco. 2004. La estructura silábica y la oposición fortis-lenis en el zapoteco de San Pablo Güilá. In I. Barreras Aguilar et M. Castro Llamas (éds.), *Memorias del Séptimo Encuentro Internacional de Lingüística en el Noroeste*, vol. 1, 33–64. Sonora, Mexique : UniSon.

Arellanes, Francisco. 2009. El sistema fonológico y las propiedades fonéticas del zapoteco de San Pablo Güilá: Descripción y análisis formal. Thèse de doctorat. El Colegio de México, Mexico.

Association phonétique internationale. 2005. Tones and word accents. https://www.internationalphoneticassociation.org/content/ipa-tones-and-word-accents.

Baart, Joan L. G. 2010. *A field manual of acoustic phonetics*. Dallas, TX : SIL International.

Baart, Joan L. G. 2014. Tone and stress in North-West Indo-Aryan: A survey. In Johanneke Caspers, Yiya Chen, Willemijn Heeren, Jos Pacilly, Niels O. Schiller, et Ellen van Zanten (éds.), *Above and beyond the segments: Experimental linguistics and phonetics*, 1–13. Amsterdam : John Benjamins.

Beavon-Ham, Virginia. 2012. Consonant-tone interaction in Saxwe. In Michael R. Marlo, Nikki B. Adams, Christopher R. Green, Michelle Morrison, et Tristan M. Purvis (éds.), *Selected proceedings of the 42nd Annual Conference on African linguistics: African languages in context*, 55–69. Somerville, MA : Cascadilla Proceedings Project.

Bermúdez-Otero, Ricardo. 2011. Cyclicity. In Marc van Oostendorp, Colin J. Ewen, Elizabeth Hume, et Keren Rice (éds.), *The Blackwell companion to phonology*, vol. 4 : Phonological interfaces, 2019–2048. Malden, MA : Wiley-Blackwell.

Berry, Keith, and Christine Berry. 1999. *A description of Abun: A West Papuan language of Irian Jaya*. Pacific Linguistics, B-115. Canberra : Australian National University.

Bird, Steven. 1999. Strategies for representing tone in African writing systems. *Written Language and Literacy* 2(1).1–44.

Bird, Steven, et Larry M. Hyman, éds. 2014. *How to study a tone language* [numéro spécial]. Language Documentation and Conservation 8. https://nflrc.hawaii.edu/ldc/volume-8-2014/.

Blankenship, Barbara. 2002. The timing of nonmodal phonation in vowels. *Journal of Phonetics* 30.163–191.

Bradshaw, Mary. 1999. A crosslinguistic study of consonant-tone interaction. Thèse de doctorat. The Ohio State University, Columbus, OH.

Brunelle, Marc. 2009. Tone perception in Northern and Southern Vietnamese. *Journal of Phonetics* 37.79–96.

Brunelle, Marc, Duy Duong Nguyen, et Khac Hung Nguyen. 2010. A laryngographic and laryngoscopic study of Northern Vietnamese tones. *Phonetica* 67.147–169.

Cahill, Mike. 2001. Avoiding tone marks: A remnant of English education? *Notes on Literacy* 27(1).13–22.

Catford, John C. 1964. Phonation types: The classification of some laryngeal components of speech production. In David Abercrombie, D. B. Fry, P. A. D. MacCarthy, N. C. Scott, et J. L. M. Trim (éds.), *In honour of Daniel Jones: Papers contributed on the occasion of his eightieth birthday, 12 September 1916*, 26–37. Londres : Longmans.

Catford, John C. 1977. *Fundamental problems in phonetics*. Édimbourg : Edinburgh University Press.

Chao, Yuen Ren. 1930. A system of tone letters. *Le Maître Phonétique* 45.24–27.

Chávez-Peón, Mario E. 2010. The interaction of metrical structure, tone, and phonation types in Quiaviní Zapotec. Thèse de doctorat. University of British Columbia, Vancouver, BC.

Chen, Matthew Y. 2000. *Tone sandhi patterns across Chinese dialects*. Cambridge, R-U : Cambridge University Press.

Chomsky, Noam, et Morris Halle. 1968. *The sound pattern of English*. New York : Harper and Row.

Clements, George N. 2003. Feature economy in sound systems. *Phonology* 20(3).287–333.

Clements, George N., et Kevin C. Ford. 1977. On the phonological status of downstep in Kikuyu. In Ivan R. Dihoff (éd.), *Harvard studies in phonology*, Vol. 1, 187–272. Cambridge, MA : Science Center.

Connell, Bruce. 2002. Tone languages and the universality of intrinsic F0: Evidence from Africa. *Journal of Phonetics* 30:101–129.

Connell, Bruce, et D. Robert Ladd. 1990. Aspects of pitch realisation in Yoruba. *Phonology* 7(1).1–29.

Cruttenden, Alan. 1997. *Intonation*. Cambridge : Cambridge University Press.

Crystal, David. 2008. *A dictionary of linguistics and phonetics*. 6e édition. Oxford : Blackwell.

Denes, Peter B., et Elliot N. Pinson. 1993. *The speech chain: The physics and biology of spoken language*. 2e édition. New York : W. H. Freeman.

DiCanio, Christian T. 2008. The phonetics and phonology of San Martín Itunyoso Trique. Thèse de doctorat. University of California, Berkeley.

Duanmu, San. 2000. *The phonology of Standard Chinese*. Oxford : Oxford University Press.

Ebert, Karen H. 1979. *Sprache und tradition der Kera (Tschad)*. Teil III: Grammatik. Berlin : Dietrich Reimer Verlag.

Ernst, Urs. 1996. Tone orthography in Kakɔ. Ms. Yaoundé, Cameroon : SIL. https://www.silcam.org/resources/archives/47457.

Fromkin, V., éd. 1978. *Tone: A linguistic survey*. New York : Academic Press.

Frost, Ram, Leonard Katz, et Shlomo Bentin. 1987. Strategies for visual word recognition and orthographical depth: A multilingual comparison. *Journal of experimental psychology: Human perception and performance* 13.104–115.

Gick, Bryan, Ian Wilson, et Donald Derrick. 2013. *Articulatory phonetics*. Chichester, R-U : Wiley-Blackwell.

Giovanni, A., et A. Mattei. 2021. Physiologie des plis vocaux. *EM Consulte*. Issy-les-Moulineaux : Elsevier Masson SAS. https://www.em-consulte.com/article/1434629/physiologie-des-plis-vocaux.

Goldsmith, John. 1976. Autosegmental phonology. Thèse de doctorat. Massachusetts Institute of Technology, Cambridge, MA. Publié par Garland Press, NY, 1979.

Goldsmith, John. 1990. *Autosegmental and metrical phonology*. Oxford : Basil Blackwell.

Goodman, Yetta M., et Kenneth S. Goodman. 1994. To err is human: Learning about language processes by analysing miscues. In Robert B. Ruddell, Martha Ruddell Rapp, et Harry Singer (éds.), *Theoretical models and processes of reading*, 104–123. Newark, DE : International Reading Association.

Gordon, Matthew. 2005. A perceptually-driven account of onset-sensitive stress. *Natural Language and Linguistic Theory* 23.595–653.

Gordon, Matthew, et Peter Ladefoged. 2001. Phonation types: A cross-linguistic overview. *Journal of Phonetics* 29(4):383–406.

Gudschinsky, Sarah C. 1958. Native reactions to tones and words in Mazatec. *Word* 14:338–345.

Gudschinsky, Sarah C. 1970. More on formulating efficient orthographies. *The Bible Translator* 21(1):21–25.

Gudschinsky, Sarah C. 1973. *A manual of literacy for preliterate peoples*. Ukarumpa, Papousie Nouvelle Guinée : Summer Institute of Linguistics.

Gussenhoven, Carlos. 2004. *The phonology of tone and intonation*. Cambridge, R-U : Cambridge University Press.

Halle, Morris, et Kenneth N. Stevens. 1971. A note on laryngeal features. *RLE Quarterly Progress Report* (MIT) 101.198–213.

Hallé, Pierre A. 1994. Evidence for tone-specific activity of the sternohyoid muscle in Modern Standard Chinese. *Language and Speech* 37(2).103–123.

Hallé, Pierre A., Seiji Niimi, Satoshi Imaizumi, et Hajime Hirose. 1990. Modern Standard Chinese four tones: Electromyographic and acoustic patterns revisited. *Annual Bulletin of the Research Institute of Logopedics and Phoniatrics* 24.41–58.

Hansford, Keir L. 1988. A phonology and grammar of Chumburung. Thèse de doctorat. School of Oriental and African Studies, Londres.

Hedinger, Robert. 2008. *A grammar of Akoose: A Northwest Bantu language*. Dallas et Arlington, TX : The Summer Institute of Linguistics and the University of Texas at Arlington.

Hernández Mendoza, Fidel. 2017. Tono y fonología segmental en el Triqui de Chicahuaxtla. Thèse de doctorat. Universidad Nacional Autónoma de México, Mexico.

Herrera, Esther. 2000. Amuzgo and Zapotec: Two more cases of laryngeally complex languages. *Anthropological Linguistics* 42(4).545–562.

Hirano, Minoru. 1974. Morphological structure of the vocal cord as a vibrator and its variations. *Folia Phoniatrica* 26:89–94.

Hirose, Hajime. 1997. Investigating the physiology of laryngeal structures. In William J. Harcastle et John Laver (éds.), *The handbook of phonetic sciences*, 116–136. Oxford : Basil Blackwell.

Hyman, Larry M. 1976. Phonologization. In Alphonse Juilland (éd.), *Linguistic studies offered to Joseph Greenberg on the occasion of his sixtieth birthday*, 407–418.

Hyman, Larry M. 1981. Tonal accent in Somali. *Studies in African Linguistics* 12:169–203.

Hyman, Larry M. 1984. On the weightlessness of syllable onsets. *Berkeley Linguistics Society (Proceedings)* 10:1–14.

Hyman, Larry M. 1985a. *A theory of phonological weight*. Dordrecht : Foris Publications.

Hyman, Larry M. 1985b. Word domains and downstep in Bamiléké-Dschang. *Phonology Yearbook* 2:85–138.

Hyman, Larry M. 1992. Moraic mismatches in Bantu. *Phonology* 9(2).255–265.

Hyman, Larry M. 2014. How to study a tone language, with exemplification from Oku (Grassfields Bantu, Cameroon). *Language Documentation and Conservation* 8.525–562. http://hdl.handle.net/10125/24624.

Hyman, Larry M., et Ernest Rugwa Byarushengo. 1984. A model of Haya tonology. In G. N. Clements et J. Goldsmith (éds.), *Autosegmental studies in Bantu tone*, 53–103. Publications in African Languages and Linguistics 3. Dordrecht : Foris Publications.

Hyman, Larry M., et William R. Leben. 2020. Word prosody II: Tone systems. In Carlos Gussenhoven et Aoju Chen (éds.), *The Oxford handbook of prosody*, 45–66. Oxford : Oxford University Press.

Hyman, Larry M., et Maurice Tadadjeu. 1976. Floating tones in Mbam-Nkam. In Larry M. Hyman (éd.), *Studies in Bantu tonology*, 57–111. Southern California Occasional Papers in Linguistics 3. Los Angeles, CA : University of Southern California.

Hyönä, Jukka. 2012. Foveal and parafoveal processing during reading. In Simon P. Liversedge, Iain Gilchrist, et Stefan Everling (éds.), *The Oxford handbook of eye movements*, 819–838.

Jordan, Timothy R., Sharon M. Thomas, Geoffrey R. Patching, et Kenneth C. Scott-Brown, éds. 2003. Assessing the importance of letter pairs in initial, exterior and interior positions in reading. *Journal of Experimental Psychology: Learning, Memory and Cognition* 29(5).883–893.

Katz, Leonard, et Laurie B. Feldman. 1983. Relation between pronunciation and recognition of printed words in deep and shallow orthographies. *Journal of Experimental Psychology: Learning, Memory, and Cognition* 9:157–166.

Katz, Leonard, et Ram Frost. 1992. The reading process is different for different orthographies: The orthographic depth hypothesis. In Ram Frost et Leonard Katz (éds.), *Orthography, phonology, morphology, and meaning*, 67–84. Amsterdam : Elsevier Science.

Kenstowicz, Michael. 1994. *Phonology in generative grammar*. Oxford : Blackwell.

Kiparsky, Paul. 1982. Lexical phonology and morphology. In I. S. Yang (éd.), *Linguistics in the morning calm*, 3–91. Seoul : Hanshin.

Kiparsky, Paul. 1995. The phonological basis of sound change. In John A. Goldsmith (éd.), *The handbook of phonological theory*, 640–670. Oxford : Blackwell.

Kiparsky, Paul. 2000. Opacity and cyclicity. *The Linguistic Review* 17:351–367.

Kiparsky, Paul. 2015. Stratal OT: A synopsis and FAQs. In Yuchau E. Hsiao et Lian-Hee Wee (éds.), *Capturing phonological shades*, 1–45. Newcastle upon Tyne : Cambridge Scholars.

Kisang', Philemon, et Iver Larsen. n.d. *Reading and writing Endo: A short introduction to the phonology of the Endo language*. Nairobi : Bible Translation and Literacy (EA).

Kutsch Lojenga, Constance. 1993. The writing and reading of tone in Bantu languages. *Notes on Literacy* 19(1).1–19.

Kutsch Lojenga, Constance. 2014. Orthography and tone: A tone system typology with implications for orthography development. In Michael Cahill et Keren Rice (éds.), *Developing orthographies for unwritten languages*, 49–72. Dallas, TX : SIL International.

Ladd, D. Robert. 2008. *Intonational phonology*. 2e édition. Cambridge Studies in Linguistics 79. Cambridge, R-U : Cambridge University Press.

Ladefoged, Peter. 1962. *Elements of acoustic phonetics*. Chicago : University of Chicago Press.

Ladefoged, Peter. 1971. *Preliminaries to linguistic phonetics*. Chicago : University of Chicago Press.

Laniran, Yetunde. 1992. Phonetic aspects of tone realisation in Igbo. Progress Reports from Oxford. *Phonetics* 5:35–51.

Larson, Ron, et Elizabeth Farber. 2005. *Elementary statistics: Picturing the world*. 3e édition. Upper Saddle River, NJ : Prentice Hall.

Laver, John. 1980. *Principles of phonetics*. Cambridge, R-U : Cambridge University Press.

Leach, Michael Benjamin. 2010. Things hold together: Foundations for a systemic treatment of verbal and nominal tone in Plateau Shimakonde. Thèse de doctorat. LOT (Landelijke Onderzoekschool Taalwetenschap/Netherlands Graduate School of Linguistics), Utrecht.

Leben, William R. 1971. Suprasegmental and segmental representation of tone. *Studies in African Linguistics*. Supplement 2:183–200.

Leben, William R. 1973. Suprasegmental phonology. Thèse de doctorat. Massachusetts Institute of Technology, Cambridge, MA. Publié par Garland Press, NY, 1980.

Leben, William R. 1978. The representation of tone. In V. Fromkin (éd.), *Tone: A linguistic survey*, 177–219. New York : Academic Press.

Leroy, Jacqueline. 1980. The Ngemba group: Mankon, Bangangu, Mundum I, Bafut, Nkwen, Bambui, Pinyin, Awing. In Larry Hyman et Jan Voorhoeve (éds.), *L'expansion bantoue*, vol. 1, 111–141. Paris : SELAF.

Liberman, Isabelle Y., Alvin M. Liberman, Ignatius G. Mattingly, et Donald L. Shankweiler. 1980. Orthography and the beginning reader. In J. F. Kavanagh and R. L. Venezky (éds.), *Orthography, reading and dyslexia*, 137–153. Baltimore, MD : University Park Press.

Liu, Fang, et Yi Xu. 2007. Question intonation as affected by word stress and focus in English. In Ingmar Steiner (éd.), *Proceedings of the 16th International Congress of Phonetic Sciences*, 1189–1192. Saarbrücken, Germany : ICPhS.

Lombardi, Linda. 1991. Laryngeal features and laryngeal neutralization. Thèse de doctorat. University of Massachusetts, Amherst. Publié par Garland Press, NY, 1994.

Lombardi, Linda. 1996. Restrictions on direction of voicing assimilation. *University of Maryland Working Papers in Linguistics* 4.89–155.

Lombardi, Linda. 1999. Positional faithfulness and voicing assimilation in Optimality Theory. *Natural Language and Linguistic Theory* 17.267–302.

Lukas, Johannes. 1969. Tonpermeable und tonimpermeable Konsonanten im Bolanci (Nordnigerien). In *Ethnological and Linguistic Studies in Honor of N. J. van Warmelo*, 133–138. Ethnological Publications no 52. Sud Afrique : Department of Bantu Administration and Development.

Maddieson, Ian, et Susan Hess. 1986. 'Tense' and 'lax' revisited: More on phonation type and pitch in minority languages of China. *UCLA Working Papers in Phonetics* 63:103–109.

McCawley, James D. 1978. What is a tone language? In V. Fromkin (éd.), *Tone: A linguistic survey*, 113–131. New York : Academic Press.

Mfonyam, Joseph. 1990. Tone analysis and tone orthography. *The Journal of West African Languages* 20(2).19–30.

Michael, Lev. 2011a. The interaction of tone and stress in the prosodic system of Iquito (Zaparoan). *UC Berkeley Phonology Lab Annual Report* (2010), 57–79.

Michael, Lev. 2011b. On the description and analysis of mixed tone-stress systems. Communication donnée au Berkeley Tone Workshop, Berkeley, CA (du 18 au 20 février 2011).

Michaud, Alexis. 2004. Final consonants and glottalization: New perspectives from Hanoi Vietnamese. *Phonetica* 61.119–146.

Mohanan, Karuvannur P. 1982. Lexical phonology. Thèse de doctorat. Massachusetts Institute of Technology, Cambridge, MA.

Mohanan, Karuvannur P. 1986. *The theory of Lexical Phonology*. Dordrecht : Reidel.

Munro, Pamela, and Felipe Lopez [with O. V. Méndez Martínez, R. García, and M.R. Galant]. 1999. *Di'csyonaary x:tèe'n dìi'zh sah Sann Lu'uc* [San Lucas Quiaviní Zapotec Dictionary / Diccionario Zapoteco de San Lucas Quiaviní]. Los Angeles : UCLA Chicano Studies Research Center Publications.

Nevins, Andrew. 2012. Moraic onsets in Arrernte. Manuscrit inédit, University College London.

Newman, Paul. 1968. The reality of morphophonemes. *Language* 44(3):507–515.

Nida, Eugene. 1954. Practical limitations to a phonemic alphabet. *The Bible Translator* 5(1):35–39.

Odden, David. 2006. Topics in Taita tone II. *Studies in African Linguistics* 35(1).33–72.

Odden, David, and Lee Bickmore. 2014. Melodic tone in Bantu: Overview. *Africana Linguistica* 20(1).3–13.

Ohala, John J. 1978. Production of tone. In V. Fromkin (éd.), *Tone: A linguistic survey*, 5–39. New York : Academic Press.

Parker, Elizabeth. 1989. Le nom et le syntagme nominal en mundani. In Daniel Barreteau et Robert Hedinger (éds.), *Descriptions de langues camerounaises*, 131–177. Paris : ACCT et ORSTOM.

Pearce, Mary. 1999. Consonants and tone in Kera (Chadic). *The Journal of West African Languages* 27(1).33–70.

Pearce, Mary. 2007. The interaction of tone with voicing and foot structure: Evidence from Kera phonetics and phonology. Thèse de doctorat. University College London.

Pelli, Denis G., Patrick Cavanagh, Robert Desimone, Bosco Tjan, et Anne Treisman, éds. 2007. Crowding: Including illusory conjunctions, surround suppression, and attention. *Journal of Vision, numéro spécial* 7(2).

Pierrehumbert, Janet. 1980. The phonology and phonetics of English intonation. Thèse de doctorat. Massachusetts Institute of Technology, Cambridge, MA.

Pierrehumbert, Janet, et Mary E. Beckman. 1988. *Japanese tone structure*. Linguistic Inquiry Monographs 15. Cambridge, MA : MIT Press.

Pike, Kenneth L. 1947. *Phonemics: A technique for reducing languages to writing*. Ann Arbor, MI : University of Michigan Press.

Pike, Kenneth L. 1948. *Tone languages*. Ann Arbor, MI : University of Michigan Press.

Powlison, Paul S. 1968. Bases for formulating an efficient orthography. *The Bible Translator* 19(2).74–91.

Price, Norman. 1994. Mada noun class data. Manuscrit inédit. Jos : Nigeria Bible Translation Trust.

Pulleyblank, Douglas. 1986. *Tone in lexical phonology*. Dordrecht : Reidel.

Rayner, Keith. 1998. Eye movements in reading and information processing: 20 years of research. *Psychological Bulletin* 124.372–422.

Roberts, David. 2008a. L'orthographe du ton en kabiyè au banc d'essai. Thèse de doctorat. Paris : Institut National des Langues et Civilisations Orientales.

Roberts, David. 2008b. Thirty years of tone orthography testing in West African languages (1977–2007). *Journal of West African Languages* 35(1–2).199–242.

Roberts, David. 2009. Visual crowding and the tone orthography of African languages. *Written Language and Literacy* 12(1).140–155.

Roberts, David. 2011. Autosegmental and pedagogical considerations in preparation for a tone orthography experiment. *Journal of West African Languages*, 38(2).87-106.

Roberts, David. 2013. A tone orthography typology. In S. R. Borgwaldt et T. Joyce (éds.), *Typology of writing systems*, 85–111. Amsterdam : John Benjamins.

Roberts, David, and Stephen Walter. 2012. Writing grammar rather than tone: An orthography experiment in Togo. *Written Language and Literacy* 15(2).226–253.

Roberts, David, Stephen Walter, et Keith Snider. 2016. Neither deep nor shallow: A classroom experiment testing the orthographic depth of tone marking in Kabiye (Togo). *Language and Speech* 59(1):113–138. https://journals.sagepub.com/doi/10.1177/0023830915580387.

Sabaot Bible Translation and Literacy Staff. 1990. The vowels and consonants in the Sabaot language. Manuscrit inédit. Nairobi : Bible Translation and Literacy. https://www.academia.edu/749515/Korooryo_Ku_Taay_Reading_and_Writing_Sabaot.

Saeed, John. 1993. *Somali reference grammar*. 2ᵉ édition révisée. Kensington, MD : Dunwoody.

Saeed, John. 1999. *Somali*. Amsterdam : John Benjamins.

Sapir, Edward. 1933. La réalité psychologique des phonèmes. *Journal de Psychologie et Pathologique* 30.247–265.

Sapir, Edward. 1949. The psychological reality of phonemes. In David Mandelbaum (éd.), *Selected writings of Edward Sapir*, 46–60. Berkeley et Los Angeles : University of California Press.

Schuh, Russell. 1971. Verb forms and verb aspects in Ngizim. *Journal of African Languages* 10.47–60.

Schuh, Russell. 1978. Tone rules. In V. Fromkin (éd.), *Tone: A linguistic survey*, 221–256. New York : Academic Press.

Silverman, Daniel. 1997. Laryngeal complexity in Otomanguean vowels. *Phonology* 14(2).235–261.

Snider, Keith. 1985. Vowel coalescence across word boundaries in Chumburung. *The Journal of West African Languages* 15(1).3–13.
Snider, Keith. 1989. Vowel coalescence in Chumburung: An autosegmental analysis. *Lingua* 78.217–232.
Snider, Keith. 1992. "Grammatical tone" and orthography. *Notes on Literacy* 18(4).25–30.
Snider, Keith. 1998. Phonetic realisation of downstep in Bimoba. *Phonology* 15(1).77–101.
Snider, Keith. 1999. *The geometry and features of tone*. Dallas et Arlington, TX : The Summer Institute of Linguistics and the University of Texas at Arlington.
Snider, Keith. 2001. Linguistic factors in orthography design. In Ngessimo M. Mutaka et Sammy B. Chumbow (éds.), *Research mate in African linguistics: Focus on Cameroon*, 323–332. Cologne : Rüdiger Köppe.
Snider, Keith. 2007. Automatic and non-automatic downstep in Chumburung: An instrumental comparison. *The Journal of West African Languages* 34(1).105–114.
Snider, Keith. 2014a. On establishing underlying tonal contrast. *Language Documentation and Conservation* 8, 707–737. http://hdl.handle.net/10125/24622.
Snider, Keith. 2014b. Orthography and phonological depth. In Michael Cahill et Keren Rice (éds.), *Developing orthographies for unwritten languages*, 27–48. Dallas, TX : SIL International.
Stevens, Kenneth N. 1998. *Acoustic phonetics*. Cambridge, MA : MIT Press.
Stewart, John M. 1965. The typology of the Twi tone system. Préimpression du *Bulletin of the Institute of African Studies* 1, Institute of African Studies, University of Ghana, Legon, Ghana.
Stewart, John M. 1983. Review article: Downstep and floating tones in Adioukrou. *Journal of African Languages and Linguistics* 5(1):57–78.
Stewart, John. M. 1993. Dschang and Ebrie as Akan-type total downstep languages. In Harry van der Hulst et Keith Snider (éds.), *The representation of tonal register*, 1–27. Berlin : Mouton de Gruyter.
Topintzi, Nina. 2005. Word minimality in Bella Coola as evidence for moraic onsets. Communication donnée au 41e Annual Meeting of the Chicago Linguistic Society, du 7 au 9 avril 2005, Chicago, IL.
Topintzi, Nina. 2010. *Onsets: Suprasegmental and prosodic behaviour*. Cambridge, R-U : Cambridge University Press.
Torres, Néstor Cuartero. 2001. Voicing assimilation in Catalan and English. Thèse de doctorat. Universitat Autònoma de Barcelona.
Van der Hulst, Harry, and Norval Smith. 1988. *Autosegmental studies on pitch accent*. Dordrecht : Foris Publications.
Van Gompel, Roger P. G., Martin H. Fischer, Wayne S. Murray, et Robin L. Hill, éds. 2007. *Eye movements: A window on mind and brain*. Oxford : Elsevier Science.
Van Oostendorp, Marc. 2007. Incomplete devoicing in formal phonology. Manuscrit inédit. http://www.vanoostendorp.nl/pdf/devoicing.pdf.
Venezky, Richard L. 1970. Principles for the design of practical writing systems. *Anthropological Linguistics* 12.256–270.
Voorhoeve, Jan. 1962. Some problems in writing tone. *The Bible Translator* 13(1).34–38.
Welmers, William E. 1959. Tonemics, morphotonemics, and tonal morphemes. *General Linguistics* 4.1–9.
Welmers, William E. 1973. *African language structures*. Berkeley : University of California Press.
Wiesemann, Ursula. 1989. Orthography matters. *Notes on Literacy* 57.14–21.
Xu, Yi, et Ching X. Xu. 2005. Phonetic realization of focus in English declarative intonation. *Journal of Phonetics* 33(2).159–197.
Yip, Moira. 2002. *Tone*. Cambridge, R-U : Cambridge University Press.

Zec, Draga. 1993. Rule domains and phonological change. In S. Hargus et E. Kaisse (éds.), *Studies in lexical phonology*, 365–405. San Diego, CA : Academic Press.

Zemlin, Willard R. 1981. *Speech and hearing science: Anatomy and physiology.* 2e édition. Englewood Cliffs, NJ : Prentice-Hall.

Index

abécédaire 89, 103
abun [kgr] 22
accent 6, 24, 42
    en notation phonétique 23–26, 42
    orthographique 83, 85, 88, 90, 91, 93, 96, 101, 169, 171–173, 175, 176
    tonique 27, 31, 39, 50–52, 55, 62
accompli 93
acoustique *Voir* phonétique acoustique
adjectif 62, 88, 160, 161
adverbe 42, 62
afro-asiatique 13
agentif 143, 144, 159
akan [aka] 3
akoosé [bss] 45, 59, 60
aliénable 22
allomorphe 33, 97, 121
Alphabet phonétique international (API) 25, 26, 173
alphabétisation 82, 90, 167
alur [alz] 84
anglais [eng] 1, 34, 86, 88, 89, 92, 97, 98, 100
aperture vocalique 31, 76
arabe [ara] 88
arawakienne 85
Arellanes, Francisco 39, 50
ashé [ahs] 57
aspect 28, 50, 53, 58, 76, 85, 92, 93, 105, 154
aspiration 96, 98–100

assimilation 108, 109, 125
    en aperture vocalique 31, 76
    en arrondissement 108
    en place d'articulation 5, 12, 41
    en qualité ATR 33, 120
    nasale 5, 144, 172
    tonale 5, 125
associatif *Voir* construction génitivale
Association phonétique internationale (API) 23–26, 173
association tonale 15, 16, 19, 39
atelier participatif 81
ATR (racine de la langue avancée) 33, 108, 109, 120, 143
attaque syllabique 49
attié [ati] 103

Baart, Joan 6, 66, 68
bamiléké-dschang [ybb] 44, 45, 83
bantoïde 3
bantoue 9, 12, 21, 44, 45, 89, 91
base de données 31, 34–36, 42, 43, 45, 48, 50, 52, 56, 57, 104, 110, 119–122, 133, 135–137, 143
Beavon-Ham, Virginia 46
Beavon, Keith 9, 16
Beckman, Mary E. 87, 88
bench [bcq] 13
Bénin 46

Bentin, Shlomo 96
benué-congo 45, 57
Bermúdez-Otero, Ricardo 94, 98
Berry, Christine 22
Berry, Keith 22
Bickmore, Lee 14
bimoba [bim] 24, 25, 76–79, 169
bimoraïque 40, 51, 61
Bird, Steven 2, 83, 87, 88, 90
bisyllabique 15–17, 46, 47, 55, 58, 121, 140, 157
Blankenship, Barbara 50
bolanci [bol] 47
Bradshaw, Mary 46
Brésil 85
Brunelle, Marc 21
budu [buu] 91
Byarushengo, Ernest Rungwa 21

Cahill, Mike 88
Cameroun 3, 9, 12, 44–46, 84, 91
cantonais [yue] 19, 83
cartilage 66, 67
   aryténoïde 48, 66, 67
   thyroïde 66, 67
cas grammatical 53
Catford, John 48
champ (d'une base de données) 31, 42, 43, 48, 50, 52, 101, 110, 119–121
Chao, Yuen Ren 23, 24, 26 *Voir aussi* notation tonale
Chávez-Peón, Mario 20, 39, 48, 49
Chen, Matthew 19
chiffre 24, 103, 161–163
chinois 86
Chomsky, Noam 94–96
chumburung [ncu] 7–13, 22, 25, 28, 30, 32–38, 40, 41, 43, 52, 68–75, 83, 84, 86, 91, 92, 107–110, 119–178
classe
  nominale 31, 32, 35–37, 40, 43, 53, 55, 92, 94, 95, 110, 119, 121, 132, 135, 136, 142, 158, 160, 166, 176
  verbale 4, 5, 31, 53, 55, 143, 159, 160
Clement, Lopeok 62
Clements, George N. 56, 85
coda 8, 13, 39–41, 49, 50, 54, 121, 132
combinaison 13, 16, 18, 28, 29, 40, 41, 43, 45, 46, 61–63, 127–132, 148, 153, 154

compréhension 21, 53, 85, 90, 105, 107, 144, 163, 165
Congo 9, 91
Connell, Bruce 75, 76
consonne
  élévatrice 46, 47, 55
  rabaissante 46, 55
construction génitivale 22, 23, 44, 45, 127, 153, 154, 162
contexte *Voir* environnement
contour tonal 19, 24, 25, 39 *Voir aussi* courbe, ton modulé
cordes vocales *Voir* plis vocaux
Côte d'Ivoire 103
couchitique 3
courbe
  d'intonation 2, 3, 26, 71
  mélodique 3, 20, 65, 68, 70–74 *Voir aussi* contour tonal, ton modulé
Cruttenden, Alan 3
Crystal, David 34, 65

déclinaison 75, 76
démonstratif 17, 18
Denes, Peter 67
densité diacritique 81, 102
dépourvu de ton 58, 167
dérivation 172, 174
Derrick, Donald 67
déterminant 62
diacritique *Voir* signe diacritique
diapason 70
DiCanio, Christian T. 50
diminutif 43
dissimilation tonale 12, 166, 167, 171, 175
dissociation tonale 17, 19, 169–171
distribution complémentaire 108, 125, 126, 142, 164
downstep
  automatique 76–79, 130, 162, 163, 168, 169, 173
  non automatique 76–79, 130, 148, 163, 169–171, 173
Duanmu, San 67

Ebert, Karen H 46
écriture 86, 87, 92, 99, 173, 175, 176
effacement des éléments non associés 171, 172

Index 189

effet Bernoulli 67
éjective 68
élision 61, 169
emprunt 55
encombrement visuel 101, 102
endo [enb] 91
engenni [enn] 91
environnement
　grammatical 10, 11, 22, 28, 33, 34, 61
　lexical 98, 128, 143
　morphologique 1, 44, 56, 58, 60–62, 104, 110, 137
　phonologique 10, 11, 22, 27–29, 33, 34, 55, 56, 61, 98
　prépausal 56, 171–174, 177
　syntaxique 21, 44, 45, 56, 60–62, 82, 110, 126, 127, 130, 132, 144, 147, 149, 153, 160
　tonal 13, 86
Ernst, Urs 91
espagnol [spa] 39, 88
Ethiopie 13
éwé [ewe] 90
exhortatif 4, 5, 59, 60

Farber, Elizabeth 79
Feldman, Laurie B. 96
Ford, Kevin C. 56
fortis 39, 49, 50
français [fra] 2, 3, 17, 22, 23, 27, 34, 35, 45, 82, 86, 88, 96, 97, 101, 108, 143
fredonnement 28
fréquence
　des constructions grammaticales 91
　des hauteurs enjeuxs 1, 12, 29, 65
　des mots 36, 61, 85
　des noms 36
　des profils syllabiques 119
　des schèmes tonals 57, 62
　des structures phonotactiques 37
　fondamentale 2, 65, 66, 70
fricative 50, 69
Fromkin, Victoria vii
frontière
　du morphème 163, 167
　du mot 20, 128, 130, 132, 133, 149, 152, 167, 170, 173
Frost, Ram 87, 96, 173
fusionnement tonal 38

génitif 45 *Voir aussi* construction génitivale
genre grammatical 6
gérondif 143, 152
Ghana 7, 24, 76, 90, 91, 107, 167
Gick, Bryan 67
glotte 41, 66, 67
Goldsmith, John 15, 51, 94
Goodman, Kenneth S. 85
Goodman, Yetta M. 85
Gordon, Matthew 39, 48
graphie
　grammaticale 91
　tonale 91, 94, 103–105, 165, 167–170, 172–178 *Voir aussi* représentation (orthographique)
grassfields 44, 45
guang 107, 110
Gudschinsky, Sarah 85, 89, 90, 96, 99
gur 24, 76, 90, 91
Gussenhoven, Carlos 3

habituel 50
Halle, Morris 67, 94–96
Hallé, Pierre A. 67
Hansford, Keir L. 107
harmonie vocalique 108
hauteur (musicale) 1–4, 6–8, 12, 13, 20, 25–29, 31, 32, 40–42, 46, 49, 65–72, 74–76, 87, 132, 149, 151, 154, 157, 162, 170
haya [hay] 21
Hedinger, Robert 45, 59
Hernández Mendoza, Fidel 50
Herrera, Esther 50
hertz 65, 76, 78
Hess, Susan 48
hiatus vocalique 162
Hirano, Minoru 66
Hirose, Hajime 66, 67
hongrois [hun] 3
huautla [mau] 85
Hyman, Larry 2, 3, 6, 8, 14, 21, 27, 39, 44, 52, 61, 62, 98, 99
Hyönä, Jukka 102
hypothèse de l'orthographe lexicale (HOL) 97–99, 165, 166, 169–172 *Voir aussi* représentation (orthographique)

idéophone 35
igbo [ibo] 169

image fixe du mot 87, 101, 174–176
impératif 10, 32, 57, 87, 136
imperfectif 10, 91, 93, 154
implosive 47, 48
inaccompli 93
inaliénable 22
indénombrable 119, 135
infinitif 58–60, 87
inflexion 34
interaction tons-consonnes 31, 46–48, 50, 55, 76, 144
interrogatif 2, 92
intonation 2, 3, 26, 27, 35, 71, 102
iquito [iqu] 6, 8, 50–52
isolement 8, 10, 17, 30–32, 41, 52, 53, 55, 56, 59, 84, 87, 88, 109, 110, 121–123, 125, 127, 132, 133, 135, 136, 144, 146–150, 153, 157–159, 172
italien [ita] 3
itératif 4, 5

jingpho [kac] 48
Jordan, Timothy R. 101

kabiyè [kbp] 91, 99
kako [kkj] 12, 91
kasem [xsm] 90
Katz, Leonard 87, 96, 173
Kenstowicz, Michael 98
Kenya 91
kenyang [ken] 3–5, 83, 84, 92, 93
kera [ker] 46, 47
kikuyu [kik] 56
Kiparsky, Paul 94, 98, 99
Kisang', Philemon 91
Kutsch Lojenga, Constance 84, 86, 91, 102, 103
kwa 7, 46, 90, 91, 107

laarim [loh] 62, 63
Ladd, Robert 3, 75
Ladefoged, Peter 48, 70
langue à tons 2, 3, 14, 20, 26, 52, 89, 104, 163
Laniran, Yetunde 169
Larsen, Iver 91
Larson, Ron 79
larynx 66, 67

latérale 72
Laver, John 48
Leach, Michael Benjamin 91
Leben, William R. 3, 14, 15, 52, 94
lecteur
   débutant 87, 97
   expérimenté 87, 97, 102
lecture 81, 85, 87, 89, 90, 101–103, 105
lenis 39, 49, 50
Leroy, Jacqueline 45
Liberman, Alvin M. 96, 97
Liberman, Isabelle Y. 96, 97
Liu, Fang 3
locatif 58, 62, 160
locuteur natif 7, 20, 27, 28, 56, 73, 76, 87, 89, 94, 95, 97, 101, 165, 167, 173, 178
Lombardi, Linda 97
Lopez, Felipe 49
Lukas, Johannes 47

mada [mda] 45
Madaki, Gideon 57
Maddieson, Ian 48
Mali 91
mandarin [cmn] 1, 3
mandé 91
mandingue 14
maninkakan occidental [mlq] 91
mankon [nge] 45
Marlett, Steve 7
Mattingly, Ignatius G. 96, 97
mazatèque 85
mazatèque de Soyaltepec [vmp] 99
McCawley, James 1, 6
McKendry, Inga 91
mel 65
mélodie *Voir* schème tonal
mémoire 97
mendé [men] 14–16, 21, 38, 94, 95, 103
Mexique 20, 39, 85, 91, 103
Mfonyam, Joseph 90, 91
Michael, Lev 6, 50–52
Michaud, Alexis 21
mixtèque 91
mode 10, 32, 53
Mohanan, Karuvannur P. 94, 98, 99
moloko [mlw] 46
monomoraïque 61
monomorphématique 14, 127

monosyllabique 17, 20, 32, 40, 49, 55, 87, 103, 104, 121
more 8, 39–41, 50, 54, 88, 89, 97, 99, 109, 152, 153, 157, 174
mot
  composé 23, 53
  phonologique 56, 162, 163
  prosodique 51, 52
mouvements oculaires 101
Mozambique 91
mundani [mnf] 45
Munro, Pamela 49
muscle
  crico-thyroïdien 67, 68
  vocalis 66, 67
Myanmar 48

nasale 5, 144, 172
nawuri [naw] 7, 8, 19, 20
négatif 82, 91, 97, 154
neutralisation tonale 9, 136, 158, 159
Nevins, Andrew 39
Newman, Paul 96
ngizim [ngi] 47
Nida, Eugene 87, 96, 173
Nigeria 45, 47, 57, 91, 102, 197
nilo-saharienne 62
nilotique 91
njyem [njy] 9, 16–18, 38, 39
nombre grammatical 6, 22
nominalisation 45, 62, 63, 107, 127, 143, 156, 160, 167, 182, 184
non représentation du ton 88–90
notation tonale
  à signes diacritiques 23–25
  de Chao 23
  de Pike 96
  en traits 2, 23, 24, 26, 42
noyau syllabique 39, 49, 109

objet 22, 42, 43, 53, 54, 58, 62, 101, 102, 105, 127, 153, 154
obstruante 47, 48, 72, 144
occlusive 69
occlusive glottale 11, 50, 109, 110, 122, 132, 144
Odden, David 1, 14
Ohala, John J. 67

onde
  apériodique 68, 69
  périodique 68, 69
  sinusoïdale 69, 70
  sonore 65
opacité 94–96, 98–101, 165
  orthographique 96, 101 *Voir aussi* représentation (orthographique)
  phonologique 94–96, 98–100, 165
opposition
  consonantique 86
  de phonation 49
  grammaticale 84, 92
  intonationelle 3
  lexicale 84, 86
  phonémique 97, 98
  phonologique 12, 25, 27, 48, 122, 171, 174
  tonale 6, 7, 32–34, 39–41, 49, 50, 76, 84, 136
  vocalique 50, 55, 86
orthographe 81–105, 165-178
  élaboration d'une 31, 83, 84, 86, 89, 94, 101, 104, 105, 165 *Voir aussi* graphie, représentation
  enjeux sociolinguistiques 81, 82
  expérimentation d'une 101–103
otomangue 20, 39

paire minimale de ton 85, 92
Pakistan 6
Papouasie-Nouvelle-Guinée 22
papouasie occidentale 22
parfait 69, 93
Parker, Elizabeth 45
Pearce, Mary 46, 47, 90
pédagogie du ton 103
Pelli, Dennis G. 101
perception cognitive 94, 95, 167, 169, 176, 178
perfectif 91, 93
Pérou 6, 50
perturbation 73, 74
phonation vocalique 31, 39, 48, 50, 55
phonétique
  acoustique 31, 66
  articulatoire 66
  auditive 66

phonologie
  autosegmentale 20, 94
  générative 94
  lexicale 94, 95, 98, 99, 101–103, 165, 170, 171, 175, 176
  métrique 51
  stratifiée 95
  structuraliste 95
  suprasegmentale 88
pic d'énergie 73, 74
pied métrique 51
Pierrehumbert, Janet 75, 87, 88
Pike, Kenneth L. 13, 23, 24, 26, 86, 96
Pinson, Elliot N. 67
plateau (famille de langues) 72, 102
plis vocaux 2, 40, 48, 65–68, 70
pluriel 4, 22, 33, 43, 84, 93, 110, 119, 133, 137–139, 162, 163
poids syllabique 39
position
  abductée 66
  adductée 66
possessif *Voir* construction génitivale
Powlison, Paul S. 85
Praat 27
prépausal *Voir* environnement
Price, Norman 45
processus
  allophonique 168, 172
  post-lexical 97–100, 166–173
  lexical, 166–168
  tonal 55, 86, 127, 156, 172
profil syllabique 7–10, 13, 15, 31, 32, 35, 38, 40–42, 55, 56, 102, 119, 121, 133, 134, 136, 142, 144, 152, 157–159, 164
pronom 28, 82, 92, 127
propagation
  segmentale 2, 19, 29, 38, 84
  tonale 5, 46–48, 61, 130, 132, 146, 148, 159, 160, 167–169, 173–175
psycholinguistique 85, 102
psychologie de la lecture 81, 101
Pulleyblank, Douglas 99

quantificateur 62, 160, 161, 163

rabaissement tonal 5, 20, 46, 49, 55, 56, 76, 77, 79, 125, 130, 132, 150, 169, 170

racine 4, 5, 7, 9, 20, 34, 35, 37, 46, 48, 49, 53, 54, 56, 94, 95, 108, 110, 119–121, 126, 132, 143, 159–161, 163, 168, 174
radical
  association tonale au 15, 19
  classe nominale du 32, 36, 37, 55, 110, 121, 132, 136, 142, 158, 160, 167
  complexe 31, 34, 42, 55, 120
  composé 31, 34, 54, 55, 110, 119, 147, 160, 163
  définition de 34
  emprunté *Voir* emprunt
  idéophonique *Voir* idéophone
  non simple 37, 110, 163
  profil syllabique du 31, 38, 42
  rédupliqué 54
  schème tonal du 20, 35–38, 40, 41, 43, 54, 125, 126, 128–132, 145–156, 158, 163, 164, 167, 176, 177
  simple 8, 31, 34, 36–38, 42, 54, 55, 59, 110, 127, 134, 136, 150, 152, 163
Rayner, Keith 101
reconnaissance des mots 102, 176
redondance 81–83, 87, 165
registre tonal 46, 130, 168, 169
relateur génitival *Voir* construction génitivale
rendement fonctionnel
  des phonèmes 85
  des traits phonologiques 85
  du ton 3, 83–86, 90
représentation (orthographique)
  de la grammaire *Voir* graphie grammaticale
  de surface 86, 87, 100, 172, 176–178
  des schèmes tonals 95, 102, 103
  des tons *Voir* graphie tonale
  du schème tonal 94, 95
  lexicale 97, 98, 100, 101, 165, 172, 176, 177
  morphophonémique *Voir* représentation (orthographique) sous-jacente
  opaque 94, 96, 97, 102
  optimale 81, 96, 97, 101
  phonémique 95, 96, 100–178
  sous-jacente 96, 100, 172, 175–178
  transparente 54, 94, 163
Roberts, David 92, 98–103
Ruíz, Tania Pareja 36

sabaot [spy] 91, 92, 103
Saeed, John 6

saillance de la position initiale 101, 102
Sapir, Edward 96
saxwe [sxw] 46
Schadeberg, Thilo 83
schème tonal
   contrastif 21, 38, 43, 45, 46, 55, 58, 63, 83, 85, 86, 94, 104, 122, 134, 140, 141, 146, 157, 159, 163, 164
   de surface 6, 8, 9, 11, 21, 23, 30, 31, 33, 34, 36, 37, 42, 43, 46, 48, 50, 57–59, 119, 121, 122, 124, 126, 128, 134, 136, 137, 140, 144, 149, 160
   du lexème 102, 105
   du morphème 1, 3, 7, 14, 15, 17–21, 28, 29, 31, 35, 42, 54, 56, 58, 61, 83, 84, 95, 102, 107, 159, 163, 164, 175
   et pédagogie 92, 103, 107, 156
   inconnu 54, 61–63, 127, 134, 140
   sous-jacent 9, 11, 20, 38–42, 53, 54, 58, 61, 63, 83, 95, 102, 122, 123, 125, 128–134, 141–143, 145–154, 157, 162–164, 166, 174, 176, 177
Schuh, Russell 47
scripteur 87, 89, 91, 173, 176
Sénégal 91
Shankweiler, Donald L. 96, 97
shimakonde [kde] 91
Sierra Leone 14
sifflement 20, 27, 28, 73, 103
signe
   de ponctuation 88, 92, 102, 103
   diacritique 23–26, 82, 85, 88, 90–93, 99, 101–103, 105, 165, 173
Silverman, Daniel 50
singulier 10, 22, 43, 50, 51, 84, 92, 126, 133, 134, 137–140, 142, 143, 161, 163, 165
Smith, Norval 6, 50
Snider, Keith 2, 8, 45, 76, 90, 93, 97, 98, 100, 108, 109, 127, 162, 169
Somalie 3
somali [som] 3, 6
sonante 8, 13, 40, 41, 48, 54, 70, 74, 121, 122, 131, 132, 144, 177
sonore 46–48, 65, 82, 103
sortie
   de la phonologie lexicale 98, 99, 101–103, 165, 171, 175–177
   de la phonologie post-lexicale 97, 98, 166, 168, 171, 176, 177
Soudan 62
sourde 47, 48, 50, 69, 72, 174

sous-représentation du ton 85, 90
Speech Analyzer 27, 70, 76
Stevens, Kenneth L. 66, 67
Stewart, John M. 130
Stirtz, Timothy 62
sujet 4, 5, 10, 14, 21, 22, 43, 45, 50, 53, 58, 79, 82, 88, 93, 105, 110, 121, 165, 175
syllabe 3, 6–9, 12–17, 19, 20, 23, 24, 27–29, 32, 36, 38–41, 47, 49–52, 55, 74, 76, 78, 86, 94, 95, 102, 103, 109, 119, 120, 130, 131, 145, 146, 151, 152, 158–163, 168, 172

Tadadjeu, Maurice 44
taita de Mbololo [dav] 1
Tanzanie 21
Tchad 46
tchadique 46, 47, 90
temps 4, 6, 7, 22, 26, 29, 42, 53–55, 58, 59, 61, 65, 71, 72, 89, 92, 94, 95, 102, 103, 105, 107, 109, 141, 142, 147, 157, 176
terena [ter] 85
terme de parenté 127
thaï [tha] 19
théorie stratifiée de l'optimalité 94, 95, 98, 99, 165
tibéto-birmane 48
Togo 90, 91, 99
ton
   contrastif 21, 25, 38, 43, 45, 55, 58, 63, 83, 85, 86, 94, 95, 104, 122, 134, 140, 141, 157, 159, 163, 164
   de surface 1, 9, 21, 28, 33, 36, 42, 128, 134, 160
   flottant 53, 54, 83, 121, 126, 133, 150
   grammatical 6, 83, 84, 91, 92, 104, 105
   lexical 51, 83–85, 90–92, 105
   limitrophe 87
   métrique 51
   modulé 11, 14, 16, 24, 38
   phonologique 2, 72, 74–76
   polaire 160
   ponctuel 11, 14, 21, 24, 25, 122, 141
   sous-jacent 1, 7, 10–12, 20, 32, 33, 45, 61, 125, 126, 142, 145, 154, 163, 166
tonème 15, 168, 173
Topintzi, Nina 39
Torres, Néstor Cuartero 97
tracé mélodique 70–74
transcription 23, 25–28, 42, 60, 167

transparence orthographique Voir représentation (orthographique)
tréma 93
trisyllabique 15–17, 119
trochée 51
tympan 67

unité porteuse de ton (UPT) 8, 10, 14–21, 29, 38, 39, 42, 45, 46, 54, 55, 58, 61, 71–77, 86, 95, 102, 103, 107, 122, 128–130, 141, 148, 149, 153, 159, 162, 163, 167–169, 171, 172, 174, 175, 177
upstep 25, 26

Van der Hulst, Harry 6, 50
Van Gompel, Roger 101
Van Oostendorp, Marc 97
Venezky, Richard L. 87, 96
vietnamien du nord [vie] 21
vision
   fovéale 101, 102
   parafovéale 101, 102
voix
   glottalisée 47–50, 55
   modale 48–50
   serrée 48, 50
   soufflée 48
Voorhoeve, Jan 87, 88, 173

Walter, Stephen 92
Weber, David 53
Welmers, William 3, 88
Wiesemann, Ursula 90
Wilson, Ian 67

Xu, Ching X. 3
Xu, Yi 3

Yip, Moira 19, 48, 83

zaparoane 6, 50
zapotèque de Quiaviní [zab] 20, 39, 49, 50
Zec, Draga 98, 99
Zemlin, Willard R. 67
Zimbabwé 89
zoulou [zul] 3

Keith L. Snider est né à Jos au Nigeria. Il est conseiller senior en linguistique à *SIL Global* et professeur affilié de linguistique à l'Université Trinity Western, en Colombie-Britannique au Canada. Il a commencé sa carrière de linguiste au Ghana, où il a vécu et travaillé chez le peuple chumburung pendant plus de cinq ans, ce qui a suscité chez lui un intérêt pour la phonologie, en particulier l'analyse du ton. Il a obtenu un doctorat de lettres en linguistique africaine à l'Université de Leiden (1990), avec une thèse intitulée "Studies in Guang Phonology". Après ses études, Keith Snider a été coordinateur linguistique de SIL au Cameroun et a ensuite enseigné pendant plus de vingt ans à *l'Université Trinity Western*. Il a également dirigé de nombreux ateliers de phonologie et d'analyse du ton en Afrique et ailleurs, couvrant plus de 100 langues. Il a présenté des communications clés aux ateliers de ton à *l'Université de Californie à Berkeley* et à *l'Université Nationale Australienne*. Il a aussi donné des cours de phonologie et de linguistique historique. Il a développé un cours spécifique sur l'analyse du ton (reproduit dans plusieurs institutions), qui constitue la base de ce volume. Keith Snider s'intéresse tout particulièrement à l'application de l'étude du ton aux orthographes émergentes dans les langues peu étudiées.

Bibliographie sélective

Snider, Keith. 2021. Floating tone noun class prefixes in Mada (Nigeria). *Linguistique et Langues Africaines* 7 : 11–41. https://llacan.cnrs.fr/lla/fichiers/numero7/1-Snider_open_access.pdf

Snider, Keith. 2020. *The geometry and features of tone*. 2e édition. Dallas, TX : SIL International.

Snider, Keith. 2014. On establishing underlying tonal contrast. *Language Documentation and Conservation* 8 : 707–737. http://hdl.handle.net/10125/24622.

Snider, Keith. 2014. Orthography and phonological depth. In Michael Cahill et Keren Rice (éds.), *Developing orthographies for unwritten languages*, 27–48. Dallas, TX : SIL International.

Snider, Keith. 2013. Orthography. In Carole A. Chapelle (éd.), *The encyclopedia of applied linguistics*. Oxford : Blackwell.

Snider, Keith. 1998. Phonetic realisation of downstep in Bimoba. *Phonology* 15(1) : 77–101.

Snider, Keith, et Harry van der Hulst, éds. 1993. *The representation of tonal register*. Linguistic Models 17. Berlin : Mouton de Gruyter.

Snider, Keith. 1990. Tonal upstep in Krachi: Evidence for a register tier. *Language* 66(3) : 453–474.

Ouvrages de cet auteur dans *SIL Language & Culture Archives*

https://www.sil.org/resources/search/contributor/snider-keith-l

Ouvrages de cet auteur dans *Google Scholar*

https://scholar.google.ca/citations?user=Cr-2K1cAAAAJ&hl=en

Table des matières

Avant-propos	v
Préface	vii
Remerciements	ix
Remerciements pour l'édition française	xi
Abréviations	xiii
1 Introduction	1
1.1 Qu'est-ce qu'une langue à tons ?	2
1.2 Opposition tonale	6
1.3 Niveaux tonals en opposition	11
1.4 Schèmes tonals	14
1.4.1 Schèmes sous-jacents avec différents profils syllabiques	14
1.4.2 Stabilité des schèmes tonals	19
1.4.3 Perception des locuteurs natifs	20
1.5 Collecte des données	21
1.5.1 Données linguistiques élicitées ou « naturelles »	22
1.5.2 Transcription des schèmes tonals de surface	23
1.5.3 Transcription précise des tons de surface	26
2 Méthode pour l'analyse phonologique du ton	29
2.1 Élaboration d'une base de données	31
2.1.1 Catégorie grammaticale des mots	31
2.1.2 Type de radical	34
2.1.3 Profil syllabique du radical	38
2.1.4 Schèmes tonals de surface	42
2.1.5 Schème tonal sous-jacent	43
2.1.6 Classes nominales et/ou verbales	43
2.1.7 Consonne(s)	46
2.1.8 Type de phonation vocalique	48
2.1.9 Schèmes des accents toniques syllabiques	50

2.2	Procédure d'analyse du ton	52
	2.2.1 Mots à analyser en premier lieu	53
	2.2.2 Ordre d'investigation	55
2.3	Mots prononcés isolément	56
2.4	Mots prononcés dans d'autres environnements morphologiques	58
2.5	Mots prononcés dans d'autres environnements syntaxiques	60

3 Phonétique de la hauteur mélodique — 65

3.1	Production de la hauteur	66
3.2	Réalisation acoustique de la hauteur mélodique	68
3.3	Analyse acoustique	71
	3.3.1 Éviter de mesurer à gauche du point médian d'une UPT	71
	3.3.2 Mesurer dans les sections plates	72
	3.3.3 Éviter de mesurer les perturbations dues aux obstruantes	72
	3.3.4 Mesurer aux endroits marqués par des pics et des creux	73
	3.3.5 Identifier les UPT transitoires	74
	3.3.6 Mesurer aux points de pics d'énergie des syllabes	74
	3.3.7 Tenir compte de la déclinaison	75
3.4	Études acoustiques	75

4 Ton et orthographe — 81

4.1	Rendement fonctionnel	83
4.2	Échec des représentations de surface	86
4.3	Revue critique des stratégies pour représenter le ton	88
	4.3.1 Non représentation du ton	88
	4.3.2 Distinction des paires minimales de ton	90
	4.3.3 Représentation des constructions grammaticales au moyen des signes diacritiques	91
4.4	Une orthographe phonologiquement idéale	94
	4.4.1 Entité tonale à représenter	94
	4.4.2 Aperçu historique des questions d'orthographe et d'opacité phonologique	95
	4.4.3 Hypothèse de l'orthographe lexicale	97
4.5	Problématique de la représentation des oppositions tonales	101
4.6	Pédagogie du ton	103
4.7	Conclusion	104
	4.7.1 Analyse linguistique	104
	4.7.2 Elaboration de l'orthographe	105

5 Analyse tonologique du chumburung — 107

5.1	Configuration de la base de données et saisie	110
5.2	Analyse complète des mots préliminaires	121
	5.2.1 Mots préliminaires prononcés en isolement	121
	5.2.2 Pluriels des mots préliminaires	123
	5.2.3 Environnements syntaxiques des mots préliminaires	127
5.3	Analyse des mots restants prononcés en isolement	133
	5.3.1 Noms de la classe singulière kI- prononcés en isolement	133
	5.3.2 Noms de classe I- des indénombrables prononcés en isolement	135
	5.3.3 Verbes prononcés en isolement	136
5.4	Analyse des mots restants dans d'autres environnements morphologiques	137
	5.4.1 Formes plurielles correspondantes des noms de la classe singulière *kI-*	137
	5.4.2 Verbes nominalisés	143
5.5	Analyse des environnements syntaxiques des mots restants	144

	5.5.1	Environnements syntaxiques des noms de la classe singulière *kI-*	145
	5.5.2	Environnements syntaxiques des noms de la classe des indénombrables *I-*	153
	5.5.3	Environnements syntaxiques des verbes	153
5.6	Conclusions	156
	5.6.1	Schèmes tonals sous-jacents des noms simples	157
	5.6.2	Questions moins transparentes	160

6 L'hypothèse de l'orthographe lexicale appliquée au système tonal du chumburung — 165

6.1	Processus lexicaux et post-lexicaux en chumburung	166
	6.1.1	Dissimilation du ton haut (processus lexical)	166
	6.1.2	Propagation du ton haut à travers la frontière du mot (processus post-lexical et phonémique)	167
	6.1.3	Propagation du ton haut à l'intérieur du mot (processus lexical)	168
	6.1.4	Downstep automatique (processus post-lexical et allophonique)	168
	6.1.5	Downstep non automatique (processus post-lexical, mais représente une opposition déplacée)	169
	6.1.6	Réassociation prépausale du ton bas flottant (processus post-lexical)	171
	6.1.7	Tons bas descendants prépausaux (processus post-lexical et allophonique)	172
6.2	La HOL appliquée au chumburung	172
	6.2.1	Graphie tonale de surface	173
	6.2.2	Graphie tonale phonémique	173
	6.2.3	Graphie tonale sous-jacente	175
	6.2.4	Graphie tonale lexicale	176

Références — 179

Index — 187

www.ingramcontent.com/pod-product-compliance
Lightning Source LLC
Chambersburg PA
CBHW081023240426
43668CB00030B/2287